想像訓練 × 宇宙潛意識 × 直覺思考
擺脫僵化的左腦思維，啟發孩子的優勢半腦

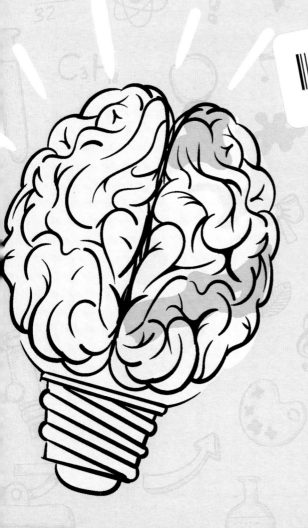

「腦」師「腦」開發中

想讓孩子輕鬆贏在起跑點？「開發右腦」是關鍵！

我們的右腦被「閒置」了嗎？

右腦的資訊容量居然是左腦的百萬倍？

左腦可以完成許多事，但永遠也無法取代右腦；

人類祖先遺留下來的智慧，其實就在你的腦中！

胡郊仁，陳雪梅 編著

目錄

目錄

第四章　啟動孩子右腦的創新力

第五章　開發孩子右腦的記憶空間

第六章　喚醒孩子的潛意識

目錄

第十章　影響孩子右腦機能的各種因素

前言

　　每一個孩子都是落入凡間的天使，每一個天使都具有無限美好的可能性。怎麼做才能把孩子這種潛在的「可能」轉化為現實呢？這是家長共同關心的話題。

　　實際上，想要開發孩子的智力，啟動孩子的右腦是關鍵。

　　眾所周知，人的大腦是智慧的源頭。左腦掌管著語言、數字、邏輯等功能，右腦掌管著圖形、空間、想像功能。那些在不同領域中能取得卓越成績的人，無一例外都具備了超級強大的左腦思維和右腦想像。

　　然而，因沿襲了人類從古至今的用腦習慣，很多人往往只利用了大腦中的一個半球（左腦），對另一半球（右腦）卻置之不理，導致其一直處於休眠狀態。

　　近年來，隨著科學技術的發展，高級科學技術的產物 —— 電腦正逐漸取代人類左腦數字計算和邏輯思維的功能。慣用左腦對於人類來說，沒有任何優勢可言；唯有啟動人的右腦，讓右腦的創造性思維發揮效用，才能確保一個人在未來社會的競爭中占有一席之地。所以，啟發孩子的右腦，對於那些「望子成龍」、「望女成鳳」的家長來說，勢在必行。

　　本書針對家長們真正感興趣的話題，從大腦的構造及其潛在的能力談起，揭開了「大腦」神祕的面紗，讓家長們在輕鬆愉快的氛圍中了解「大腦」的無限潛能和無窮魅力。

　　在此基礎上，書中還進一步闡釋了大腦中被忽視了的半球（右腦）開發的重要性，在糾正家長們錯誤育兒方式的同時，從不同的角度用多種方法，有步驟、有計畫地進行右腦的開發訓練，力求啟發孩子的右腦，打開智慧的天窗，全面提升孩子的大腦機能，使他們具有超強的記憶力、創造力、推斷力、觀察能力等，並為今後的學習、生活和工作打下堅實的基礎。

本書所介紹的啟發孩子右腦的方法和遊戲，旨在啟發孩子的右腦。書中的這些方法和遊戲都凝結了無數孩子的實踐經驗，並取得了明顯的成效，家長們信手拈來，即可效仿。只要把這種啟動孩子右腦的方法逐一實踐下去，便能讓你的孩子輕鬆地贏在起跑點上。

編者

第一章　了不起的右腦

現代科學家們經過長期的實驗研究證明，右腦是一個潛能無限的寶藏，它包攬了人類生活所必需的最重要本能以及自然神經系統功能等全部資訊，是人類智慧的泉源。人類透過右腦認識自己，更用右腦開拓、創造自己的未來！

左右腦不同的生理特點

　　大腦作為整個人體中最活躍的器官，其重量雖然只占人體重量的 2% 多一點，但不僅是肢體運動和身體各系統生理活動的控制中樞，更是思考和語言的控制中心，在人的整個成長和行為發展過程中占有主導地位。

　　人類對自己大腦的認知始於十六世紀。十六世紀中葉，笛卡兒提出了「人的心臟是一個，大腦為何是兩個？」之問題。此問題一經提出，就引起了世界各國科學家和專家們極大的興趣和熱情。從此以後，世界各國的科學家和人類研究專家對大腦的研究便始終沒有停止過，從而也產生了眾多的理論。

　　解剖生理學和神經生理學研究的最早成果顯示，人的大腦縱裂分成左、右兩個半球，這兩個半球呈鏡像對稱，由三億個活性神經細胞組成的胼胝體連結成一個整體，不斷地穩定處理著外界輸入的資訊，並將抽象的、整體的圖像與具體的邏輯資訊連接起來。左右腦兩部分的神經呈交叉狀，大腦左右兩半球各將相反一側半身置於自己的管轄之下，軀體和四肢運動是由相對一側大腦半球的運動區指揮的。即左腦控制右半身，而右腦控制左半身。

　　1950 年代，美國加州理工學院的羅傑‧斯佩里（Roger Wolcott Sperry）教授和他的學生邁克爾‧S‧葛詹尼加（Michael S. Gazzaniga）進行裂腦實驗。透過研究，斯佩里教授發現，大腦的左右兩個半球都有自己獨立的意識思想鏈和自己的記憶，即它們有自己相對獨立的意識活動區，並以不同的方式進行思考。左腦傾向於用詞語進行思考，而右腦傾向於以感覺形象直接思考。由此，斯佩里教授證實了大腦不對稱性的「左右腦分工理論」，並因此榮獲 1981 年諾貝爾生理醫學獎。

　　依照此理論，人的左腦支配右半身的神經和器官，是理解語言的中樞，主要掌管語言、文字、符號、分析、計算、推理、判斷、立體認知、推論的思考等，是我們讀書、計算、寫作時的動作重心，也就是說，左腦遵從自己一

貫的原則，透過語言進行有序的條理化思考，即邏輯思考。與此不同，右腦是感性腦，又稱為映射腦，支配著左半身的神經和器官，是一個沒有語言中樞的啞腦。右腦掌管音樂、繪畫、圖形、色彩、畫面、感情、非語言的觀念、空間認知、想像、創造、非理論的感性等。負責可視的、綜合的、幾何的、繪畫的思考行為。我們觀賞繪畫、欣賞音樂、憑直覺觀察事物等行為使用的都是右腦的功能。

左右腦的分工不同，使得左腦抽象思考的功能較發達，而右腦直覺思考的功能較發達。了解左右腦的不同生理特徵，能幫助家長更進一步認知到右腦對孩子智慧、潛能開發的重要影響和作用。

區別左右腦不同功能的實驗：

生活中，很多家長雖然已經了解左腦和右腦不同的功能，但仍不清楚左腦和右腦具體區別在什麼地方。以下編者為家長們提供了區別左右腦不同功能的實驗。

下面來進行實驗，一起來體驗左右腦的差別。

實驗一：

- **步驟 1**：將一幅圖放在孩子的正前方 50 公分處，讓孩子閉上左眼，用右眼凝視圖 2～3 秒；
- **步驟 2**：將圖先闔上，然後想一想圖中都有些什麼，也許孩子能想起來一部分，但無法準確地說出名稱；
- **步驟 3**：再換同一類型的另一幅圖於相同位置，讓孩子閉上右眼，用左眼凝視圖 2～3 秒，然後努力想一想都有些什麼，也許此時孩子能說出名稱，腦中的形象比進行步驟二時更加清楚。

因為左視野連接右腦，右視野連接左腦，此時他可以體會到左右腦辨別形象時的差異。

實驗二：

　　一個托盤中放著湯匙、牙刷、螺絲起子、錢包、線圈、剪刀、迴紋針、電話簿、直尺、玻璃片、鉛筆、漏斗、橡皮擦、刷子、別針、圍棋子、鈕扣、釘子等十數種物品。請孩子用一分鐘注視托盤，並說出各種物品的名稱。

　　如果孩子是按照用途順序回憶這些物品，比如鉛筆、直尺、剪刀、別針、刷子、螺絲起子、釘子……或者是由別針想到線圈、剪刀，由漏斗想起玻璃片等，就表示孩子的左腦記憶占主導，記得越多，優勢越大。

　　反之，如果孩子是按照形狀分類來回憶這些物品，比如直尺、鉛筆、牙刷、螺絲起子、刷子等，則表示孩子的右腦記憶占主導，記得越多，優勢越大。

　　透過這個實驗得知，在觀察一分鐘後比較他們所說出的物品個數，按形狀分類來記憶的孩子要比按用途分類來記憶的孩子說出的個數多。也就是說，善於用右腦思考的孩子比較容易掌握事物模糊的細節，用左腦思考則對細枝末節的掌控略遜於右腦。反之亦然。

實驗三：

　　使用兩臺答錄機，以同樣的音量和播放速度，讓孩子兩隻耳朵同時聽不同的計算題，聽畢立即在紙上計算。以這種方法完成一組後，將兩盤磁帶替換，而後打開答錄機，再進行一組計算。全部完成之後，比較左右兩組的正確率，結果極可能是右耳聽到的那組計算題之答題正確率較高。

　　這個實驗證明，人具有左右兩個大腦，而它們的功能是不相同的。

　　實驗一和實驗二是透過孩子的視覺功能來驗證左右腦的區別，實驗一說明左眼凝視圖形較右眼更準確，實際上這是孩子右腦的功能在發揮作用。實驗二說明了當孩子直視一個物體時，該物體的左右兩側也會模糊地進入孩子的視線範圍，這就是左視野和右視野。人的右腦看到左視野中的圖形，而左腦則看到右視野中的圖形。

實驗三則是透過聽覺來驗證左右腦的區別。為什麼右耳聽到的題目比左耳聽到的答題準確率高呢？這是因為右耳聽到的聲音進入左腦，左耳聽到的聲音進入右腦，左腦為語言中樞，具有理解和記憶語言的功能。也就是說，當左右兩耳同時聽到計算題，從右耳聽到的聲音直接到達語言中樞，孩子能迅速弄清楚題目的意思。

透過親自做實驗，相信家長們就能充分明白左右腦功能的不同。

人腦左右兩部分分工已被現代腦科學、心理學家所揭示和證實。若一個孩子長期偏向使用左腦，其右腦的寶貴資源就可能被「閒置」浪費，並慢慢地「折舊」為零，造成孩子用腦的不平衡，並失去右腦功能中創造、創新、創意等一系列強大的智慧能量，從而導致孩子在人生競技場中失掉出奇制勝的利器，這將是一件十分令人遺憾的事情。

右腦 = 女性之腦

有人說：右腦等同女性腦，左腦等同男性腦，而女性腦為男性腦的基礎！事實是如此嗎？

的確，胚胎組織在子宮中的初期，主要是受雌性激素的影響，約胎齡 8 週時，胎兒的性別確定了發展方向後，情況便會發生變化。如果是男性，就會分泌出大量的雄性激素，大腦經過雄性激素的「沐浴」，便形成男性腦，而未經雄性激素「沐浴」的腦，便成為女性腦。可見，「女性腦為男性腦的基礎」這一說法是有一定科學根據的。

由於女性腦的邊緣系統未經過雄性激素的沐浴，故由它所主管的人類原始本能在女性中表現得十分活躍。

女性個性是確立在大腦邊緣的基礎上，女性的行為主要是受大腦邊緣系統所控制，因此，其思想和行為都更為單純。

男性腦則是以大腦皮質為中心，大腦的許多功能都匯集在這個部位，在

行為表現上，男性會為了獲得名譽地位而拚命工作。這一特性表現在性格上，男性更注重理智，女性富於感性；表現在注意力上，男性的注意力多定向於事，女性的注意力多定向於人；表現在記憶力上，男性的理解記憶和抽象記憶較強，而女性的機械記憶和形象記憶較強，這也是女性語言能力較強的原因；表現在想像力上，男性的想像力偏重於邏輯性方面，而女性的想像力偏重於形象化等方面。

大腦兩半球功能的分化，使得男性和女性也呈現出明顯的不同。男性大腦比女性大腦的側性化程度更高。加拿大科學家研究發現，在處理空間資訊方面，男孩右腦在 6 歲左右就已經比左腦更專門化，而女孩要到青春期時才出現這種專門化的傾向。

當從事一種空間概念的益智活動時，男性的大腦活動集中在右半球，而女性則兩個半球都活動。這表現在空間能力方面，女性的大腦分工比較廣泛，男性的大腦分工比較明顯；在支配語言能力方面，女性控制語言過程的左腦半球的專門化速度比男性快。所以，小女孩開口說話通常比小男孩早，而且詞彙較豐富，很少出現語言能力上的缺陷，閱讀書寫也起步得比較早，因此女孩學習外語大多比男孩更為容易。

從構造上來看，女性大腦由於胼胝體發達，因此在處理問題時，常常由左右腦同時發出指揮行動，所以女性大腦的溝通交流能力較為發達，她們細緻、敏感，能夠透過察言觀色來了解對方的心理狀態，直覺靈敏，應變能力也一般比男性強。

可是，在現代社會中，女性腦的這種優勢並沒有發揮出來，這是為什麼呢？

原來，左右腦相比，左腦的活動能力相對來說比較強，只有在左腦的興奮鎮靜下來後，右腦才有「表現」的機會。現代女性面臨著和男性同樣的工作和社會壓力，加之家庭和孩子的重任，迫使她們不得不長期保持一種理性的左腦狀態，左腦的活躍迫使女性原本感性靈敏的右腦長期處於沉睡的

狀態。

右腦，是祖先智慧的保留區

　　近 10 年的腦科學研究證實，人的右腦除了掌管形象、聯想、規則等之外，還儲存著從古至今 500 萬年人類遺傳基因的資訊。人類在幾百萬年的進化過程中，在透過「與天奮鬥、與地奮鬥、與人奮鬥」的經歷中累積了大量的經驗教訓，並把它們變成遺傳因子儲存在右腦裡。因此，人們說右腦是「祖先腦」，是人類祖先智慧的保留區。

　　右半腦儲存的遺傳因子，隨時隨地都在向後代指示該怎麼做、不該怎麼做的方向。比如，初生嬰兒如果左腦受損，他可以照常吃母親的奶，但如果是右腦受損，他就不會吃奶，便是同時喪失了人的本能。與右腦不同的是，左腦儲存和掌管的是近期的和即時的資訊，儲存的是人出生以來的知識。因此左腦是人的「本生腦」。

　　有這樣一個故事：

　　「民間藝術演唱家」——玉梅原來是一個既不識藏族母語，又沒有從師學過藝、文盲出身的西藏牧女。但在 1974 年她 16 歲時大病一場後，卻能奇蹟般地說唱起世界上最長的史詩《格薩爾王傳》，能把該史詩中數以千計的人名、神名、地名、禽獸名、戰馬名、武器名、藥物名、珍寶名等，口若懸河地唸唱出來，至今已由西藏社會科學院語言研究所錄製了〈門嶺之戰〉、〈梅嶺之戰〉、〈塔嶺之戰〉、〈英雄誕生〉等《格薩爾》史詩 40 多部，整理出了 30 多部，多達數千萬文字。有趣的是，現實生活中的玉梅，不僅是文盲，而且記憶力也很差，她在拉薩生活的十多年中，連一些街道、商店以及一些時常打交道的熟人都叫不出名字，在學習藏文期間，連 30 個字母都無法對上。

　　難道這個玉梅有什麼特異功能嗎？實際並非如此。玉梅的左半腦雖不發達，記不起出生以來的各種資訊，但她在大病之後，卻把右半腦中累積的藏

人祖先的智慧表現得淋漓盡致。因此才有了上面的這個故事。

從某種角度理解，左腦就像是電腦的「記憶體」，而右腦則是電腦的「硬碟」。它們的作用、分工不同，但彼此有著密切關聯。

左右腦儲存掌管的資訊量大不相同，若說人生短短幾十年累積的知識是一滴水的話，那麼，右腦所儲存的祖先千百萬年遺留給我們的資訊則是一片汪洋大海！

在現實生活中，儘管人人都得使用左腦，因為左腦掌管語言功能，但以左腦為中心的生活方式卻是單色調的，因左腦是以得失利弊和愉悅情感統治的世界，它用非常狹隘的視野觀察人生和社會，所以人們難免迷失於紛紛擾擾的現實社會中。

右腦是人類祖先智慧的保留區，學會用右腦思考，便可基於人類億萬年的遺傳訊息來思考問題，因而更豁達、視野更廣闊。用右腦思考，生活也會變得更加豐富多彩！

右腦中隱藏著看不見的力量 —— 潛意識

正因為右腦是人的「祖先腦」，因此具有一些人類與生俱來的本能。它是人類精神生活的深層基礎，如做夢、頓悟、靈感、潛意識等與創造力相關的「無意識」心理過程，主要都是右腦所激發。

談到潛意識，許多成年人可能都有過這樣的經歷，有時會莫名其妙地煩躁不安，總感到有什麼事要發生，而往往特別的事竟真的發生了。有這樣一個故事：

在一場空難中，一位幸運者在臨去機場之前冥冥之中突然感覺到不安，為了擺脫這種不安的感覺，於是，他斷然決定退掉機票，改搭乘火車，結果竟意外逃過一劫，事後他深感僥倖，認為是上天在保佑他。

為何這位幸運者冥冥之中會有不安的感覺呢？這就是潛意識在發揮它的

功能。

這種「潛意識」在我們的現實生活中屢見不鮮。最明顯的就是人們常常做著千奇百怪的夢。比如，在夢中來到了一個完全陌生的地方，或體驗到形形色色的遭遇，或找到了一個在白天百思不得其解的答案，甚至在夢中可以準確地預見未來等等。其實，這都是「祖先腦」的智慧在發揮作用。解剖學證明了只有右半腦才會做夢，當然做夢仍要透過左半腦的配合，但如果切斷左右半腦之間的連繫，或在右半腦受損傷的情況下，人就不會做夢了。其他諸如一些預言家的預言，透過自我暗示的效果以及一些人所表現出的特異功能等，都是與右半腦的能力激發有密切相關的。

為什麼會出現這種情況呢？原來，在睡夢中（包括開始入夢、熟夢、夢醒等幾個階段），由於人們有意識的思考處於被抑制的狀態，白天占統治地位的左腦在休息中，而主管形象思考、想像力的右腦這時十分活躍，並能在入夢和夢醒階段將意識貫通。因此日有所思，夜有所夢，夢醒時分常常對即將發生的事得到準確的預知。同樣，在心情極度平靜時，即脫離平常的生活環境，獨自沉寂之時，往往也出現預感準確的情況。在海邊垂釣、沐浴後休息、或與朋友聊天時，往往久困心頭的迷惑或似是而非的感覺會不期而遇地浮現在腦海，得到明確清晰的預感，這便是一種潛意識的力量。

可是在現實生活中，大多數人都是以左腦為中心來生活的，因為左腦是「競爭腦」、「現實腦」，會講會算，在人的生活中占據著明顯的地位。而右腦「大音希聲」且與世無爭。真正到了絕境、無所依憑的時候，若此人的右腦智慧沒有被左腦完全掩蓋的話，他就會發現遺傳因子給予的啟示，雖然只是將信將疑（因為左腦找不到證據），可是左腦也只有按照右腦的暗示去拚命一試。很多人就是在這種情況下絕處逢生的。

可以說，右腦的直覺預感 —— 潛意識是十分神奇的，儘管有許多預感的成功案例至今尚無法用科學的邏輯原理加以解釋，但已經發生的直覺預感不得不引起人們的關注。

　　身為家長，我們有責任幫助孩子最大限度地開發直覺獲得潛能，因為那將是孩子走向成功的關鍵！

右腦是確認自己的關鍵

　　哈佛大學發展心理學家霍華德・加德納（Howard Earl Gardner）說：「人類有七個智力中心：語言、邏輯、視覺、運動、音樂、人際、內省，這幾個智力中心在人腦中都有其對應的生理學部位，而人類用以了解自身、認清自我的內在（內省）智力就位於人的右腦。我們照鏡子、看照片時，本能地就能認出自己，這便是右腦在發揮作用。」霍華德・加德納的這一理論是奠基於對大腦進行無數次的實驗研究而建立的。

　　起初，腦科學家們對 5 名即將接受手術的癲癇症患者做腦部測試，先後將他們腦部的左半球和右半球麻醉。當左半腦被麻痺時，腦科學家們拿出一張合成照片給他看，照片其中一半是病人本身的臉，另一半是名人的臉。當麻醉效果消退後，請他們回憶自己看到的圖像。5 名患者都記得看過自己的臉。但在麻醉了病人的右半腦後，其中的 4 名記得看到過名人的臉，卻不記得看過自己的臉。

　　為了證明一般人的腦部作用也有這樣的「左右之分」，腦科學家們另外請了 10 個正常人進行同樣的實驗，結果同樣是看到自己形象時的右腦較為活躍。

　　顯然，認出自己的臉無疑需要有一種自我意識，若沒有這種自我意識，將無法確認出我們是誰。而他們的研究證明：右半腦，尤其是右半腦的前端皮質是形成自我意識和進行自我辨識的關鍵部位。

　　腦科學家們指出，有腦不但能進行自我認知、自我辨別，充分認清自己的優劣勢所在，還可透過自我認知控制自己的情緒與行為，尤其是大量的情緒性行為。這些情緒反應都是經過「心靈思考」之後得到的結果。

右腦的直覺判斷不是以一個步驟接著一個步驟的方式得到的，它具有「整體審視、瞬間判斷」的功能，這種高度概括的組織特性，有利於人類趨利避害、從容應對，從而保護自己。此外，調整自身的情緒也可以幫助鍛鍊腦力。

若我們能不斷調整自己的負面情緒，把「我很高興」、「我很幸運」、「我一定會做得更好」、「我很幸福」、「我一定可以將這次失敗轉換為成功的鑰匙」等變成自己的慣性思維，那麼，我們就能活得心情舒暢、事事順心，並且有所發現、有所發明、有所創造。

也就是說，若能正確開發右腦的潛能，不僅可以達到有意識地認識自己的目的，還能提高自我控制能力，進而提升自己的創造力！

右腦是創新和想像的泉源

人類的創造之魂在於右腦。右腦不但有著人類祖先智慧的遺傳因子，還有著高於左腦 100 萬倍的資訊量，更有著迅捷高效率的資訊處理方式，這些都使它具備了得天獨厚的創造與想像天地。

由於右腦主要負責直觀的、綜合的、幾何的、繪畫的思考認知和行為，它承擔的形象思維在人的思考活動中發揮到至關重要的作用。右腦的形象思維是一種脫離語言軀殼、憑藉頭腦中儲存的表象所進行的思考。左腦的邏輯推理，則是依據現有知識並在現有理論的框架內得出的結論，無法產生新的知識。右腦的非邏輯思維則創造新的理論和觀念，乃孕育新知識的泉源。愛因斯坦這樣描述他的思維過程：「我思考問題時，不是用語言進行思考，而是用活動的跳躍性形象進行思考，當這種思考完成以後，我要花很大力氣把它們轉換成語言。」這非常生動地描繪出新思想誕生過程時左右腦是如何協同運作的，右腦的形象思維產生了新思想，左腦用語言的形式將它表述出來。

另一位諾貝爾物理學獎得主李政道（Tsung-Dao Lee），自 1980 年代起發起了數次科學與藝術的結合之宣導。他在北京召開了「科學與藝術研討會」，

請黃冑、華君武、吳冠中等著名畫家「畫科學」。李政道的「畫題」都是近代物理最前端的課題，涉及量子理論、宇宙起源、超導現象等領域。藝術家們用他們擅長的右腦形象思維的方式，以繪畫的形式將這些深奧的物理學原理形象化地表現出來。今天我們再看這些畫作時無不為其磅礡的氣勢所震撼，並體會到以非語言形式來描述宇宙本質是何其深刻。

左右腦的分工使得人的創新能力與右腦密切相關。人的思考過程是左腦一邊觀察右腦所描繪的圖像，同時將之符號化、語言化的過程，即左腦具有強大的工具性，負責把右腦的形象思維轉化為語言。現代社會強烈要求的創新能力或者說創造力到底是什麼呢？實際上是把頭腦中那些被認為毫無關係的情報資訊連結起來的能力。

這種並不關聯的資訊之間的距離越大，將它們聯想起來就越新奇。人的大腦是無法製造出資訊的，所以創造能力是對現有資訊的再加工過程。在這個過程中，若右腦本身無大量資訊儲備量，創造力自然無從談起。

創造性思維中的直覺、一閃而過的念頭發揮到關鍵的作用，首先得要求右腦直觀的、綜合的、形象的思想機能發揮作用，並且要求左腦適當地配合。因此，若要孩子不斷地產生嶄新的設計、構思，必須充分啟發孩子的右腦。

這裡我們強調右腦的重要性，並非要以右腦思維取代左腦思維，事實上右腦思維也不可能取代左腦思維。左腦的作用是極為重要的，右腦儲存的大量資訊及其知覺都必須經左腦的語言描述和邏輯加工才具有最終的可利用價值，左右腦的通力合作構成完整的思考活動。然而在現階段，右腦畢竟是我們使用上的「弱項」，注重開發孩子的右腦潛能，便可以達到「少投入，多產出」的效果。

右腦有著無與倫比的記憶力

　　許多心理學的權威人士曾認為，普通人不可能在 2 分鐘內按順序記憶一副完整的撲克牌，1 小時記憶上萬個二進位數字。然而這個極限卻在之後一屆又一屆的大賽上不斷被突破。最令人不可思議的是，在 2007 年的大賽上，一位女選手僅用了 28 秒就能把一副完整的撲克牌以及上萬個二進位數字倒背如流。這樣的記憶能力，堪稱奇蹟。

　　無獨有偶，有一名 9 歲的小學生能用英文背誦圓周率。據說，這位小學生不僅能在半小時左右的時間內背至小數點後千位，甚至還能「倒背如流」。他的記憶能力之強、反應速度之敏捷，讓人嘆為觀止。

　　此外，一名年僅 4 歲的小女孩，能將《三字經》、《百家姓》、《弟子規》以及大篇幅的英文著作一字不漏地背誦下來……。

　　為什麼這些孩子具有如此超人的記憶能力呢？原因無他，那是因為這些孩子用的都是「右腦記憶」。

　　記憶分為左腦記憶和右腦記憶，左腦記憶是語言性記憶，日常生活中，我們大多數人的記憶都是左腦記憶，比如孩子在複習功課時，若只是單純的逐字、逐段記憶，就只調動了左腦記憶。左腦是靠語言、遵循邏輯順序去記憶，要花費一定的時間，也稱為「直線處理記憶」。因此，這是一種低效率記憶，記憶內容的速度慢，且很快便容易忘記。

　　與左腦的語言性記憶不同，右腦中具有另一種被稱為「圖像記憶」的方式，這種記憶不必花費很多時間，將整體到局部採取並列式運作，將所見所聞以圖像的形式記憶下來，並用圖像重現出資訊原貌。這種像拍照片一樣把我們所看到的東西記憶下來，在需要時又使圖像重現的能力被稱為照相記憶能力。

　　研究證明，0 ～ 6 歲的孩子都具備照相記憶能力。

　　此結果的發現過程如下：

　　1917 年，在德國的一所小學裡，一位叫奧特・克羅的生物老師讓一名學生講解蜘蛛結網的情形。那名學生講得十分生動，彷彿他正看著蜘蛛結網一般，老師感到非常不可思議，於是就問：「你在黑板上看到什麼了？」那名學生回答說：「我在黑板上看到了蜘蛛」。

　　其他的學生也聲稱自己看到了蜘蛛，於是老師對全體學生進行了實驗，結果發現有 40% 的學生看到了蜘蛛活動的圖像。

　　克羅老師將這一現象報告給了自己的恩師 —— 馬爾堡大學的埃里克・楊施（Erich Rudolf Jaensch）教授。

　　楊施教授透過研究發現，右腦具有照相記憶的能力，這種能力在孩子 0～6 孩子中經常表現出來，12 歲以下的孩子 60% 都擁有這種能力。在 6～12 歲時，也較容易表現出來，而在 12 歲之後就比較困難了。也就是說，年紀越小越容易表現，而年紀越大，這種能力表現出來的可能性就越低。

　　不過，雖然一般來說 12 歲以上的孩子很難看到圖像，但有些成人 ——如運動員在經過圖像訓練後，也可以看到圖像。這一點足以說明，右腦的照相記憶能力可以透過後天的訓練獲得。也就是說，任何一個人只要經過訓練，都可擁有優秀的記憶能力。

　　右腦記憶不僅實效性長，其記憶速度遠遠高於左腦。這是由於處理資訊時，左腦將資訊進行詞彙化處理，還要變成語言才能傳達出去，所以需花費較多時間。而右腦將資訊圖像化處理，沒有轉換為語言的過程，所以處理起來較為迅速。研究顯示，右腦記憶能力是左腦的 100 萬倍。

　　另外，根據不同的劃分標準，記憶可以劃分為很多種。這裡要介紹的是顳葉（Temporal lobe）記憶和海馬迴（Hippocampus）記憶。

　　直向切開大腦，我們可以發現大腦有 3 層。最外面的是新皮質（Neocortex），其次是舊皮質（Archicortex），中心為腦幹（brainstem）。

　　人類的大腦中，與記憶相關的部分是顳葉、海馬迴和間腦。顳葉屬於大腦新皮質，顳葉記憶位於記憶階層的淺層，比較容易遺忘；而海馬迴屬於舊

皮質，海馬迴記憶位於記憶階層的深層，記得比較牢固；間腦屬於腦幹，間腦記憶是更深層的記憶。

海馬迴是大腦中掌管記憶的核心部分。老年人的常見病阿茲海默症就是由海馬迴的衰弱及萎縮引起的。另外，透過對精神分裂症患者的研究發現，切除了病灶海馬迴以後，患者的精神分裂症狀會有所減輕，但卻會喪失部分記憶。

我們在記憶時，大腦會首先把接收到的資訊記憶保存在顳葉。當需要時，會重現這些記憶的內容，形成語言、行動或與其他記憶內容相結合形成推理、思考判斷和創造。

當大腦對某類資訊非常感興趣，或者由於不斷重複某資訊，使大腦認為這個資訊非常重要時，這些資訊不僅會被保存在顳葉中，還會經由神經系統被傳送到海馬迴。

我們很難透過意志力駕馭或改變海馬迴中的深層記憶迴路。海馬迴中的記憶內容會在不知不覺中對我們造成影響。如果一個人擁有的記憶大部分是負面的，就很難透過正常的意識將其消除。

我們之所以能記住五六歲時的事情，是因為它們進入了海馬迴的深層記憶。而最近的事情我們反而大都忘了吧？昨天的這個時候在做什麼？昨天的晚餐吃的是什麼？有些人雖然記不清楚這些，但是去年的今天在做什麼，他卻能夠一下子回憶起來。

如果用顳葉記憶的方式來學習，我們的學習成績並不會提高很多，但是如果我們運用海馬迴記憶的方式，學習起來就會輕鬆許多。一旦開啟了海馬迴記憶，記憶什麼事情都會變得輕而易舉。

總之，右腦記憶是一種優質記憶，讓孩子學會運用右腦記憶意義重大。只要能充分發揮右腦記憶的功能，就能使孩子的記憶力大幅提高。同時，還能使學習能力低下的孩子在成績方面取得大幅度的進步。

右腦的資訊容量是左腦的百萬倍

右腦的記憶優勢，使得右腦中的資訊容量大大超過左腦中的資訊容量。據腦科學家們的研究證明，右腦的資訊容量比左腦大百萬倍。這就使得右腦處理資訊的方式與左腦截然不同。右腦用表象思考，左腦用詞語思考。右腦的資訊處理機制是空間依賴性、且同時並行的，左腦則是時間依賴性的、序列的、串列的；右腦是形象的、直覺的，左腦是邏輯的、理性的；右腦是描述的、類比的，左腦是分析的、數字的。也就是說，人的記憶大部分是以形象的形式在右腦記錄下來並留下了痕跡。

更形象的說法來形容，右腦就像一個書架，書架上放著許多本錄影帶，並由左腦將這些錄影帶一一貼上不同的標籤。回憶即是根據標籤從眾多的錄影帶中找到自己所需的內容，並同時連同前後相關內容一起回憶。思考的過程是左腦一邊觀察提取右腦所描繪的圖像，一邊將其符號化、語言化處理。也就是說，右腦儲存形象的資訊經左腦進行邏輯處理，變成語言的、數字的資訊。

作為被記憶的材料，文字是由語言中樞所管理，被存放於左腦中。但是，左腦中所能儲存的文字資訊總量是非常有限的，而右腦能儲存的形象資料是左腦的百萬倍。

處於現今的知識經濟時代，每個人都要掌握數以萬計的知識，若想把學習到的龐大的資訊有效地儲存起來，開發人右腦的潛能是關鍵！

當然，在運用右腦進行儲存與資訊處理的時候，我們還必須同時運用左腦的處理資訊的功能，在左右腦中將資訊相互結合、加工，才能把個人的思維以創意的形式反映出來！

右腦 α 波影響孩子的學習能力

在每個人的大腦中都運作著各種功能不同的腦波，這些腦波有如電波一樣，依 1 秒的傳達波，可分為 α（Alpha）、β（Beta）、θ（Theta）、δ（Delta）。

在孩子的大腦中，最活躍的是 α 腦波，是活動力最強的腦波，通稱學習腦波。適用於將資訊自然地吸收，所以 α 學習腦波最有益於孩子的學習。

β 腦波是成人最常用的腦波。β 腦波的主要功能，是將人類五官所搜集到的資訊整理及判斷，以決定如何處理。β 腦波的動作細緻敏銳，因此不適於學習。

6 歲前，孩子的大腦在動作上，以 α 學習腦波為主，到 6 足歲以後，不適合學習的 β 腦波才漸漸發揮功能。這也是 6 歲以前的孩子能很自然地發揮驚人學習力的最主要原因。θ 腦波是具催眠作用的腦波，一般催眠術中經常會用到這種腦波，對注意力的集中最具功效。α 及 β 兩種腦波的變化，對孩子的學習能力也會產生決定性的影響。

——————第一章　了不起的右腦

第二章　啟動右腦，打開孩子的智慧之門

從第一章的論述中，我們了解到每個孩子的右腦中都潛藏著「智慧」的潛能。只是，這些潛能因為缺乏後天的開發或者開發不當，導致長期處於休眠的狀態中，逐漸退化或者隱藏了起來。

要想打開孩子的智慧之門，使其隱藏著的潛能得以開發和利用，我們要做的就是啟動孩子的右腦按鈕。

巨匠的祕密 ── 大腦偏側化

　　對於每個人來說，左右半腦的發育速度和程度都是不同的，這導致大腦左右兩半球偏性功能專門化發展的差異。有些人在使用大腦時偏重於左腦，有些人在使用大腦時偏重於右腦。也就是說，人的右腦或左腦有一側比較發達，這種情況稱為大腦「偏側化」，即大腦的一邊（左腦或右腦）專一化，比較發達的一側稱為優勢半腦。

　　由於左右腦所司功能的差異，大腦偏側化能使某些人在某個領域中發揮特殊的才能，也容易使人在某個領域建立起優秀的成就。比如，左腦偏側化可能造就科學巨匠，而右腦偏側化則可能產生天才藝術家。

　　在我們的生活中，有這麼一群特殊的人，他們從小就習慣於用左手寫字、做事，且左手做事的靈活度與熟練程度比右手更強，我們把這個族群稱為左撇子。

　　縱觀古今中外，我們會發現，歷史上的左撇子們對人類文明的發展與進步做出了傑出的貢獻，且在社會政治經濟生活中的影響和作用也十分巨大。在左撇子中出現過許多偉大的政治家、軍事家，著名的科學家、文學藝術家、天才表演者等。

　　比如，亞歷山大大帝、凱薩大帝、拿破崙、聖雄甘地、聖女貞德，二戰期間的邱吉爾、巴頓（George Smith Patton），這些歷史中影響甚鉅的人物都是左撇子，現任英國女王和多任前女王、前國王中也都不乏左撇子，比如查理斯王儲和小威廉王子父子，滿臉大鬍子的國際政壇常青樹卡斯楚也是左撇子。

　　科學家和企業家中的左撇子也非常多，也許這與科學總是要探索未知世界、需要豐富的想像力和敏銳的洞察力有關，而左撇子的右腦思考方式正好適應這種需求，愛因斯坦、牛頓、瑪里·居禮、楊振寧、約翰·洛克斐勒（John Davison Rockefeller）、亨利·福特（Henry Ford）、比爾蓋茲等人都位列左撇子英才榜。義大利文藝復興時期的三傑，達文西、米開朗基羅和拉斐爾都是左

撇子，貝多芬、畢卡索、巴哈、莫札特也是左撇子大軍的成員，他們創造了世界藝術史上最輝煌的篇章。

演藝圈更是左撇子雲集，好萊塢著名女影星瑪麗蓮‧夢露、莎莎‧嘉寶、喜劇大師卓別林，在世界電影史都留下了濃墨重彩的一筆 ── 他們都是左撇子⋯⋯

為什麼傑出人物中有如此多的左撇子呢？這裡面隱含著什麼樣的祕密呢？

經腦科學家們研究顯示，左撇子的特質其實與人的大腦結構、大腦的左右腦分工相關。大腦皮質上的手部代表區非常重要，因而手的活動對大腦的功能開發有巨大的作用。由於經常使用右手的人的大腦僅左半球功能較發達，右半球的開發利用較少。

而左撇子則不然，左撇子的右腦相對能得到更為充分的開發和利用，這就極大地提高了整個大腦的工作效率，並且唯獨左撇子們才有可能將左半腦的抽象思維與右半腦的形象思維功能合而為一。因有更強的形象思考和洞察全域的能力，更富感知力、更有創意⋯⋯由於這種種原因，使得相當比例的左撇子智商較高，再加之機遇和個人努力，那麼多傑出的左撇子出現在歷史上就一點也不奇怪了！

那麼，如果我們的孩子既沒有出眾的資質，更不是左撇子，是否就意味著無法成功了呢？

事實並非如此，只要開發孩子「沉睡」的右腦，資質平平的孩子同樣可以擁有成為「巨匠」的可能！

未來世界的競爭屬於右腦競爭

美國著名學者湯瑪斯‧索維爾（Thomas Sowell）認為，人類幾千年的文明史，在思維方式實際上已經經歷過兩次重大的革命。第一次是原始石器時

代的「左腦革命」，即以語言文字的邏輯化思維充實直接的自然直覺式形象思維；第二次是在 1950 年代的「電腦革命」，這只是擴展了人類抽象的邏輯思維能力，是「左腦革命」的進一步延伸。未來的時代，是知識經濟時代，時代競爭的主題是「創意」的競爭。而人的創意多來自於右腦，只有左右腦都得到充分的開發和利用，兩者功能達到平衡並形成一個有機的整體時，人的智力（包括記憶力）和創造力才能得到高度的發展。

　　在如今的資訊科技時代，隨著電腦的迅速普及，人類許多的工作，小到電腦刺繡、自動電焊，大到產品設計、氣象分析、戰場模擬、經濟預測等都是由電腦輔助完成的，並且完成的速度遠比人類大腦高出許多倍。以至於很多人認為，在今後，手提一臺電腦就可以走遍天下了。

　　事實真是如此嗎？非也。實際上，電腦所取代的人腦的功能，全部是左腦的功能，右腦的功能卻一點都無法取代。電腦、收銀機、掃描器、印表機、可以承擔各種最複雜任務的機器人，它們都是按編定的程式或人的指令運行。它們提高運算速度和準確度，擴大數位資料的儲存量，取代的方面完全是人類左腦邏輯思考的功能。

　　而形象思維、知覺、預感、創意這些人類右腦的功能，迄今電腦尚難以企及。右腦的功能不可替代，只能靠人類自己培養和發揮。如果一個人一味地依賴自己的左腦，其結果只會如日本醫學博士品川嘉也教授斷言的那樣，「『左腦型』人今後將被社會所淘汰，不會使用右腦的人，將被電腦取而代之。」

　　因此，身為家長，若想你的孩子在今後這個時代中脫穎而出，就必須從小啟發孩子的右腦，右腦思考能力強的孩子才能在今後的競爭社會中立於不敗之地！

華人孩子更需要開發右腦

對於華人的孩子來說，開發右腦尤其重要！

有位華裔學者深有感觸地說，華人的孩子在知識的掌握和識字量上都遠遠超過同齡的美國孩子，而且學習的刻苦程度更是無可比擬。然而，華人孩子的獨立生活能力和社會適應能力卻與美國的孩子相去甚遠。表現在各種活動中，華人孩子考數學，參加各類知識競賽常常高居榜首，但在想像力、創造力方面卻比美國孩子稍遜一籌！華人孩子長大以後的創造性也往往不如美國孩子。構思一個新產品，華人孩子的思路也常常落後於他們。這到底是為什麼呢？是我們的孩子天生腦袋不如別人「靈活」嗎？事實並非如此，最重要的原因還在於華人的教育方式。

長期以來，大多數的華人孩子生活在「左腦」的社會中，從孩提時代開始，他們的左腦就率先得到開發和利用，尤其是在學校，更是一個強調左腦功能的地方。

傳統「填鴨式」死記硬背的應試教育，不斷強化的是掌管語言、邏輯分析、文書處理的左腦，表現左腦功能的行為，如聽說讀寫、計算、邏輯推理、分析能力等方面的優勢和成績，首先受到鼓勵和表揚。而同語言不相關聯的，如美術、舞蹈、音樂、體育等活動，都被放在次要的地位，至多被認為有益於身心健康，而很少被認為會增進智力。這樣的教育方式，會導致負責形象思考的右腦因此被閒置，導致隨著學歷的提高，孩子的右腦能力在逐漸下降。

當美國的孩子用大量時間參加體育運動、為太空梭制定實驗方案、自己編輯報紙、模擬總統競選時，我們的孩子卻在苦苦地背著範文、常數、解法，在背著「一個什麼」、「兩個什麼」、「三個什麼」、「四個什麼」、「五個什麼」和許許多多的「什麼什麼」。

由於人體的自然生理屬性以及傳統應試教育和「填鴨式」死記硬背的學習方法，在現實生活中，95％以上的華人孩子僅僅使用了自己一半大

腦 —— 左腦，而創新思維單憑左腦的邏輯推理已經遠遠不夠。

21 世紀的競爭，更多的是創新、感覺、EQ 方面的較量。人的這一切能力都來自於我們每個人右腦與生俱來的功能！而這些，恰恰都是我們的教育所缺乏的，因此，對於華人的孩子來說，「開發右腦」迫在眉睫！

右腦開發與非智力因素的開發

右腦的開發，在很大程度上是一種非智力能力的開發。在各個行業都有這種現象，最頂尖的人物往往不是學習最好的，更不是考試分數最高的。古代也是如此，狀元有成就，能名留青史的並不多。

原因就出在我們的教育方法上。華人教育十分嚴謹，具有豐富的知識性和嚴密的邏輯性。經過層層考試選拔出的人才，掌握現有的大量知識，抽象思維能力強，而行為能力，如人際關係、敬業精神、創造性卻未必很強。恰恰是這些非智力因素對個人的成功能發揮到關鍵的作用。

關於非智力因素的提法很多，一般包括動機、興趣、情感、意志、個性等要素。優秀人物成功的奧祕就在於，他們具備智力因素以外的素養創意思維，有敏銳的觀察力，易於合作等。

甚至有一種觀點認為，人的智力水準都是差不多的，而非智力因素卻相差很大，而恰恰提升非智力水準主要是依靠右腦的鍛鍊。在外部環境條件相同的前提下，個人的成功是智力因素和非智力因素共同作用的結果。許多大科學家、政治家、文學家的成功正說明了這一點。

世界各國也都相繼認知到開發右腦的重要。1957 年，蘇聯人造衛星升空，給美國人一記當頭棒喝，朝野譁然，紛紛把矛頭指向政府，特別是教育界。

後來，一些專家指出，美國的科學教育並不落後，是藝術教育的落後，即美蘇科技人員不同的文化藝術素養導致美國空間技術的落後。

為此，哈佛大學研究生院展開了「零點專案」研究，經過對 100 多所各類學校的實驗、調查、追蹤對比顯示，美國在文學、音樂、藝術三方面不如蘇聯，正是藝術素養的差距成為了科技落後的重要原因。

該研究成果對美國教育界產生了巨大的影響，以致美國國會於 1994 年透過了柯林頓政府提出的《目標 2000：美國教育法案》，並首次將藝術與數學、歷史、語言、自然科學並列為基礎教育核心學科，相當於華人中學的主科或大學的必修科。這一切，目的就在於有效地開發右腦功能。

需要注意的是，強調開發右腦的意義，並非輕忽左腦開發的意思。當今我們處於一個激烈競爭的時代，創新能力更關係到一個國家的興亡、企業的興衰，個人的競爭也更多是右腦能力的較量。作為我們教育的弱點，右腦的開發應得到更多的重視。

所幸華人教育界也逐漸重視右腦開發的重要性，逐步糾正應試教育，宣導素養教育，增加藝術、美學之培養。希望我們下一代的左右腦得到更均衡的發展。

你的孩子是左腦型還是右腦型

啟發孩子的右腦如此重要，以至於越來越多的家長開始關注起有關孩子右腦開發的一系列問題。而要開發孩子的右腦，家長首先需要了解自己的孩子是左腦型還是右腦型的？這樣才能針對孩子的實際情況，更好地對症下藥！

以下編者為家長提供了兩組根據右腦型特徵而設計的試題，能對孩子進行腦型測試，希望能為望子成龍心切的家長們提供些許幫助！

一、兒童「右腦度」測驗

這一組測驗題可以幫助家長對智齡 10 歲以下的孩子進行鑑別。在下列

這組試題中，有 70% 以上與其描述相符合的孩子可判定為右腦型：

1. 能記住初次見面的人的長相。

2. 肚子不餓不吃飯。

3. 受到斥責時不太愛發脾氣，轉變較快。

4. 對電視或連環畫中的人物記得清楚。

5. 看到大人進行體育活動時總想模仿。

6. 說話時總借助手勢、姿勢來解釋、說明。

7. 新玩具或遊戲很快能引起興趣。

8. 走路時左顧右盼，觀察周圍的景物和人。

9. 喜歡玩扮家家酒遊戲，會構想出情節扮演角色。

10. 常說自己看過的電視劇或童話給別人聽。

11. 孩子在小的時候，比起閱讀故事，他（她）更喜歡欣賞圖表。

12. 能自由使用左手（左撇子）。

13. 容易被書畫和風景感動。

14. 對撲克牌的各種遊戲有濃厚的興趣。

15. 有吃佳餚的嗜好。

16. 喜歡突發奇想。

17. 制定計畫草草了事，做事不細心。

18. 不拘泥於慣例。

19. 喜歡從書本中挑出自己喜歡的章節看。

20. 書桌上的東西擺放散亂，但學習效率較高。

21. 一遇到問題就喜歡不停地思索。

22. 喜歡塑膠模型，或者在假日做木工類的手工藝。

23. 對古典音樂、爵士音樂充滿興趣。

24. 對流行的事物敏感。

請在符合的項目序號上畫「√」，每個「√」記 1 分。

「右腦度」測驗評分方法：

得分在 7 分以內，需要家長對其反覆施行右腦活化訓練。

得分在 8 ～ 16 分之間者，右腦開發狀況普通，仍需要進一步進行開發訓練。

得分在 17 分以上的孩子，就可以確定為右腦型人才。

二、青少年「右腦度」測驗

這組測試題適合 10 歲以上的人。

1. 你是否認為母親做的菜最好吃？

　　①是　②否　③都不是

2. 你是否認為宴會、聚會很麻煩？

　　①是　②否　③都不是

3. 遇到你沒吃過的新奇食物你想試吃嗎？

　　①是　②否　③都不是

4. 你喜歡和朋友在小吃店裡閒談嗎？

　　①是　②否　③都不是

5. 你經常把看過的電影、電視說給別人聽嗎？

　　①是　②否　③都不是

6. 你對自己看過的電影、電視中的演員和特技攝影師記得住嗎？

　　①是　②否　③都不是

7. 你初次見到一個人時會注意其服裝嗎？

　　①是　②否　③都不是

8. 對初次見到的人，你有與平常不同的感覺嗎？

　　①是　②否　③都不是

9. 你喜歡寫文章嗎？

　　①是　②否　③都不是

10. 比起寫，你是否更喜歡對別人說？

　　①是　②否　③都不是

11. 上學時，每天若沒有按時學習會使你心情不好嗎？

　　①是　②否　③都不是

12. 上學時，你是否無計畫地、隨心所欲地學習？

　　①是　②否　③都不是

13. 小時候，你喜歡看圖畫嗎？

　　①是　②否　③都不是

14. 小時候，你喜歡讀傳記、故事之類的書嗎？

　　①是　②否　③都不是

15. 開始學電腦時，你是否會先向別人請教或閱讀說明書？

　　①是　②否　③都不是

16. 開始學電腦時，你是否想先摸摸鍵盤試著自己操作？

　　①是　②否　③都不是

17. 你喜歡把自己做的夢說給別人聽嗎？

　　①是　②否　③都不是

18. 你對自己做的夢總是感覺模糊不清嗎？

　　①是　②否　③都不是

19. 你喜歡自己做菜嗎？

　　①是　②否　③都不是

20. 你對飲食方面的知識是否豐富並且對食物比較挑剔？

　　①是　②否　③都不是

21. 工作即使有些不順利，你也會按照原計畫進行嗎？

①是　②否　③都不是

22. 即使不按原計畫進行，你也會在期限內完成嗎？

①是　②否　③都不是

23. 即使會議做出了結論，你也對會議的結果擔心憂慮嗎？

①是　②否　③都不是

24. 會議上有了結果能使你放心嗎？

①是　②否　③都不是

25. 桌子上若不收拾整齊你會感覺不舒服嗎？

①是　②否　③都不是

26. 你認為桌子上有點亂反而能提高工作或學習的效率嗎？

①是　②否　③都不是

27. 你參加過集體旅行嗎？有機會願意去參加嗎？

①是　②否　③都不是

28. 你喜歡自己制定計畫去旅行嗎？

①是　②否　③都不是

29. 你常與家人談話嗎？

①是　②否　③都不是

30. 你喜歡全家一起旅行、玩遊戲嗎？

①是　②否　③都不是

31. 你常常擔心自己談吐不妥當嗎？

①是　②否　③都不是

32. 你常常用開玩笑來避免與他人爭執嗎？

①是　②否　③都不是

33. 你喜歡追求流行嗎？

①是　②否　③都不是

34. 你認為追求流行是一種膚淺的表現嗎？

①是　②否　③都不是

35. 只見過一次面的人，你也能記住他的長相嗎？

①是　②否　③都不是

36. 見到自己認識的人，你會有想不起其姓名的時候嗎？

①是　②否　③都不是

37. 你讀一本書通常是從頭開始按順序閱讀嗎？

①是　②否　③都不是

38. 你讀書會從你喜歡的地方開始讀起嗎？

①是　②否　③都不是

39. 新店開張時你想去看看嗎？

①是　②否　③都不是

40. 你覺得在熟悉的商店裡買東西划算嗎？

①是　②否　③都不是

41. 你做作業一定會提前幾天完成嗎？

①是　②否　③都不是

42. 你做作業不到最後期限就不會做嗎？

①是　②否　③都不是

43. 如果有機會，你願意接觸一下電腦或機器人嗎？

①是　②否　③都不是

44. 公司推行電腦無紙化辦公時你會覺得有壓力嗎？

①是　②否　③都不是

45. 工作計畫、排程等一定要整理好才能使你放心嗎？

①是　②否　③都不是

46. 你是否認為計畫、紀錄是可接受些許變化的？

①是　②否　③都不是

47. 你常讀小說嗎？

①是　②否　③都不是

48. 你喜歡詩歌、短詩等文體嗎？

①是　②否　③都不是

49. 當你覺得開始讀的書比較難時，你會開始搜集相關資料嗎？

①是　②否　③都不是

50. 即使是一本難懂的書，你一定要堅持把它讀完嗎？

①是　②否　③都不是

51. 你喜歡唱卡拉 OK 嗎？

①是　②否　③都不是

52. 你喜歡古典音樂、搖滾樂、爵士樂嗎？

①是　②否　③都不是

53. 工作沒做完你就沒心思去玩嗎？

①是　②否　③都不是

54. 碰到有趣的事，即使耽誤上課你也會參加嗎？

①是　②否　③都不是

55. 你喜歡考慮跨年晚會或團體休假旅行的計畫嗎？

①是　②否　③都不是

56. 你認為籌備跨年派對或團體旅行有意義嗎？

①是　②否　③都不是

57. 看展覽時，你是逐一按順序看嗎？

①是　②否　③都不是

58. 看展覽時，只要有一個喜歡的，你就會感到滿意嗎？

①是　②否　③都不是

59. 你有好幾個異性朋友嗎？

①是　②否　③都不是

60. 你認為異性朋友之間難以成為一般朋友嗎？

①是　②否　③都不是

61. 旅行時，你是先定好全程計畫並安排妥當後才出發嗎？

①是　②否　③都不是

62. 旅行時，你是大概訂個計畫就出發嗎？

①是　②否　③都不是

63. 你很介意別人的言談舉止嗎？

①是　②否　③都不是

64. 你是否認為評價一個人不能單憑禮貌舉止？

①是　②否　③都不是

65. 打網球時，你喜歡（或擅長）用力擊球嗎？

①是　②否　③都不是

66. 打網球時，你喜歡（或擅長）輕打技巧球嗎？

①是　②否　③都不是

67. 參加體育運動或業餘愛好時，你是否熱衷到忘乎工作的程度？

①是　②否　③都不是

68. 參加體育運動或業餘愛好時，你會掛念著工作嗎？

①是　②否　③都不是

69. 當你開始一項新的業餘愛好時，是否會認真地向他人或書本請教？

①是　②否　③都不是

70. 當你開始一項新的業餘愛好時，會馬上動手執行嗎？

①是　②否　③都不是

71. 你每天都仔細認真地看報紙嗎？

①是　②否　③都不是

72. 你通常會先選擇雜誌上有興趣的內容開始閱讀嗎？

①是　②否　③都不是

73. 學生時代，你總是認真記筆記嗎？

①是 ②否 ③都不是

74. 學生時代，你的筆記總是記得很雜亂、很簡短嗎？

①是 ②否 ③都不是

75. 你喜歡做小工藝品、根雕、木工藝或是玩魔術方塊嗎？

①是 ②否 ③都不是

76. 你喜歡釣魚嗎？

①是 ②否 ③都不是

77. 你至今仍和學生時期的朋友保持聯繫嗎？

①是 ②否 ③都不是

78. 對於背叛、欺騙過你的人，你絕對無法容忍嗎？

①是 ②否 ③都不是

79. 當被指派一項工作時，你習慣循前例而行嗎？

①是 ②否 ③都不是

80. 當被指派一項工作時，你注重自己「一閃而過」的想法嗎？

①是 ②否 ③都不是

81. 你樂於思考圍棋的布局嗎？

①是 ②否 ③都不是

82. 你下圍棋時善於突破重圍嗎？

①是 ②否 ③都不是

83. 你樂於思考象棋的開局嗎？

①是 ②否 ③都不是

84. 你覺得象棋、圍棋的終盤有趣嗎？

①是 ②否 ③都不是

85. 你喜歡看電視中的無趣的東西嗎？

①是 ②否 ③都不是

86. 你喜歡看電視中較嚴肅的劇嗎？

①是　②否　③都不是

87. 你是否認為業餘愛好會妨礙工作？

①是　②否　③都不是

88. 你想增加業餘愛好嗎？

①是　②否　③都不是

89. 學生時代，你擅長幾何嗎？

①是　②否　③都不是

90. 學生時代，你擅長代數嗎？

①是　②否　③都不是

三、評分規則

首先，選「是」則每題得 2 分，選「否」則每題得 1 分，選「都不是」則每題得 0 分，以此標準將答案計分後，按照下表把 R 型題和 L 型題（R 為右腦，L 為左腦）的總分算出來。

R 型題（題號）：2、3、6、8、12、13、16、18、19、22、23、26、28、30、32、33、35、38、39、42、43、46、48、49、52、54、55、58、59、62、64、65、67、70、72、74、75、77、80、81、83、85、88、89。L 型題（題號）：1、4、5、7、9、10、11、14、15、17、20、21、24、25、27、29、31、34、36、37、40、41、44、45、47、50、51、53、56、57、60、61、63、66、68、69、71、73、76、78、79、82、84、86、87、90。

孩子的 R 分數：

孩子的 L 分數：

四、評價：

R 型題用以檢驗右腦思考傾向，L 型題用以檢驗左腦思考傾向。如果你孩子的 R、L 兩個總分相差 6 分以下，那麼你的孩子是一個用腦相當平衡的左

右腦型人；如果孩子的 L 型題總分大於 R 型題總分，並且相差 7 分以上，那麼他具有使用左腦的傾向，屬於左腦型人；相反，如果 R 型題總分大於 L 型題總分，並且相差 7 分以上，說明你的孩子多使用右腦，是一個右腦型人。

其實，每個人的用腦習慣都不同，有些人習慣用左腦思考，有些人卻習慣用右腦思考，這都是可以理解的。如果透過測試，你發現自己的孩子不屬於右腦型，那也沒有必要悲觀，從反面說，這正說明孩子有潛力鍛鍊和使用右腦。

當然，如果你的孩子是右腦型的人，父母也不要以為「這樣一來，我的孩子不必特別注意使用右腦了」，因為孩子的右腦型傾向是無意識形成的，所以，今後若不有意識地積極應用，右腦也會逐漸衰退。

左右腦型的人雖然屬於思考力平衡較好的人，但如果不積極運用右腦，也有逐漸偏向左腦型的可能性。總之，在了解孩子的用腦習慣後，家長更應該對孩子進行右腦的活化訓練，使其潛能最大限度地發揮出來！

孩子右腦開發的最佳時期

成功的父母未必就一定能生出同樣成功的孩子，但能夠對孩子進行右腦早期開發、教育的家長，卻一定能培養出成功的孩子。

科學研究結果顯示：人在剛剛出生時，右腦處於優勢地位。3 歲時，大腦發育到了巔峰，3～6 歲期間，所有腦細胞都在健康發育，兒童大腦活動程度是成人的兩倍，因此這一時期也是思考最敏捷的時期，是智力開發的最佳階段。這個時期，孩子不需要特別背誦，但他們都可以自然而然地學會母語。可惜這股神奇如電腦般的語言學習能力，在 6 歲以後，便逐漸消失了。其原因是，6 歲以後，孩子潛能巨大的右腦被使用的機會日趨減少，左腦逐漸取代右腦成為主宰。所以說，0～6 歲的孩子與 6 歲以上的孩子相比，他

們的大腦功能和作用完全不同。

　　格林‧杜曼（Gleen Doman）在《如何教寶寶數學》中，曾提及他對 1 歲半孩子進行算數的指導：「26 乘以 17，除以 2，減去 172，再加 3，最後再除以 2，等於多少？」想不到 1 歲半孩子很快便能得出 26 的正確答案來。

　　由此可見，孩子的大腦不但不幼稚，反而比成人擁有更高的運作能力。只要環境能給予適當的條件訓練，將右腦中的潛能引導出來，孩子大腦的神奇力量，將會創造出驚人的成績。具體的做法是：

在 6 歲以前，突破大腦學習的障礙

　　如前所述，α 學習腦波是影響學習能力最重要的腦波，6 歲以後，存在於孩子大腦的潛意識中。6 歲後，意識及潛意識間會產生障礙，是造成學習困難最主要的原因。

　　6 歲以後的學習障礙，最主要是 β 腦波活躍，使學習腦波無法集中。若事先有集中注意力，積極運用潛意識的訓練，將可使 α 學習腦波重新活躍，便有助於清除學習上的障礙。若能夠突破學習障礙，所有的資訊便能順利地輸入，學習機能便可以維持或復甦。

　　6 歲是大腦教育非常重要的轉捩點。大腦方面，原本以舊皮質為重心的思考方式，至此轉為以新皮質為重心的思考方式；大腦的記憶方式，也從潛意識的直覺記憶方式，轉而變成意識的推理記憶方式。就身體機能而言，副交感神經系統為主的直覺思考方式，逐漸轉變成以交感神經系統為主的意識思考方式。換言之，α 學習腦波盛行的 0～6 歲間，是副交感神經主控的時代，身體的行動力不大，大腦都採用直覺感應方式。6 歲是革命性的轉變時期，身體活動逐漸成熟，大腦的動作方式開始有很大的不同，由直覺的思考轉向理論的思考。0～6 歲是直覺思考期，思考形式較自由，沒有一定的規律可循，也因而可以吸收很多新的事物。7 歲以後，思考方式逐漸定型，有自己的言語表現方式，而行動上也開始受到意識的指揮和控制。

對 6 歲前的孩子進行左右腦具體平衡訓練

為了不使左右腦有使用不平衡的現象，可有意識地訓練雙手及雙腳的均衡使用。

雙手訓練

手被稱為是人類的第二個腦，也是人類最重要的感覺器官，手的訓練對孩子的成長有很大的幫助。孩子出生後的第二個月，雙手已能撥動吊在嬰兒車上的玩具，第三個月便懂得主動伸手去玩，這也是雙手發揮較大作用的開始；5 個月大的時候已能用雙手拿起玩具來把玩了。接著看到媽媽在用筆，便會去搶著拿來玩，有很多小孩在滿周歲後便能自由地拿筆塗鴉了。緊接著湯匙、筷子、夾子也漸漸能使用了，這種訓練可以使孩子的雙手更加靈敏。

經過有計畫的訓練，可以增加雙手的活動力，有些孩子在 2 歲左右已能很靈活地使用鉛筆，3 歲以後的孩子大多已能依照自己的想法來畫圖。

雙手的訓練要盡量保持平衡的發展，媽媽在撫弄孩子的小手時，也應盡量維持活動的平衡。為了促使智慧的平衡發展，左右手的均衡使用非常重要，因為左手與右腦相關，右手則與左腦相關，左右手的均衡使用有助於左右腦的平衡發展。

手指指尖的運動和大腦的開發有著密切的關係，手指運動會刺激腦部的發達，其他，如玩皮影戲或多使用剪刀，對大腦的開發及智力的成長也是很有幫助的。另外，紙卡及積木的圖形遊戲，亦可促進左右手在遊戲時的均衡使用。這種遊戲不但有助於右腦，對左腦推算能力的訓練亦有正面助益。

用小刀削鉛筆、使用剪刀、畫圖、玩紙卡、堆積木、投球、拿筷子等雙手運動，孩子到 5 歲以後大致就都會了，到了 6 歲時則應該都很順手了。在這段時間，應該設法讓孩子多做些使用雙手的遊戲和訓練，雙手不夠靈活，就如同有雄健的體格卻沒有體力一般，是很可惜的。

由於我們的習慣，拿筷子、鉛筆等大都使用右手，所以右手的靈活度常

常比左手要高好幾倍，這也是導致我們的右腦發展較差的重要原因。至於如何改善左右手的均衡使用，讓更多的動作由左手分擔，已成目前幼教訓練上的重要課題。

在正常的工作中，左手只作為右手的輔助，如切東西時右手拿刀；搬東西時也是右手用力大，左手常常只發揮協助扶持作用。這種習慣久而久之，也會逐漸養成右腦退居於輔助者的地位。因此如何在工作上或孩子的美勞上面刻意增加左手的功能，便是 6 歲以前孩子教育中值得重視的一種訓練方法。靈活地運用左手，對孩子右腦的成長有很大的幫助。

雙腳訓練

為了不使左右腦有不平衡的偏重現象，除了協調雙手的均衡使用外，雙腳的均衡訓練也是一個有效的方法。最常見的是讓孩子玩踢球的遊戲。雙腳的均衡訓練更有助於孩子腳力的正常發展，在 1～2 歲前，這種訓練對孩子以後站立或走路的姿態也會有具體的幫助。當然最重要的仍在於左右腳的合作靈活使用，有助於左右腦的相互連繫、溝通，促成平衡發展的基礎。

五感教育：現在在醫院，孩子一出生馬上就要離開媽媽，進入育嬰室，看似合理，其實這對孩子的五感教育學習、團體生活的欲求及母子的親密關係建立，無疑是冷酷的摧殘。這個開端，已種下了人類冷漠、隔閡、缺乏熱情的種子。

要扭轉左腦掛帥的情況，使右腦功能也能發揮其力量，最好的方式便是貫徹五感的教育。五感 —— 觸覺、嗅覺、味覺、視覺、聽覺是在胎兒時便逐漸長成的，是人生命之初的最早感覺，也是人類往後經營其一生的基礎。

五感教育法除了有助於滿足孩子的欲求，補充精神營養，促進身體成長以外，越早做正確的五感訓練，對孩子智慧的成長越有直接的幫助。

首先便是觸感。孩子出生後，應盡量增加與母親的相處，在媽媽懷抱中，肌膚的接觸、媽媽的體味、母乳的味道，都是刺激新生兒感覺器官學習

最重要的因素。除了增加在媽媽懷抱裡的時間，媽媽或家人也可以透過與新生兒手指的接觸，加強孩子觸覺的訓練。

　　嗅覺、味覺的訓練，直接以母乳哺育的效果最好。母乳不但含有足夠的營養成分，更重要的是女性在分娩後母乳的濃度及味道隨時都在改變，這對新生兒嗅覺及味覺的訓練相當有幫助。如果單單只用牛奶哺乳，初生兒的觸覺、嗅覺、味覺的學習機會便被無情地剝奪了，進而影響其右腦的學習功能。

　　為了促進新生兒五感的高度訓練，必須有賴於新生兒生長環境中豐富的自然現象為刺激，絕不可以人工刺激來代替。例如，聽覺教育上，很多人採用音樂教育，但這種音樂一定要是較接近自然意境的古典小品或自然音的重現，應盡量避免成人世界的流行歌曲。給孩子聽的音樂並不是有聲音即可，盡量要是屬於自然界的聲音，喚醒人類生命中的原始欲求。最要不得的是電視的刺激，有很多統計資料明顯地提示我們，經常受電視聲光刺激的孩子，常出現嚴重的自閉症及智力落後現象。

　　對於孩子最好的教育是經常抱他出去欣賞自然的景色。2 歲以前的孩子幾乎完全需要媽媽或保姆細心的保護著，這段期間所有的五感刺激有賴於媽媽或保姆的刻意安排。4～5 歲以後的小孩，則會有同伴團體的生活，在安全的照料下，父母應盡量鼓勵孩子與夥伴團體到屋外去接受大自然的刺激，對五感教育最有幫助。

　　除了自然景色的刺激外，小河的流水聲，小鳥的鳴叫，以至於狗、雞、牛等家畜家禽的聲音，風、雨的自然聲音，都是非常重要的右腦訓練教材！

　　當然，雖說 6 歲以前是孩子右腦開發的最佳時期，但不等於過了 6 歲以後，孩子就無法運用並訓練右腦的潛能了。事實是，任何一個孩子，即便是弱智的孩子，只要方法得當，都是可以進行右腦開發訓練，並能取得良好的訓練效果！

右腦開發應做到因材施教

　　不同的孩子具有不同的氣質特徵、心理特質和用腦習慣。這不僅表現為人們是否具有某方面的特點，而且也表現為同一特點的不同程度。

　　個人的差異是受遺傳、自然和社會環境的影響，並在實踐活動中形成、發展。個人的心理特質則和知識、技能、思想特質的形成和發展有關。而知識、技能的差異對心理的形成有一定的影響。同時，一個人的思想特質往往決定他是否具備培養自己某種心理特質的意向和主動精神，而這種自我教育的要求又在心理個別差異的形成中有著重要的作用。

　　因此，對孩子進行右腦型教育的具體方法應建立在因材施教的基礎上，必須根據孩子的差異而進行。孩子不是知識的被動接受者，任何教育影響的效果都將以它落在什麼樣的「心理基礎上」為轉移的。只有根據孩子心理發展程度和個體差異來採取與之相應的教育措施，才能取得最好的教育效果。

　　據報導，學齡前孩子的家長在天才孩子的鑑別上有75％都選錯了，有68％的優秀孩子無法被家長所辨別，學齡的孩子也有50％的天才孩子無法被辨認。然而，無論家長還是老師都希望能夠發現天才孩子。因此，開展右腦教育，注重能力和個體差異，做到因材施教非常重要。

　　為了使教育適應孩子之間的個體間差異和個體內差異，常規教育環境應進行改進，在普通教育的基礎上要注重能力和點面結合的教育方法。例如，以形象、聯想式的方法培養孩子創造性思維和自學能力，使孩子既能掌握規定的知識，又能擴展書本知識，增加學習能力和學習興趣，並要求學生掌握的內容可以按個別差異從而達到個體化，切忌刻板模式化的灌輸式教法，同時注意改變學習環境。

　　右腦的開發要遵循利導思維，有這樣一個小故事：

　　美國有一對兄弟，一個出奇的樂觀，一個卻非常悲觀。他們的父母希望兄弟的性格都能稍微改變一點。

有一天，他們把那個樂觀的孩子鎖進了一間堆滿馬糞的屋子裡，把悲觀的孩子鎖進了一間放滿漂亮玩具的屋子裡，他們認為這樣便能讓孩子的性格有所改變。

一個小時後，他們的父母走進悲觀孩子的屋子時，發現這個孩子正坐在一個角落裡，一把鼻涕一把眼淚地在哭泣。原來，他不小心弄壞了玩具，他擔心父母會責罵自己。

當父母走進樂觀孩子的屋子時，卻發現孩子正在興奮地用一把小鏟子挖著馬糞，把散亂的馬糞鏟得乾乾淨淨。看到父母來了，樂觀的孩子高興地叫道：「爸爸，這裡有這麼多馬糞，快告訴我，你們把馬藏在哪裡了？」

其實，兩個兄弟之所以有這麼大的差別，是用不同的半腦在思考的結果。悲觀主義者慣用左腦思維，左腦是掌管人出生以後輸入資訊的「本生腦」，以個人生活的利害得失計算人生價值。而樂觀主義者慣用右腦思維，右腦是「祖先腦」，與千百萬年演化歷程中經歷的苦難相比，個人一點恩怨得失又算得了什麼呢？因此，他們看事情往往比較豁達！

右腦多與愉快情緒產生連繫。如果孩子能夠懂得運用右腦思考，那麼，不管他們遇到什麼困難，他們首先做的就是接受現實，然後在利導方向思考其含義。這樣，面對任何問題，孩子都能迎刃而解！

古時先賢的大悟大徹亦令人折服。道家之書，世以老子、莊子、列子為三大代表，而對人生最達觀、最磊落當數列子。《列子》書載，孔子遊泰山，路遇一個叫榮啟期的人快樂地坐在路邊自彈自唱，孔子便上前請教他為何如此快樂。榮答：「吾樂甚多：天生萬物，唯人為貴，而吾得為人，是一樂也；男女之別，男尊女卑，故以男為貴，吾既得為男矣，是二樂也；人生有不見日月、不免襁褓者，吾既已行年九十矣，是三樂也。貧者士之常也，死者人之終也；處常得終，當何憂哉？」孔子感嘆道：「真是心胸開闊的想法呀。」

確實，按近代科學的觀點，精子得以和卵子結合而在母體中孕育成人的機率為幾千億分之一，我們得以為人實在已是非常幸運之事。貧、老、病、

死這些人們憂慮的事情，如果你能想通了就不會為此而痛苦。榮先生樂觀的生活態度，是值得我們每個人學習的。更重要的是，我們要教會孩子使用右腦，讓右腦中的利導思考發揮作用，讓我們的孩子能始終保持一種樂觀的心態！

偉大的發明家愛迪生研製白熾燈泡時，曾經歷過無數次的失敗！事後，有人問他：「你失敗了那麼多次，有何感受？」愛迪生回答：「事實上我並沒有失敗，因為我用實驗證明了好多種物質是不適合做燈絲。」你看，這就是右腦思維看待事物的優勢！直到今天，我們仍要感謝這位發明家的思維中光明的一面，是他的樂觀，讓我們得以在黑夜中享受光明！

需要強調的是，左腦既以個人利害得失為基點考慮問題，誘導分泌的激素多是腎上腺素類的鬥爭激素。這種激素可以使人緊張起來，但有毒性，若無法及時排出體外，則會在體內產生活性氧，進而破壞遺傳因子，形成可致癌的特殊蛋白，並為人體帶來種種傷害。梟雄不長壽，和他們總使自己處於一種緊張的狀態有關。只有敞開右腦思維，才可能去爭取和營造更豐富美好的人生。

下面編者為您的孩子提供了幾種常見的、有助於養成利導思維思考問題的方法，只要充分利用，就可以形成良好的習慣。

1. **自我挑戰**：家長應該教導孩子在遇到問題時對自己說：「這提供了我一個解決這類問題的機會，我相信我能正確地面對這類問題，我相信我能戰勝這個挑戰，並能圓滿解決這個問題」。

2. **此時此地**：這種思考方法是從發展的角度看待問題。比如一位有身材焦慮的孩子，擔心同學會以異樣眼光看待自己，所以經常以反常或過激的舉動來自我保護，其結果不僅對人際關心無益，反而對孩子的社交經驗造成負面影響。若他學會了「此時此地」的思考方法，一旦意識到自己又把同學的行為和負面的經歷連繫起來，就立刻對自己說：「那只是過

去發生的事情,現在如果我好好處理,便不會有同樣的情況再度發生。」若能堅持這樣的方式思考問題,漸漸地,人際間的互動也會有積極的轉變,對孩子也能建立自信心。

3. **抓大放小**:很多時候,有些孩子容易陷入消極的情緒中,有時是因為過度關注一些雞毛蒜皮的小事,往往把事情鬧得很大,以致使問題越來越多。

   比如,有些孩子考完試後,喜歡和同學核對答案,一旦發現自己錯了一題,就會很難過,很擔心,並責備自己的粗心和無能,越這樣想,越覺得事情嚴重。這個時候,家長應教導孩子「抓大放小」的思考方法,引導孩子對自己說:「只不過錯了一道小題,對整個考試成績的影響不大,隨它去吧!只要以後多注意就沒事了」。

4. **自我提升**:當人們把自己當成一個理想中的自我時,他處理情緒問題的能力也能達到理想中的水準。因此,引導孩子在遇到問題產生不良情緒時,可以立即對自己說:「我是一個很優秀的人,而一個優秀的人不該有這種消極的情緒」。

5. **面對未來**:人們把自己想像成一個未來的自我時,就能獲得未來自我的良好情緒。所以,當孩子因為對眼前的處境不滿而產生消極情緒時,家長可以教孩子透過面向未來的思考方式調節情緒,比如對自己說:「1 年以後,我的處境會好點,10 年以後我的處境會更好」。

6. **現實方案**:人們有時不得不在好幾個都不情願的選擇中選取一個,心情往往是非常矛盾和複雜的,這時,就要盡快選擇現實可行、利益相對最大的方案。

   總而言之,每個人在生活中都會遇到困難和挫折,孩子當然也不例外。身為家長,應鼓勵孩子凡事從正面思考,積極地面對,就能讓孩子擁有一個健康、幸福的未來,美麗的人生!

第三章　打開孩子右腦的想像閘門

愛因斯坦說:「想像比知識更重要,因為知識是有限的,而想像力囊括了
世界的一切,推動著世界的進步,並且是知識的泉源。」對孩子進行想像
訓練,能刺激孩子右腦細胞的發育,從而幫助孩子形成右腦的思考模式,
並永久保持。因此,對孩子進行想像力訓練對於孩子的右腦開發意義重
大!身為家長,我們要幫助孩子打開想像的閘門,最大限度地激發孩子的
右腦潛能!

孩子的想像有什麼特點

想像思維是指一個人在頭腦中對已有事物的表象進行加工創造心像的心理過程，它不是表象的簡單再現，而是對表象的誇張、拓寬和昇華，是對表象理想化的改造；它可以脫離現象，但卻以現象為基礎，具有直觀性、形象性、整體性、概括性等特徵。那麼，孩子的想像有什麼特點呢？在認知孩子的想像之前，讓我們先來聽一個故事 ——

曾有人做過這樣一個測試：

在一張白紙中間點上一個黑點，拿去問不同的人，結果大人們都異口同聲地說：一個點。並且非常肯定，就是一個點，不可能是別的。

而當他來到一個幼稚園時，小朋友爭先恐後地回答：一粒芝麻、一塊烤焦的黑麵包、一隻被踩扁了的小蟲……

這些是多麼奇妙的回答呀！由此可見，孩子的想像力是何其的豐富。也許他們沒有成人所擁有的遼闊視野或豐富的生活閱歷，但他們卻比成人多了一份天真、一份爛漫、一份暢想遨遊的無拘無束。

具體來說，孩子的想像具有以下的特點：

幼兒早期，孩子的想像通常是無意想像

幼兒以不受意志控制的無意想像和再造想像為主，創造想像開始發展。他們的想像力在未發展之前是一種自由聯想。比如，你看到一個 3 歲左右的孩子拿著畫筆畫畫，他其實根本不知道自己要畫些什麼，只是想到什麼就畫什麼，不知道自己畫畫的重點在哪裡，所畫的內容也不會有重複。

幼兒的想像是在活動中產生的

如一個兩三歲的孩子把枕頭當娃娃，煞有介事地抱著它走來走去，這就是他的想像。這時的想像只能在具體行動中進行，離開了行動，沒有實物刺

激，孩子不會靜靜地在腦中想像。如沒有看到娃娃和碗，他就不容易主動地想到要玩餵飯給娃娃的遊戲；如果看到了他就會去玩，邊玩邊想像出各種情景，如娃娃不肯吃飯，娃娃還想喝點水等等。總之，這時想像的內容通常都很簡單，通常是他們自己生活的翻版，記憶的成分多，想像的成分少；而且是和具體行動相結合的，沒有預定的目的，邊玩邊想像。

孩子早期的想像具有特殊的誇張性

孩子容易誇大事物的局部特徵或者情節，體現在他們的圖畫當中，他們會把自己印象中比較深刻的部分，如衣服、扣子或他喜歡的其他東西畫得很大。

想像很簡單或是零碎、不夠完整

幼兒想像的程度較低，或是零碎、不夠完整。如 3 歲的孩子，看到玩具的方向盤就會手握方向盤，嘴裡不停地「嘟嘟……」叫著，想像著自己是司機，正在開車。至於開車到哪裡？去做什麼？則不清楚、也不確定。

孩子早期的想像以複製和模仿為主

孩子的早期想像是一個由無意想像到有意想像的過渡，比如他們和其他小玩伴玩「扮家家酒」的遊戲時，通常都會模仿爸爸媽媽在家中的言行舉止，扮演爸爸媽媽的角色。因此，家長要特別注意在家中的形象，樹立有益於孩子學習的榜樣！

學齡前期，孩子的「有意想像」開始發展

這時候，孩子雖然仍無法主導自己的想像，但他們的「有意想像」已經開始發展。這時，他們想像力的應用越頻繁，發展就越快。想像的內容越豐富，過程就越有目的性。

已經有了創造想像的萌芽

此時，孩子的創造想像多依賴於過去感知過的事物或聽過的故事，或由成人語言的描述而產生創造想像。另外，幼兒 5 ～ 6 歲時能按一定目的想像遊戲應如何展開，而且可以根據自己的知識經驗，較有系統而完整地想像出遊戲的主題和如何豐富主題，深入展開遊戲。

因此，成人應多豐富幼兒的感性知識和經驗，並在遊戲中多準備一些遊戲材料，這有利於孩子透過遊戲而發展想像力。

發展和利用孩子的幻想

幻想是指一個人向自己所希望的未來事物展開想像的過程，是創造想像的一種特殊形式。孩子的思維不受限制，所以常常會產生一些子虛烏有的幻想。比如：把「查理」形容得活靈活現。

然而，程程的媽媽去幼兒園開家長會時一問老師，才知道幼兒園根本就沒有叫「查理」的孩子 —— 顯然這個「查理」完全是兒子杜撰的人物。

與程程一樣，4 歲的小女孩珍妮也喜歡幻想 ——

珍妮把自己的一個布娃娃取名為「簡」，並一口咬定「簡」就是自己的妹妹。此後，珍妮便在一個完全捏造的世界裡盡情遨遊，嚮往著姐妹倆一起上天入地，甚至想像著她們都嫁給了一個古代的王子……

像程程或者珍妮這樣的孩子，在現實生活中還有很多！這些孩子沉溺在自己的幻想當中，喃喃自語，與幻想中的人物、事物為伴。在孩子的幻想世界裡，蝴蝶會唱歌，花兒會跳舞，自己是無所不能的大俠、是飛行員、是火車司機……更有甚者，還有一些孩子會像珍妮一樣，無法將幻想與現實區分開來，經常把幻想與現實混為一談！這讓許多家長非常頭痛！

事實上，家長們大可不必為孩子的「幻想」而感到不安。美國教育權威

人士認為，每個孩子都會幻想，也都愛幻想，幻想是孩子成長過程中的一種自然表現。即便有些時候，他們的幻想甚至帶有荒唐的色彩，可它對孩子的人格成長與發展一樣有著積極的推動作用。

幻想對孩子的人格成長有如下好處：

1. **幻想能幫助孩子培養想像力**：幻想是想像的基礎，善於幻想的幼兒長大後往往會擁有較豐富的想像力。而眾所周知，想像力對培養一個人的形象思維能力和藝術、科學才能是至關重要的。

2. **幻想能豐富孩子的情感體驗**：在幻想世界中，孩子可透過扮演各式各樣的角色，來體驗喜怒哀樂以及遺憾、嫉妒、驚恐等種種在現實生活中難以體驗到的情感。由此對人的情感世界便可能擁有更為真切、感性的認知。

3. **幻想能增強孩子的交際能力**：幼兒在幻想世界裡，可以有機會充當形形色色的人物，同時也可與形形色色的角色相遇、相處，由此孩子便可能在真實世界以外的另一個虛擬世界學到如何與形形色色的人物交流的能力。

4. **幻想能提高孩子分析、解決問題的能力**：別以為幼兒的幻想世界荒誕不經，其實這是幫助孩子提高分析和解決問題能力的機會。要知道，正因為孩子的幻想世界可能無所不有，他們才可能遇到比現實生活更為豐富多彩的問題或難題，而透過對假設問題或難題的解決，他們分析解決問題的能力也可以獲得提升。

5. **幻想能幫助孩子保持心理平衡**：2～4歲的幼兒，已開始了解世上有不少東西是自己永遠無法擁有的，有不少事情也是自己無能為力去做的 —— 面對這些無望、無助的消極感覺，幻想世界卻是幫助他躲避的港灣和發洩情緒的出氣口，由此心理便可獲取新的平衡。

6. **幻想能增添親情和友情**：在幼兒幻想世界中「粉墨登場」的大多是雙親、爺爺、奶奶和最要好的朋友，當然更少不了孩子自己。而正是在一幕接

一幕的「激情演出」中，親情和友情在下意識中獲得了昇華。

身為家長，我們要發展和利用孩子的幻想，理智地鼓勵孩子張開幻想的翅膀，讓他們像小天使一樣自由地飛翔。

那麼，家長應如何發展和利用孩子的幻想呢？教育專家認為，要發展和利用孩子的幻想，家長應做到以下幾個方面：

1. **正確看待孩子的幻想**：要發展和利用孩子的幻想，激發孩子的積極想像，家長首先應該正確看待孩子的幻想。不要把孩子的幻想視為「洪水猛獸」非得制止不可！相反地，家長應理解孩子的幻想，並對他們的幻想予以支持！

2. **陪孩子一起幻想**：家長可以親自設計並與孩子一起參與各種富於幻想的遊戲，如扮家家酒、扮演警察追逐歹徒等，這些都不失為鼓勵孩子張開幻想翅膀的好方式。

3. **引導孩子進行積極的幻想**：因孩子通常分不清幻想與現實，所以常常會為此而對爸爸媽媽撒謊，這就需要家長對孩子的幻想從內容到方式給予合理、合乎邏輯的引導，其中包括：一旦發現孩子的幻想過於荒誕不經，可幫助他們分析其不合理性，從而誘導孩子步入一個更為健康的幻想世界，幫助孩子了解幻想世界與現實生活終究有著巨大的區別，制止孩子藉幻想而撒謊，教育孩子不能過度沉浸在幻想中而難以自拔，甚至想入非非等。

4. **為孩子提供幻想的素材**：為了能讓孩子的幻想有基礎、有前提，家長還應該為孩子提供可供他們幻想的優秀童話和故事書，在孩子讀完故事或者家長說完故事以後，家長最好鼓勵孩子增添人物和情節，並由此創造出一個更為引人入勝的幻想世界來。此外，家長還可以透過提問加深孩子對故事的理解，久而久之，就能讓孩子養成邊娛樂邊思考的習慣，這對孩子的想像力與思維能力的發展大有益處！

美麗的幻想可以開拓孩子的想像力，讓孩子自由暢遊在他們的幻想世界裡，對孩子長大後在學習勞動中創造性的發揮有重大意義！因此，我們要發展和利用孩子的幻想，而不是遏制孩子想像能力的發揮！

看圖說話，激發孩子的想像

引導孩子看圖說話，其目的就在於引導孩子以看到的圖畫為依據，在看圖的基礎上對圖畫中的情景進行有目的地加工、改造，展開豐富的想像。看圖說話能鍛鍊孩子觀察力、口語表達能力、思考能力與想像力。是孩子認識世界，獲得思考和語言發展的重要途徑。

那麼，家長應怎樣透過讓孩子看圖說話，進而培養孩子的想像能力呢？專家建議家長運用看圖說話培養孩子的想像思維需做到以下兩點：

出示單幅圖，讓孩子圍繞圖片自由聯想

單幅圖畫只有一個畫面，往往只展現某個故事場景。雖然只有一幅圖、一個場景，但同樣需要孩子進行觀察，展開想像，學會推想出故事的前因後果，來龍去脈，並由此掌握故事展現的思想意義。在此基礎上，家長可以要求孩子根據自己的想像，再編出畫面之外的內容，並用連貫的語言表述出來。這樣創造性的表述，對孩子想像力的發展有極大的促進作用！

此外，孩子講述完情節以後，家長可以提出一些新問題，幫助孩子繼續展開想像。如：

有一位媽媽引導孩子看〈去上學〉這幅圖學說話。孩子在自由說話的時候，是圍繞圖片的內容展開：「在馬路上，小白兔背著書包高高興興地去上學，太陽公公露出了笑臉……」

等孩子說完以後，家長提出問題：小白兔從哪裡來？牠要去哪裡？之後又發生了什麼事？指引好方向後，孩子根據自己的親身經歷繼續展開了想像：

小白兔在路上碰到小雞，小雞的圍巾掉了，小白兔幫小雞撿到了圍巾，然後牠們高高興興地去上學了，老師知道後，就獎勵了小白兔一朵小花……

家長同樣可以借鑑這位家長的做法，根據孩子的實際情況，對孩子進行看圖想像訓練！

提供多幅圖，讓幼兒圍繞圖片展開聯想

多幅圖畫由連續的圖畫組成，講述同一個故事，表達同一個主題。一般少則幾幅圖，多則二三十幅圖。不管圖畫多少，圖與圖之間都會有連繫，連接起來就是一個完整的圖畫故事。這個故事裡有情節的開端、發展和結局，有多少不等的角色形象和孩子容易明白的思想。多幅圖的繪畫性、傳達性和趣味性都很突出，比單幅圖畫故事更容易讓孩子掌握故事情節，也更容易引起孩子的興趣。

家長可以根據圖片的內容和要求提出問題，將孩子的注意力集中到圖片上。讓孩子觀察圖片中的地點、角色、事件，從頭到尾按順序講述出來。之後，可以將圖片弄亂，試著讓孩子圍繞這些圖片，自己動手按想像的意願重新排列圖片，並說明排序的理由。

比如，家長在引導孩子看多幅圖〈一隻小鳥〉進行說話、想像訓練時。家長先按照順序擺好圖片，而孩子是這樣理解圖片內容的：

一隻小鳥飛進了屋裡，亮亮伸手去抓小鳥，然後把小鳥關進籠子裡，小鳥傷心地哭了，後來亮亮又把小鳥放了。

之後，家長把圖片弄亂，讓孩子透過自己的想像，把圖片按照與剛才不同的順序重新排列，並把圖片的情節講出來。這時候，孩子又有了自己的新想像：

亮亮看見被關在籠子裡的小鳥正在哭，就把牠放出來。小鳥高興地在屋裡飛來飛去，後來，牠飛出了屋子，看見自己的好朋友，牠們高興地在一起玩遊戲……

　　家長不同的要求、不同的提問都會對孩子的想像力產生不同的影響，所以，家長在讓孩子排圖敘述時，也要注意自己的提問藝術與技巧，並且注意表情和語調，提出具有鼓勵性、針對性、啟發性的問題。如此，才能真正做激發孩子的想像！

　　此外，家長還要注意，孩子對圖片所反映事物的感知是以觀察圖片得來的。根據年齡小的孩子，觀察的無目的性、隨意性、概括性差及帶興趣性的特點，家長在選擇圖片的時候，要選擇顏色鮮豔、畫面清晰、孩子容易理解的圖片，且要根據不同的圖片內容，採取不同的展示方法，以激發幼兒觀察與想像的興趣。

保護孩子的好奇心，培養想像的主動性

　　好奇是創新的泉源，是想像與求知的動力。沒有好奇，就沒有孩子想像的熱情，更不會有孩子的創新。生物學家達爾文從小就是一個好奇而富有想像力的孩子！

　　有一次，媽媽帶著小達爾文到花園裡給樹苗培土。小達爾文不明白為什麼要這樣做，就好奇地追問媽媽。

　　媽媽告訴他：「泥土是個寶，小樹有了泥土才能成長。別小看這泥土，是它長出了青草，將牛羊餵肥，我們才有牛奶喝，才有肉吃；是它長出了麥子和棉花，我們才有飯吃，才有衣穿。泥土太寶貴了。」媽媽的介紹，激起了小達爾文的興趣，他急忙問道：「媽媽，那泥土能不能長出小狗來呢？」

　　「不能！」媽媽笑著搖搖頭，又和藹地對他說：「小狗不是泥土裡長出來的，牠是狗媽媽生的，就像人是人媽媽生的一樣。」

　　小達爾文聽了媽媽的解答，先若有所悟地自言自語：「人是人媽媽生的！」接著又問道：「我是媽媽生的，媽媽是奶奶生的，對嗎？」

　　「對呀！所有的人都是他媽媽生的。」媽媽認真地回答。

「那最早的媽媽又是誰生的？」達爾文不解地問。

「是上帝！」媽媽說。

「那上帝是誰生的呢？」他不停地追根究柢。

這一問媽媽也沒辦法回答，便順勢引導，啟發達爾文說：「孩子，世界上有好多事情對我們來說都是個謎題，媽媽希望你像小樹一樣快快長大，這些謎等待你自己去揭開吧！」

可是，長大是一個多麼漫長的過程呀！因為等不及長大以後才能得到答案，小達爾文不得不借助自己的想像天馬行空地為這個問題編造答案：上帝的媽媽可能是神仙，那神仙的媽媽呢？……

總之，是好奇激發了達爾文想像與求知的熱情。因為好奇心太重，而又常常得不到自己想要的答案，因此他總沉溺在自己想像的世界裡為自己的問題找答案。比如，他撿到了一塊奇形怪狀的石頭，他就會好奇地想，為什麼這塊石頭的形狀會這麼古怪呢？難道因為它是一塊與眾不同的石頭。於是，他就煞有介事地對同學們說：「這是一枚寶石，可能價值連城。」同學們經常恥笑他，可是他卻並不在意，繼續對身邊的東西發表類似的觀點。因此同學們認為他愛「說謊」、「吹牛」。直到他長大以後，當他小時候的同伴提起他時，總不免會說：「他呀，從小就是一個愛『吹牛』，喜歡幻想的人！」

可也正是達爾文的好奇與勇於想像，才成就了他人生的輝煌。可以說，沒有達爾文的好奇心和想像力，就沒有「演化論」。有位教育家曾提醒我們：「對於孩子來說，好奇是知識的萌芽，想像是成長的翅膀。」誠然，達爾文如此，愛迪生、牛頓、瓦特、愛因斯坦如此，古今中外的著名科學家們如此，普通孩子也是如此；普通孩子也同樣有著極強的好奇心、想像力和求知欲。

因此，當孩子在對世界上的一切事物充滿了好奇與熱情的時候，身為家長，我們不但不能漠視孩子的好奇，還應該充分利用孩子好奇的契機，培養孩子的想像能力，促進孩子的智力發展和身心健康。具體的做法如下：

抽時間多向孩子介紹周圍的世界

父母不管多忙，都應該盡量多抽時間向孩子介紹周圍的世界。與大人不同的是，孩子對周圍了解得越多，對世界的好奇心就越強烈。因為孩子的求知欲很強，在掌握一定的知識技能後，能注意到、接觸到的新事物更多，反而會大大地激發孩子的好奇心。孩子喜歡做沒做過的事，嘗試沒玩過的遊戲，並能從中表現出他們的創造力。因此，父母在各種可能的場合，盡量多向孩子介紹周圍的世界。父母在對孩子介紹一些新事物時，要相對簡潔，跳躍性強，注意力要跟隨孩子的視線做一些調整，這是由於年幼的孩子注意力難以長時間集中於同一事物的原因。

充分利用家庭環境激發孩子的好奇心

在家庭生活中，有許多事情可以激發孩子的好奇心，例如，當水燒開的時候，可以問問孩子為什麼水壺裡會發出「嘟嘟」聲；可以讓孩子摸摸各種衣服材質的觸感，讓他們比較出不同；或者電視畫面不清楚時，讓孩子看一看插頭是否插好，VCD 是否連接好，連線是否與電視連接好，家裡有許多事能引起孩子的興趣，關鍵是抓住機會，讓孩子從看似平淡的生活中找到興趣。

用書本知識誘發孩子的好奇心

對於大一點的孩子，可以用書本上的知識來誘發他們的好奇心。其實，孩子愛「搞破壞」屬於天性使然，是其創造萌芽的一種體現。他們對各類陌生事物充滿新鮮、好奇，並身體力行，希望用自己的雙手探求這未知的世界。合理利用孩子這種天性，多方引導、鼓勵，孩子的創造萌芽就會得到進一步深化。反之，老實、文靜、聽話的乖孩子，家庭雖少了「破壞」分子，大人安心，但孩子的天性被抹殺了，培養出的孩子多半只會循規蹈矩，缺少靈活的頭腦，依賴性強，泯滅了孩子愛動、好奇和勇敢，甚至是冒險的天性。

重視孩子的提問

生活中，家長們常常會遇到孩子成串的疑問：春風為什麼能讓光禿禿的樹枝吐出新芽，而秋風又怎麼會染紅綠葉？太陽為什麼總是從東邊出來，又偏偏從西邊「回去」？鳥兒憑翅膀飛翔，而雞有翅膀為什麼不會飛？

面對這些防不勝防、稀奇古怪的問題時，家長一定要耐心完整地給予解釋，然後還要反問：你為什麼要這麼問？你是怎麼想的？進而培養孩子想像的主動性，特別是提出孩子感興趣的問題，讓他們去進行想像。千萬不要嘲笑他們的無知，拒絕回答，或者責備他們「煩人」。

其實，孩子愛提問不是他們幼稚可笑，而是執著探索，也許就在這些「可笑」的問題中，閃爍著孩子智慧的光芒，預示著他們創造性思考的形成和發展。

鼓勵孩子多動手

在動手的過程中，孩子會不斷有新的發現，他們的好奇心也能得到維持和發展。而且，孩子在動手做事情的過程中，手的動作會在腦的活動支配下進行，這也是孩子觀察、注意等能力的綜合運用過程。同時，手的動作又可以刺激腦的活動支配能力，促進觀察、注意等能力的發展。動手做事不僅可以激發和滿足孩子的好奇心，也是孩子成長發展的基礎，是開發孩子智力的基礎。

讓孩子自由自在地塗鴉

繪畫最容易誘發孩子的想像力，也是最讓孩子喜歡的一種形象表現形式，讓孩子學會繪畫是發展孩子想像力的有效途徑，孩子雖然技巧不成熟，但他們卻能透過繪畫表達自己的思考活動過程。

孩子畫畫的時候，總是以自己的方式表達出他們自己的情感，以及對周

圍世界的看法。用孩子的眼光看世界所畫出的畫，是塗鴉式的，帶有孩子獨特的視覺觀和創作情趣。繪畫為孩子創造了一個自由表現的空間，透過繪畫能夠啟迪和開發孩子的智力，培養孩子各方面的能力。

然而，現在的美術教育或者其他藝術方面的教育似乎都違背了這一觀點。家長們經常要求孩子臨摹作品，要畫得像，要跟實物接近，家長的過度干涉，或者讓孩子依樣畫葫蘆的做法只會扼殺了孩子的獨特創意，限制了孩子想像能力和創作能力的發展。

其實，對於孩子的「作品」，家長應該抱著寬容的、理解的、不強求的態度。正確的做法是：

不要過於強調技巧

為了激發孩子的想像力，在孩子畫畫時，家長應該是讓孩子自主創作，按他們內心的表象和心理空間自由地發揮，大膽想像，大膽嘗試，充分抒發他們自己內心的感受和情感。技巧不是首要的，但如果在孩子有良好技法的基礎上，經過充分的自主創作，孩子繪畫水準才能得到真正的提高。

鼓勵孩子多想

對於孩子的畫，家長不要只追求畫得多「像」，而應鼓勵他「想」得越多越好。如在紙上畫出許多圓，讓孩子按自己的想像添加內容，看圓還能「變」成什麼？孩子可能會從單一的一個太陽、一塊餅乾、一張臉、一朵花、一顆皮球……想到用圓組合出一隻熊貓、一束氣球、一群小雞、一堆鵝卵石、天上的星球等情境畫。

另外，還可播放不同情緒的音樂，讓孩子根據音樂的表現畫出自己對樂曲的理解。對孩子的畫，家長不要先做鑑賞家，而要先做想像力的評論家，不要著眼於孩子能否成為一個畫家，而要先看孩子的想像力是否得到了充分的發揮。

讓孩子補畫面或者畫意願畫能激發孩子的想像

補畫面是畫一幅未完成的畫，是讓孩子去完成剩下的內容；意願畫是讓孩子想畫什麼就畫什麼，不要硬性規定畫的主題和內容，只要孩子願意塗鴉，開心塗鴉就可以。

讓孩子多接觸各種圖形

圖像能夠激發孩子的想像能力，家長應有意識地讓孩子多接觸各種圖形，並鼓勵孩子試著以此為基礎畫出來……

總之，讓孩子自由自在地塗鴉，天馬行空地「創作」，能最大限度地激發孩子潛能的火花，讓孩子的才情得到最大限度的開發。要想點燃孩子的想像力與創造力，家長應還給孩子自由創作的空間！

當然，孩子要真正掌握畫藝，還要經過嚴格的基本功訓練和多方面的培養。但是，身為家長，有一點應該明白，並不是每個孩子都能成為畫家，但可以透過繪畫這一形式，使孩子受到藝術的薰陶，激發孩子豐富的情感，發展孩子的想像力和思考能力，讓孩子展開想像的翅膀，飛向藝術的天空！

透過故事啟發孩子的想像

故事作為一種形象的語言藝術，深受孩子們的喜愛，孩子在聽故事的過程中，透過詞語的描繪，自然而然就會聯想起相應的形象與活動。可以說，對孩子說故事是激發孩子想像力最簡單、最有效的途徑。孩子可以透過故事這個小小的窗口去認識這個世界上各種千奇百怪的新鮮事物，也可以對自己聽到的故事產生聯想和大膽的想像。那麼，身為家長，應該怎麼說，才能讓故事的作用發揮得恰到好處呢？以下，是專家分享一些說故事經驗給家長：

家長們應該先從選擇故事入手

家長一定要根據孩子的年齡來選擇適合他們閱讀的故事。只有符合年齡特點、容易被孩子們所理解的故事，才會讓他們產生濃厚的興趣，引起孩子們的注意。

正常情況下，2～3歲的孩子還沒有獨立思考，喜歡以動物為主角的童話，內容以簡單易懂為原則。家長們面對可愛的孩子可以講述一些簡短的童話、兒歌等，只要具有童趣，語言生動活潑就可以了。

4歲以後，孩子已經具備了一定的理解能力和思考能力，這個時候就可以說一些品德教育、科學常識等方面的趣味小故事了，仍然要求讀起來簡單易懂，但是，此時家長面對已經長大一些的孩子，在故事情節上，最好要有些小的起伏與轉折。這一點小小的變化能引起孩子思考與想像的大腦活動。

家長說故事之前自己要先熟讀故事，掌握故事的內容情節

在為孩子講述故事之前，家長自己要先知道這個小故事的內容，情節有哪些變化，哪一句該用什麼語氣來講述等等。充分掌握了這些要點之後，當孩子做好了聆聽的準備時，父母最好把書放在一邊，盡可能地將整個故事完整有序且繪聲繪色地描述給孩子。

要避免為孩子說故事時發生因生疏而結巴的情況，因而減低孩子的積極性，讓他們喪失對故事本身的興趣及聽下去的耐心，若在說故事時，有大篇幅的彩色圖片和立體模型為佳。這些小道具可以讓孩子瞪著大大的眼睛與您分享讀書的快樂。

說故事時，家長須注意觀察孩子的反應表現，如果發現他注意力不集中，要認真分析原因，隨時調整方式。年幼的孩子注意力很難集中，家長選擇的故事務必簡短、好理解。當孩子開始出現注意力不集中的表現時，我們可以適當改變自己的語調，以引起孩子的注意，或將原有的語氣表現得更為誇張一點。

　　聽覺上的刺激，可以直接引起孩子的注意。當孩子開口想發表自己的看法時，家長們應耐心聽完孩子可能不太完整的陳述。不要不耐煩，更不要從頭說到尾，不看孩子一眼，也不給孩子發問的機會。要知道，只有良好的互動才能積極地調動孩子的想像力並活躍腦細胞。以下分享幾個說故事時可以用到的小方法和小技巧：

- **布置任務法**：講故事之前先將準備讓孩子回答的問題一一列出，比如：故事裡的小主角有什麼特徵，最後小主角的結局是什麼等。讓孩子帶著問題去聆聽，讓他更全身心地投入到故事的情節中去。
- **設問法**：結合故事內容巧設問題，可以調動孩子思考的積極性。當然問題不能太難，過於難回答的問題會讓孩子直接產生放棄的念頭。這就是考驗家長們智慧的時候了。
- **鼓勵提問法**：問題是發展思考的起點。如果孩子在聽故事的過程中，喜歡提出問題，家長一定要加以鼓勵。並且耐心引導孩子從故事中找出答案來。千萬不要只說故事，卻不給孩子發問的機會。
- **續編法**：為發展兒童的創造想像，說故事時，家長可以有意識地訓練兒童續編故事的結尾，問後來又發生了什麼事？他怎麼樣了？引導孩子展開想像，從多角度續編。

　　德國詩人歌德幼年時，母親就常常說故事給他聽，講到情節最驚險處就停住了，之後的情節讓歌德自己去想像，幼年時的歌德為此做過多種設想。有時他和媽媽一同談論故事情節，然後再等待著第二天故事情節的「公布」。第二天，母親在說故事前，先讓歌德說一說自己是如何設想的，然後再把故事情節說出來。

　　這樣，歌德的想像力和思考均得到了發展，這也為他以後的創作打下了良好的基礎。

　　聽爸爸媽媽說故事時，孩子會不由自主地隨著情節的發展想像故事中的

人物、場面和情景，這對右腦的圖形思考能力有很好的促進作用。

- **複述故事情節法**：當父母辛辛苦苦為孩子講完故事後，可以要求孩子進行簡要的複述，以鍛鍊孩子的記憶力和邏輯性。這種方法是很有效的。
- **配音法**：故事裡常常會描寫到源於自然界的各種有趣的聲音，如小動物們的叫聲，高山流水的聲音等。可以讓孩子模仿這些聲音並參與到故事中來，孩子們一定會興致勃勃地發揮自己的表演天賦。
- **表演法**：說故事給孩子聽時，我們要學會把故事情節透過語言描述、肢體動作及道具的運用等形式表現出來，這樣可以使孩子獲得情緒上的愉悅，也可幫助他們加深對故事的理解和記憶。
- **配圖法**：為自己喜歡的故事配上插圖，是孩子很樂意做的事。當孩子們利用自己的想像力為故事中各種角色人物，或森林、大海等填塗顏色時，家長不要過度地干涉。應該讓孩子獨立創造和想像，孩子們需要自己的創作空間。

豐富孩子對表象的儲存

表象是想像的基礎材料，孩子豐富的想像力，源於孩子的生活經驗，源於孩子頭腦中表象的累積。孩子頭腦中表象儲存得越多，他可進行想像的資源也就越多！因此，要培養孩子豐富的想像力，家長必須有目的地豐富孩子的生活內容，增長孩子的知識，開拓孩子的視野，增加孩子頭腦中表象的存量。孩子的生活豐富了、視野開闊了，自然而然就能促進想像力的發展。

魯迅先生曾經說過：「孩子是可以敬服的，他常常想到星月以上的境界，想到地下面的情形，想到花卉的用處，想到昆蟲的語言；他想飛上天空，他想潛入蟻穴……」總之，有豐富生活經驗的孩子，思路才能開闊。

而要開闊孩子的思路，使孩子變得更善於想像，家長就必須多帶孩子走

出家門，觀察生活、觀察自然，擴大孩子的知識量，在尊重孩子主觀想法的前提下進行恰當的啟發和引導，這樣孩子的個性才能得到充分的發展，想像的泉源才不會枯竭和泯滅。

專家建議，要豐富孩子對表象的儲存，家長應具體做到以下幾個方面：

讓孩子多看，多觀察

眼睛看到的形象是孩子累積表象的第一途徑，孩子主要是用眼睛來認識這個豐富多彩的世界。因此，從孩子幼小時候起，家長就應該盡可能地多讓他感知客觀事物，並引導他全面、仔細而且深刻地觀察，以便孩子頭腦中累積大量的真實事物的形象。

公園、遊樂場、鄉間等地方都是擴大孩子觀察範圍的地方，家長要多擴展孩子的活動空間，讓孩子在優美的自然環境中遊戲、玩耍，帶他們走訪大自然，看看山清水秀的自然風景，帶他們到名勝古蹟、主題公園中參觀、遊覽等，讓美麗的自然景色和人文景觀陶冶孩子的性情和情操，提高他們的審美能力，啟動孩子靜態的想像思考。

值得一提的是，年幼孩子的觀察方式，往往帶有很大的隨意性，缺乏整體意識，因此家長可以讓孩子在掌握整體的基礎上，有順序、有層次地觀察。隨著家長的引導，孩子的觀察能力會慢慢得到提升！

讓孩子有計畫地累積表象

帶孩子走出家門遊玩，但並不意味著孩子能記住那些自己見過的表象。為了讓孩子記得多、記得住，家長可以讓孩子用語言描述，或者家長與孩子用相互描述的方式讓孩子累積自己看到的表象。此外，家長引導孩子透過記日記或者畫畫的方式，把見過的表象記錄下來，甚至是再現出來！

引導孩子運用自己頭腦中儲存的表象進行想像

在生活中，孩子累積了豐富的表象，而要把表象運用於想像，還需要家

長的引導。如家長講《要下雨了》的故事給孩子聽之前，先告訴孩子：「夏天天氣悶熱，多希望下一場雨呀！」在下雨之前，人呀、動物呀、天氣呀，都會有一些變化。你能說一說他們都會有哪些變化嗎？

此外，家長還可以透過遊戲啟發孩子：「這是一個下雪天，想想看下雪天是什麼樣的呢？」、「天黑了，天空中會出現什麼呢？」當然，孩子也可以反過來問爸爸媽媽：「這是一個下雨天，那會是什麼樣的呢？」此時，家長應盡量認真仔細地描述一番，從中給孩子一些啟發。

在想像時，孩子的程度會有所差別，家長要引導他們講述更加豐富的內容，讓孩子盡情地說出他們的想法。即使他們的答案很滑稽，甚至不合邏輯，也不要批評，更不要指責，唯有家長的傾聽、接納才能引導出更好的答案。

讓孩子了解表象的層次及其變化

如雲朵是立體的，但是由於人們往往只注意其輪廓，所以感覺不到其立體形象。如果能讓孩子常常盯住它們看，久而久之，就能發現其立體層次，這是孩子利用空間感鍛鍊右腦的最好機會。

為孩子提供想像的素材

每個孩子天生就是一個想像大師，他們會把一塊藍布變成大海或天空，會將一個紙箱變成一幢樓房，將各種碎布變成一隻兔子或者一頭小豬。總之，他們有足夠的能力借助各種物體變換出多種多樣奇幻的東西。此外，他們還會把屋子裡的許多東西想像成太空船或神奇的洞穴等不可思議的事物。

身為家長，想要進一步培養孩子的想像力，就應該為孩子提供想像的素材，培養他們的動手能力，引導他們在動手操作的過程中展開想像。

日常生活中常見的紙、布、瓶子，品種繁多的植物根、莖、果實等都是

孩子展開想像的好素材。這些東西能為孩子提供廣闊的想像空間，對培養孩子的想像能力、創造能力有積極的作用。我們要尊重孩子自主選擇素材的行為。

從廢物利用到各種生活物品，這些素材使孩子充分施展自主探索發明的創造才能。素材的用途在孩子的手中變得廣泛，在他們的排列組合下，普通的材料可以變成另一種特殊的東西。廢報紙可以做成孩子想像中的各種東西，這一創舉無疑為孩子打開了思路。

孩子在自己創作的過程中如果找不到需要的素材，他們就會提出要分類安放的要求。這時候，家長可以為孩子準備一些盒子，讓孩子自己把需要的材料分類裝到盒子中，還可以協助孩子在每個活動中尋找多元化的材料與器具，設計安放它們的最佳地點，並可做上孩子自己設計的標記。

買個玩具車庫給孩子，你來扮演加油工；買個玩具店，你來當顧客，而且經常變換一下場景，孩子對這個玩具的興趣會更濃；用積木搭起火車站、農場或別的建築物後，可以鼓勵孩子自由想像發生在這些地方的故事。

孩子在用手中的材料進行創造的過程中感受創造的樂趣，增強了自信心。並且，他們的想像力與創造力也得到了進一步的發展。這為孩子今後各方面能力的提升奠定了基礎！

第四章　啟動孩子右腦的創新力

創造力是未來人才必備的一種能力，是未來社會的核心競爭力。只有善於創造的人，才能毫無拘束地自由聯想，才能在頭腦中靈光一閃，把學到的知識靈活運用，創造出新的東西。

幼兒時期是培養和發展孩子創造力的重要時期。這一時期是孩子們渴望自己能主動地去創造和發現的時期，此時奠定的基礎可能會影響孩子人生發展的全過程！要想讓自己的孩子獲得成功，家長就應該充分利用孩子這一時期潛在的優勢，重視孩子創造力的培養，啟動孩子的右腦創新能力！

創新能力的內涵與發展

　　什麼是創新能力？所謂創新能力就是把頭腦中那些被認為毫無關係的情報資訊連結、連繫起來的能力。這些並無關聯的資訊之間的距離越大，連繫起來想像就越顯新奇。人的大腦是無法製造出資訊的，所以，創新能力是對已有的資訊再加工的過程。在這個過程中，如果大腦本身沒有大量資訊儲備，創造力自然無從談起。

　　創造能力是由哪些因素構成的？回答這個問題十分重要。因為從理論上來說，培養創造力就是要激發創造力的構成因素，促進其發展。如果不知道創造能力的因素組成，就無法培養創造力。一般來說，創造力是由以下幾個因素組成的：

認知能力因素

　　人在解決問題時，需要一系列能力的相互作用與結合。首先，要求個體對問題進行認知，這需要觀察力；其次，要求個體把與解決問題相關的資訊暫時保存在頭腦中，這需要工作記憶；最後，還要求個體對資訊進行分析與綜合的加工，這就需要複合思維能力等。觀察能力、工作記憶、思考能力，我們統稱為認知能力，它是創造能力的基礎。

流暢性因素

　　所謂流暢性因素指的就是在認知的基礎上，使設想和思考逐漸流暢產生的能力。流暢性因素是創新得以實現的保證！

創造性個性因素

　　創造性個性，包括獨立性、勇於冒險、自信心、表達欲等多種成分。利用創造性解決問題，要求擺脫傳統的觀念和固定的看法，以新穎獨特的方法解決問題，對個體具有挑戰性，要求具有勇於冒險精神的人來承擔；從事創

造性的活動，意味著不按常規而解決問題，只有獨立性強、自信心強的人才能勝任。總之，只有具備創造性個性的人才能完成創造性活動的任務，可見，此因素在創造性地解決問題中，具有推動的作用。

靈活性因素

有了創造的動力，還需要一定的靈活度。這就要求創造者具有能夠從各個領域產生設想和思考，而不是局限於某一個領域的能力。

擴散性思考能力因素

與複合思維不同，擴散性思考的方向是分散的，是產生多種正確答案的思考能力。人在解決問題的過程中，經常是想出多種解決問題的方法，然後從中選出一個最佳的方法使問題得以解決。特別是不依常規創造性地解決問題，更是如此。我們可以設想，司馬光見到同伴落入水中，一開始也可能想到的是常見的救人方法，比如用手把同伴從水缸中撈出來，但因個子小、力氣也不夠，此法固然行不通；叫大人來救，時間肯定來不及，這種方法也行不通；後來，才想出「破缸」這種新穎獨特的方法，可見，擴散性思考能力在創造性地解決問題中，有著核心的作用。

一個人的智力隨著年齡的增長而增長，孩子的年齡小，智力就相對較低。

根據調查得知，智力水準與創造力的發展並不一致，所以教育要有針對性，若認為智力開發可代替創造力培養的觀點，勢必會阻礙創造力的發展。而創造力的培養是可以促進提高智力水準和形成健全的人格。

讓孩子突破慣性思維

有這樣一個故事：

　　西元 233 年冬天，馬其頓國王亞歷山大大帝進兵亞細亞。當他到達亞細亞的弗里吉亞城時，聽說城裡有個著名的預言：幾百年前，弗里吉亞的戈耳狄俄斯（Gordias）王在其牛車上繫了一個複雜的繩結，並宣告誰能解開它，誰就會成為亞細亞王。自此以後，每年都有很多人來看戈耳狄俄斯打的繩結。各國的武士和王子相繼都來嘗試解開這個結，可總是連繩頭也找不到，便無處下手了。

　　亞歷山大對這個預言非常感興趣，命人帶他去看這個神祕之結，幸好，這個結尚完好地保存在弗里吉亞城的一座廟裡。

　　亞歷山大仔細觀察著這個結，許久許久，始終連繩頭都找不到。

　　這時，他突然想到：「為什麼不用自己的行動來打開這個繩結？」

　　於是，他拔出劍來，一劍把繩結劈成兩半，這個保留了數百載的難解之結，就這樣輕易地被解開了。

　　從這個故事中我們了解到，亞歷山大大帝之所以能夠解開世人長期以來未能解開的難解之結，是因為他並沒有與其他人一樣用定式的思維看待問題，而是改變了常規的思維方式，突破了世人無法逾越的思維障礙，故而成就了自己。可以說，只有善於突破定式思維的人才能有所創新。

　　在最簡單的層次上，創新意味著創造出某種過去並不存在的東西。創新的「新」就在於與眾不同，標新立異。可以說，創造性思維就是一種求異思維，是一種獨創思維。積極的求異心理、敏銳的觀察與聯想貫穿於創造性思維活動的始終。這種求異性是指在探索過程中著力於發掘客觀事物之間的差異性、現象與本質的不一致性、已有知識與客觀實際相比而具有的局限性等，對常見現象和人們已有的習以為常的認知持懷疑、分析、批判的態度，在懷疑、分析和批判中探索符合實際的客觀規律。

　　有這麼一道智力測試題——

　　古時候，有個富人在自己臨終的時候立下遺囑：自己死後，家裡的財產由妻子的哥哥主持，平分給兩個兒子。

這位富人去世以後，妻子的哥哥按遺囑要求把財產平分後，富人的兩個兒子都認為舅舅偏心，給對方分多了，自己分少了。於是吵鬧不休。

他們族中的幾位長輩調解了很多次，可兄弟二人仍然不服氣，最後訴諸官府。縣令聽了兩人的陳述後，沉思片刻便做出了決斷⋯⋯

而兄弟二人聽到縣令的判決後，都立即表示欣然接受。請問，縣令做出了怎樣的判決呢？

其實，縣令的判決很簡單，他不過是把兄弟二人的財產互相換了一下而已。可是，得到的結論就是皆大歡喜。試想，如果縣令同樣用定式思維思考問題，勢必依然只能圍繞兄弟二人的財產孰多孰少，而為了要做到真正公平而舉棋不定。縣令的高明就在於他突破了常規的思維，換一種思路考慮兄弟的真正矛盾所在，從而有效地解決了問題！這就是突破慣性思維的妙處之所在。

還有這麼一個故事 ──

有一位牧師正在準備講道的稿子，可是，他的小兒子卻在一邊吵鬧不休。

牧師無可奈何，便隨手拿起一本舊雜誌，把色彩鮮豔的插圖 ── 一幅世界地圖，撕成碎片，丟在地上，說道：「約翰，如果你能拼好這幅地圖，我就給你 2 角 5 分錢。」

牧師以為這樣會使約翰花費整整一個上午的時間完成拼圖，那麼自己就可以靜下心思考問題了。

但是不到 10 分鐘，兒子就敲開了他的房門，手中拿著那副拼得完完整整的地圖。牧師對約翰如此快速拼好了一幅世界地圖感到十分驚奇，他問道：「孩子，你怎麼這樣快就拼好了地圖？」

「哈哈，」小約翰說，「這很簡單啊！在地圖的背面是一個人的照片，我就把這個人的照片拼到一起，然後把它翻過來。我想如果這個人是正確的。那麼，這個世界地圖也就是正確的」。

　　牧師微笑起來，給了他兒子 2 角 5 分錢，他說：「謝謝你！你替我準備了明天講道的題目——如果一個人是正確的，他的世界就會是正確的。」

　　這個故事告訴我們，達到目標的道路往往並不是只有一條，無論做什麼事情，我們都不要把目光局限在原有的辦法上。跳出思維的定式，尋求另外的途徑，從另一面看問題，也許我們就能找到解決問題的捷徑！

　　人類有史以來的一切活動可以歸結為兩種：一是透過思維活動的突破性把外界觀念化，由此累積起豐富的知識；二是透過實踐活動把觀念外界化，即物化，創造出多彩的世界。前一種情形稱為：「自然的人化」，即人類的精神生產；而後一種則被稱為「人化的自然」，即人類的物質生產。沒有創新就沒有這個多彩的世界，而思維的突破正是所有創新的來源。

　　若要你的孩子富有創新能力，家長首先要對孩子進行擺脫習慣性思維的訓練。擺脫習慣性思維的訓練，被人們稱為「創造性思維的準備活動」和軟化頭腦的「智力柔軟操」。這類訓練的意義在於促使孩子探索事物存在、發展、連繫的各種可能性，從而擺脫思維的單一性、僵硬性和習慣性，以免陷入某種固定不變的思維框架，使思維更具有多端性（流暢性）、柔軟性（變通性、靈活性）和獨創性（新穎性）。

　　以下是編者為您的孩子提供的有關突破慣性思維的訓練題：

- 玻璃瓶裡裝了橘子水，瓶口塞著軟木塞，既不准打碎瓶子、弄碎軟木塞，又不准拔出軟木塞，怎樣才能喝到瓶裡的橘子水呢？（答案：把木塞按進瓶子裡）

- 某人的襯衫鈕釦掉進了已經倒入咖啡的杯子裡，他趕緊從杯子裡拾起鈕扣，不但手沒溼，連鈕扣也是乾的，這是怎麼回事？（答案：因為倒的是咖啡粉）

- 某人昨天淋了一場雨，他沒戴帽子，也未撐傘，頭上也沒有什麼遮蓋。結果衣服全部淋溼，但頭髮卻一根沒溼，這是怎麼回事？（答案：他是

禿頭）

- 一天晚上，老王正在讀一本很有趣的書，他的孩子突然把電燈關了，儘管屋子裡一團漆黑，可老王仍在繼續讀書，這是怎麼回事？（答案：老王與他的孩子不在同一個房間）

- 要使一顆網球滾一小段距離後完全停止，然後自動反方向運動，既不允許將網球反彈回來，又不允許用任何東西打擊它，更不允許把球用繩子繫上往回拉。怎麼辦？（答案：讓球在小斜坡上滾動）

- 廣場上有一匹馬，馬頭朝東站立著，然後牠向左轉了270度，請問，這時牠的尾巴指向哪個方向？（答案：向下）

- 你能否把10枚硬幣放在同樣的3個玻璃杯中，並使每個杯子裡的硬幣都為奇數？（答案：再多放1枚就可以了，因為沒說杯子裡面一共只能有10枚硬幣）

- 天花板上懸掛2根相距5公尺的長繩，在旁邊的桌子上有些小紙條和一把剪刀，你能站在兩繩之間不動，伸開雙臂雙手各拉住1根繩子嗎？（答案：先拉住一根，再走過去拉住另一根，最後回到中間就可以了）

- 汽車司機的哥哥叫李強，可李強並沒有弟弟，這是怎麼回事？（答案：因為司機是女性）

- 釘子上掛著一個繫在繩子上的玻璃杯，你能剪斷繩子，但不使杯子落地嗎？（答案：剪一小段多出來的繩頭）

- 有10個玻璃杯排成一排，靠左邊的5個內裝有汽水，靠右邊的5個是空杯，現規定只能挪動兩個杯子，使這排杯子變成實杯與空杯相交替排列，應如何移動兩個杯子？（答案：將2、4杯子的水到進7、9）

- 有一棵樹，樹下有一頭牛被一根2公尺長的繩子牢牢地栓住鼻子，牛的主人把飼料放在離樹恰好5公尺之外就走開了。牛很快就將飼料吃了個精光。請問牛是怎麼吃到飼料的？（答案：牛並沒有被拴在樹上）

- 某人在湯裡發現一隻死蒼蠅，服務生向他道了歉，然後把這碗湯帶回廚

房，又送來一碗好像是換過的新湯。過了一會兒，這個人叫來服務收。「這碗湯不就是剛才那碗嗎？」他生氣地說！他是怎麼知道的呢？（答案：他事先在湯裡多放了點鹽）

· 某人說，他能在河面上走 10 分鐘而不沉入水中。後來他果然做到了，他是怎麼做到的？（答案：結了冰後再行走）

· 兩個女孩來到一所學校報名。她們長得一模一樣，出生年、月、日與父母的名字也完全相同。然而，當教師問她們：「你們是雙胞胎嗎？」她們卻異口同聲地回答說：「不是。」她們到底是什麼關係？（答案：多胞胎）

當然，類似的訓練題還有很多，在此，編者就不一一贅述了！只要家長能經常性地對孩子進行突破慣性思維的訓練，相信孩子的思維能力會得到進一步的提高。這將為孩子創造性思維的形成奠定一定的基礎！

除了對孩子進行相應的思維訓練以外，家長還應該做到以下幾個方面：

1. **教孩子考慮問題時努力突破定式心理**：定式是由過往的經歷而造成的一種對活動特殊的心理準備狀態，有這樣一道腦筋急轉彎題：有一個人從十樓的窗臺上跳了下去，卻沒有摔死，這是為什麼？由於定式心理，人們習慣把從窗臺上跳下來理解為從窗臺往外跳，這樣的問題當然沒法解決，如果我們理解為向內跳，那問題就迎刃而解了，因此定式的死板性強烈地限制了我們解決問題的靈活性。

2. **鼓勵孩子避免固定功能的心理**：在解決問題的過程中，能否改變事物固有的功能適應新的需要，有時是問題能否順利解決的關鍵所在，馬克·吐溫筆下的流浪漢蘇比則想到把報紙塞到單薄的衣衫下來抵禦刺骨的寒風，不得不說這是一種創新。全方位地擴大自身的閱歷，提高自己的感性認知：思維作為一種高級的心理過程，是對客觀進行間接概括的反映。而這種反映是建立在感性經驗的基礎上，他需要以感性經驗作為材料。在日常生活中，透過旅遊、觀看電影及各種展覽，直接參與各種實踐活

動，則是我們獲得經驗，擴大自身閱歷的最基本也是最有效的途徑。

3. **鍛鍊並豐富孩子的想像，鼓勵他們勇於標新立異，勇於創新**：想像力是
人最寶貴的財富，是創造的泉源，每個人都有想像力，只要平時注意鍛
鍊，想像力是可以提高的，不妨試試以下幾個方面：

　❖ 如果有條件的話經常動手製作一些東西。

　❖ 鼓勵孩子幻想。因為幻想是科學和社會發展的動力，當孩子有了某種新奇
的想法以後，讓他們把想法隨時記下來，或許以後隨著經驗的累積，孩子
將有實現的可能。

總之，突破慣性思維的訓練是個長期的過程，只要能做到從易到難，循
序漸進，堅持不懈，孩子的創造性思維的技能一定會得到很大的進步！

培養孩子右腦的聯想力

創造性思維是人腦思考活動的高級層次，是智慧的昇華，是人腦智力發
展的高級表現形態。然而右腦的作用卻常被我們忽略不計，是我們智力開
發的處女地。如今開發右腦的重要性已越來越被人們所了解。而開發右腦潛
能，提高策劃力與創造力最為常用的方法就是聯想法。

什麼是聯想？所謂聯想就是由此想到彼，並同時發現了它們共同的或類
似的規律的思維方式。每個人都經常會不自覺地產生各種聯想。

聯想是心理活動的基本形式之一，是連結記憶和想像的紐帶，是兩者的
過渡和媒介。聯想與回憶密切相關：許多回憶片段常以聯想的形式銜接和轉
換，而積極的聯想是促進記憶效果的一種有效方法。美學家王朝聞曾指出：
「聯想和想像當然與印象或記憶有關，沒有印象和記憶、聯想或想像都是無源
之水，無本之木。但很明顯，聯想和想像，都不是印象或記憶的如實復現。」
實際上，「聯想」一詞中代表了兩種力的合成：若「想」代表記憶力，「聯」則
代表想像力。透過「想」從記憶倉庫中把兩個記憶中的元素提取出來，再透

過想像把它們「聯」在一起，即形成「聯想」。當然，在現實的聯想中，「聯」和「想」並不分開進行，而是「一氣呵成」或轉瞬之間完成的。比如，從嫦娥聯想到登月飛船，就是由想像力的作用把它們連繫在一起。所以聯想並不單純是回憶，而是有想像力的微妙作用。對於創意而言，重要的是把表面不相干的事物連繫起來，而非單純的回憶、回想。

聯想會將令人深感意外的事物連繫起來，從而產生奇特的想法。亞歷克斯・奧斯本（Alex Faickney Osborn）曾談到一件小事所引起他的聯想：

有一次我去看牙，當醫生用牙鑽替我鑽牙的時候，我的一隻手臂觸到了輸送氣體的小橡膠管，我想，橡膠管多麼柔軟細膩，簡直就像孩子的胚胎一樣。觸摸到橡膠管子時，使我聯想起向德國反攻，在諾曼地登陸前夜，正是那些看來似乎像軍船、坦克和一門門大炮的充氣氣球欺騙了德國人。在不到一秒之內，我手底下這條橡膠管使我聯想到美國人所使用的這種圈套。

生活中這類奇特的聯想很多很多。有則笑話講道：「如果大風吹起來，木桶店就會賺錢。」這是怎麼回事呢？當大風吹起來時，沙石就會漫天飛舞，讓路人迷了雙眼，以致瞎子增多，因為瞎子拉二胡賣唱大量增多，越來越多的人以貓腸子代替二胡弦，貓會減少，老鼠增多，老鼠會咬破木桶，木桶需求量大增，木桶店就會賺錢。

每一段聯想都很合乎情理，所得結論也頗有意外的趣味性。在創意過程中當思路不暢時，這種聯想會以啟示或暗示給予有效的解決方案。

總之，聯想是創意思維的基礎。奧斯本稱創意活動中的聯想是「依靠記憶力進行想像，以便使一個設想導致另外一個設想。研究問題、產生設想的全部過程，主要是要求我們對各種想法進行聯想和組合的能力。」聯想在創意設計過程中發揮著催化劑和導火線的作用，許多奇妙的新觀念和主意，常常由聯想的火花首先點燃。事實上，任何創意活動都離不開聯想，聯想又是孕育創意幼芽的溫床。善於聯想，常常可以由已知到達未知，實現各種創意。所以有人說，發明就是聯想。

　　瑞士工程師德曼斯特哈（George de Mestral）上山打獵回到家時，發現自己的褲子上黏了許多草籽，他靈機一動，能不能人工造出一邊是鉤形刺另一邊是環狀紡織物的東西呢？不久，這種被稱為「魔鬼氈」的新鮮玩意很快受到人們的歡迎，慢慢地演變成今天人們常用的子母扣。

　　與德曼斯特哈有相同經驗的是一個美國的玩具商人。

　　有一天，這位玩具商發現有幾個孩子在玩一隻昆蟲，這隻昆蟲不但滿身汙垢而且長得十分難看。由此，他聯想到：市場上都是形象優美的玩具，假如生產一些醜陋的玩具投入市場會如何呢？說做就做，他馬上生產了一些醜陋的玩具投入市場，結果這些玩具卻替他帶來了豐厚的利潤。

　　另外，同樣有一些透過聯想而獲得成功的人，某人意外地發現糞金龜能滾動一團比牠自身重幾十倍的泥土，卻拉不動比那塊輕得多的泥土。

　　由此，他聯想到：能不能學一學糞金龜滾動土塊的方法，將犁放在耕作機身動力的前面，而把曳引機的動力犁放在後面呢？

　　經過實驗他設計出了犁耕工作部件前置、單履帶行走的微型耕作機，以推動力代替牽引力，突破了傳統耕作機的結構方式。

　　再如在英國北部兩地間架設的電話線在冬天結了霜，造成通話困難，要盡快除霜，恢復通話，該怎麼辦呢？為此，相關部門召開了一個緊急會議。與會成員提出了許多方案，當「在飛機上捆上掃帚去掃」的方案被提出時，引起了哄堂大笑，但正是這個滑稽的設想對解決問題有著啟發性的作用。後來，有人進一步提出了「讓直升機飛近電話線，用它轉翼的風力把霜除掉」的方案。事實證明這是最佳方案，以最低的成本解決了最困難的問題。

　　類似的故事告訴我們，只有善於聯想的人，才能抓住契機，才能有所創造。生活中，有很多孩子也是很擅長運用他們的聯想的。

　　毛毛是一個聰明的小女孩，她的聯想能力十分出色。有一天，媽媽從市場買了娃娃菜回來。

　　毛毛一見媽媽買菜回來了，就跑過去問媽媽：「媽媽，你今天買的是什

麼菜呀？」

　　媽媽耐心地告訴毛毛：「媽媽買的是娃娃菜！」

　　毛毛聽了媽媽的話，似乎恍然大悟了，她自顧自地點點頭說：「我知道了！」可媽媽卻不知道毛毛知道什麼了！

　　只見，毛毛飛快地跑進自己的臥室，拿出布娃娃就往廚房跑，邊跑邊喊：「娃娃，娃娃菜！」

　　原來，毛毛是由此「娃娃」想到了彼「娃娃」，當然，不管是「布娃娃」還是「娃娃菜」，他們不都有個「娃娃」的美稱嗎？

　　聯想力是一種思考上的連結能力，它能促使孩子產生水平思考、跳躍思考、逆向思考等等，聯想力豐富的人，其思路敏捷，反應快速，創意不斷。當然，孩子的聯想能力可以透過訓練獲得。若想訓練孩子的聯想力，家長可以從以下幾個方面入手：

1. **透過圖形對孩子進行聯想思考訓練**：家長向孩子展示兩個圖形，讓孩子選擇其中一種圖形聯想與其相關的事物。透過圖形，引導孩子聯想到相關的事物，其目的是讓孩子掌握聯想的最基本方式，相似聯想。這樣，今後孩子看到某些形狀，自然而然就會聯想到與這個形狀相關的事物了。

2. **透過詞語對孩子進行聯想思考訓練**：如家長出示一組詞語「圓形」，讓孩子從空間角度延伸聯想的內容，如想到了地球、月亮、包子……這樣的訓練方式，能讓孩子的思緒變得越來越敏捷、活躍！

3. **透過圖畫對孩子進行聯想思考訓練**：如家長對孩子出示一幅圖，讓孩子說出圖畫上的內容，進而展開想像，再說說圖畫上沒有的景物。

4. **透過若干沒有任何關係的物體對孩子進行聯想思考訓練**：如家長出示「鉛筆」、「小白兔」、「汽車輪子」等一些詞語，讓孩子圍繞這些詞語展開聯想。所想像的故事情節中，必須涉及這些詞語！

當然，對孩子進行聯想思考訓練的方式還有很多，只要家長能夠用心思考，一定能夠總結出適合自己孩子的聯想思考訓練方法。

值得一提的是，對孩子進行聯想思考訓練時，家長還應該注意到以下幾點：

- 要培養孩子敏銳的觀察力和豐富的記憶。聯想能力以經驗和知識的累積作為基礎，有賴於敏銳的觀察力和豐富的記憶。要知道，世界上的事物雖然千差萬別，形態各異，卻又都是互相連繫的。即使是在具有反對關係或矛盾關係的事物之間，也不是絕對的「井水不犯河水」。因此，要能夠明確地從事物互相對立的關係中看出之間的連繫。
- 要經常根據事物之間的反對與矛盾關係對孩子進行聯想練習，從而使孩子聯想能力不斷得到鍛鍊和提升。
- 對孩子天花亂墜的聯想，家長不要斥責孩子胡鬧，不務正業，應該鼓勵孩子積極地展開自己的聯想，並試著把聯想到的事物或者故事情節寫下來，畫出來！

培養孩子的直覺思考

直覺是一種非常複雜的心理現象，在人類的認知活動中具有非常重要的作用。據調查，33%的科學家認為自己經常會有直覺。可見，直覺思考能力的高低與人才能的高低和對社會的貢獻大小息息相關。而直覺思考與右腦的功能密不可分。透過直覺思考來開發孩子的右腦是一種行之有效的辦法。

直覺思考是大腦的產物，是一種非邏輯性思維，是思維水準達到超常的特殊表現形式，是對現象的底蘊所提問題的解決方法，沒有經過嚴密推理和系統論證而做出的一種迅速而徑直猜度的認知活動。是在知識經驗相當豐富、邏輯推理相當熟練後的一種精神的感覺現象。直覺思考在人的創造性活

動中占有重要地位。愛因斯坦非常重視直覺思考，他認為科學研究和創造發明，真正可貴的因素是直覺思考。直覺思考的迅速昇華便是頓悟，瞬間的頓悟便是靈感，即人們在文學、藝術、科學和技術等創造性活動中，因思想高度集中，情緒高漲而突然表現出來的創造能力。它能給予人全新的啟迪，如同閃電一樣，把正在思考的大千世界照得清晰明白。如在某些情境或相關資訊的觸發之下，科學家的奇思妙想，理論家的豁然開朗，政治家的大徹大悟，文學家的文思泉湧等。這種現象很神祕，它所產生的觀念雖然是新的，但並不是從天而降，它所憑藉的基礎依然是已有的知識和經驗，依然是客觀事物在人腦中的反映。這種新觀念不過是頭腦中原有的暫時神經連繫重新組合構成新連繫的結果。

世界著名的音樂指揮家小澤征爾，在一次去歐洲參加指揮家前三名的決賽，當他指揮一支世界一流的樂隊演奏具有國際水準的樂章時，突然發現樂曲中有錯誤，而在場的作曲家和評審委員會權威人士卻矢口否認。他考慮片刻，堅信自己的直覺判斷是正確的。於是，他大吼一聲：「不，一定是樂譜錯了！」他的喊聲剛一落地，評審臺上那些高傲的評審們立即站起來向他報以熱烈的掌聲，祝賀他大賽奪冠。原來，這是評審們精心設計的圈套，以試探指揮家們在發現錯誤而權威人士又不承認的情況下，是否能夠堅持自己的判斷。在小澤征爾之前的兩名指揮家也覺察到樂譜有錯誤，但不敢做出判斷，因而與金獎失之交臂。

這就是小澤征爾的強大直覺幫助他取得了勝利。

直覺思考無處不在。比如，有經驗的工人憑他的直覺，能很快發現機器的故障，並予以修整；有經驗的醫生憑他的直覺，能一下子辨別病人所患的疾病；音樂家可以憑藉直覺，判斷某個年輕人很有音樂才能。

直覺作為一種思維方式，是指不依靠明確的分析活動，不按事先規定好的步驟前進，而是從整體出發，用猜想、跳躍、壓縮思維過程的方式，直接而迅速地做出判斷的一種思緒。直覺思考的最大特點就是簡約性，它對思考

對象從整體上進行考察，調動全部知識經驗，透過豐富的想像做出的敏銳而迅速的假設、猜想或判斷，省去了一步一步分析推理的中間環節，採取了跳躍的形式。它雖然是一瞬間的思緒火花，但卻是建立在長期累積上的一種昇華，思維過程高度簡化，但卻清晰地觸及事物的「本質」。正因為其重視整體的掌握，不專意於細節推敲，而且思維無意識，所以它的想像是豐富的、擴散的，使人的認知結構向外無限擴展，因而具有反常規律的獨創性。

愛因斯坦曾說：「真正可貴的因素是直覺。」我們在創造發明等活動中可以憑直覺抓住思緒的閃光點，直接了解事物的本質和規律。比如有一名學生在培育辣椒苗時，他用細鐵絲捆住彎曲的辣椒莖稈，意外地發現這棵辣椒結果率高於其他的辣椒植株。他憑直覺感到這一現象絕非偶然。於是，他抓住這一直覺，有意識地進行實驗。結果證實了直覺是正確的。原來，用細鐵絲捆住植株莖稈，可以有效地控制光合作用產物的向下運輸，使果實生長所需的營養進一步得到保障，從而提高結果率，增加產量。

直覺思考在創造發明過程中的作用可謂無與倫比。每個人在學習和生活中確實能獲知一些創造發明的靈感，而這一靈感的獲取與直覺密切相關。我們在解決問題時，有時會不按常規思路突發奇想，從而得到一個意想不到的答案和結果，有時也會做出種種猜測和設想，找到一條解決問題的捷徑。

眾所周知的阿基米德原理就是憑直覺解決疑問的例證：

有一次，赫農王命金匠為他做一頂純金的王冠。王冠做成之後，樣式很美，其重量又恰巧等於國王所給金子的重量。

「怎麼這麼巧，一點金子也沒剩？」國王看著看著便起了疑心，「金匠會不會把銀子做成芯，外面包了一層黃金來騙我呢？」

國王又捨不得將王冠損壞來檢驗，這頂王冠實在是做得太精緻了。於是，國王下令檢驗王冠。要驗證這一點，談何容易，特別是在檢驗時要做到對王冠不損壞，確實是個難題。

這難題的確使大臣們感到為難，他們個個面面相覷，沒有人敢接受這一

任務。最後，國王只得把它交給宮廷科學大臣阿基米德。

面對王冠，阿基米德也被難倒了。為此，他日思夜想，飯也吃不下，覺也睡不著，能夠想到的方法他都實驗過了。然而，都以失敗而告終。

限定的日期馬上就要到了，國王命阿基米德進宮匯報情況。由於他連日來不分黑白地苦思冥想。所以，連澡也沒來得及洗。今天國王召見，他想：無論如何也得先洗個澡再去，要是滿身骯髒，豈不是對國王的輕蔑嗎？

浴缸裡盛滿了水，阿基米德脫掉衣服跨進浴缸，許多水便從浴缸裡溢出來了，直到阿基米德把身體全部浸入水中，水才停止外溢。這種現象，在平日他早已習以為常，然而，在今天，一個思緒的火花迸發出來，他從這個極其平常的生活現象中，領悟到了一個極其重要的科學原理，同時，也使他找到了檢驗王冠的方法。於是，他欣喜若狂，馬上從浴缸裡跳出來，衣服也來不及穿好，便沖出了浴室，在大街上一面跑一面喊：「我知道了，我知道了！」

那麼，阿基米德知道了什麼呢？原來，他發現了一個重要的原理：浸在液體裡的物體受到向上的浮力作用，浮力的大小等於被物體排開的液體的重力，這就是阿基米德原理。

阿基米德跑進王宮，根據這一原理，當著國王的面將金王冠和等同重的一塊金子、一塊銀子分別放在水中，結果是金塊排出的水量最少，銀塊排出的水量最多，而王冠排出的水量，既不同於金塊的排水量，也不同於銀塊的排水量，而是介於兩者之間。據此得出一個結論 —— 金王冠有假。面對事實，金匠不得不承認金王冠有問題。

阿基米德在面臨「結構複雜的金冠是否摻雜銀子」的問題時百思不得其解。他知道金與銀的密度不同，同重的金與銀體積也不同，想要知道金冠中是否含有同等重量的白銀時，阿基米德很清楚解決問題的關鍵就是測知金冠的體積。用怎樣的辦法才能測出結構複雜的金冠的體積呢？當他帶著問題跨入浴缸時，看到浸入水中的身體與浴缸溢出的水就想到兩者體積相同，即刻

得出了測量金冠體積的辦法：把金冠置入水中，被金冠排開的水的體積就是金冠的體積。阿基米德運用的是一種跳躍性的直覺思考，憑直覺使困擾他的疑問迎刃而解。

一位美國著名學者說：「遵照你自己的直覺行事，比之於謹慎的推理，直覺可能更有效。」尤其是在一些時間緊迫的關鍵時刻，來不及或者不可能讓你慢慢思考、推理、分析、論證，就需要你做出決斷，在這種情況下，如果優柔寡斷，拘泥於細緻而謹慎的推理，就可能錯失良機。在戰場上，指揮官在敵我態勢錯綜複雜的情況下，準確地捕捉「戰機」；在商場上，企業經營者在變化莫測的商品經濟大潮中準確地捕捉「商機」，往往都需要在一瞬間憑直覺做出判斷和決策。即使在學習中，也需要依靠直覺思考，促進對未知領域的探索。

孩子在日常生活或學習過程中，也是經常出現直覺思考現象的。有時表現為提出怪問題，有時表現為突然「悟出」一個道理，有時表現為別出心裁的「應急性」回答，有時在腦海中出現一種新奇的景象等。許多心理學家非常重視孩子的直覺思考特質，因為這對孩子掌握知識、發展創造能力、創造性地學習十分必要。同然，依靠直覺思考也可能出現這樣或那樣的錯誤，但是，父母要善於將「直覺」的錯誤與「愚笨」的錯誤區別開來。否則，將會影響或壓抑孩子直覺思考的發展。那麼，家長應如何培養孩子的直覺思考呢？

幫助孩子抓住靈感

靈感是指對情況的一種頓悟和理解，通常是指某一工作已被暫時放棄思考或當注意力轉向不相干的事物時，突然腦際閃現出思想的火花，從而茅塞頓開，長時間專心研究的問題瞬間使可解決。例如，魯班因為手被草劃破了，得到了啟發，發明了鋸。

靈感並不是什麼時候都會出現的，它往往產生於緊張之後的某一輕鬆階段。一般容易在休息時、睡覺前後、做夢當中、散步或行路之時、靜躺或養病

之時，甚至在洗澡、娛樂中思緒放鬆時……。總而言之，靈感總會在大腦暫時處於鬆弛狀態時出現。所以，家長可以在孩子休息時放些輕鬆的音樂，營造一種輕鬆的氣氛；可在天氣晴朗的日子裡帶著孩子漫步而行或攀登樹林蔥蘢的小山。這樣，巧妙的設想往往會不費吹灰之力就意外地到來了。

靈感並不神祕，我們每個人都會有這種突然冒出新想法的心理狀態。讓我們看汽車大王福特如何萌發了研製汽車的念頭：

12歲的福特一天在與父親乘馬車去城裡的路上，突然遇到了一個從未見過的鋼鐵怪物，馬受了驚，福特由車上跳下，連忙上前詢問，得知這原來是臺蒸汽機車。於是福特想，能不能造出一種能夠在公路奔跑的自動車呢？這就是後來的汽車。

靈感常常是突然降臨的，當你的孩子突然產生一些奇怪的問題和念頭時，不要不加理睬，要幫助孩子弄清這些目的所需的步驟，哪些可行，哪些尚需努力。靈感出現了，只有迅速捕獲並抓住不放，才能真正開花結果。我們要學會抓住靈感，別讓它曇花一現。

1. **允許孩子猜想**：允許孩子猜想，並給予他熱情的鼓勵和贊許，使孩子感到自己猜想的價值性、合理性和家長的期望所在，從而使孩子獲得滿意的情緒體驗和繼續進行猜想的積極心理傾向。當然，家長對孩子的想法要給予一定的指導，使孩子明白什麼值得猜想，什麼不值得猜想，該如何猜想，並培養孩子不怕譏笑，不怕出錯，勇於修正錯誤的精神。

2. **勤於記錄，善於捕捉**：直覺來去無蹤，因此必須及時用筆記錄下來。人們經過長期的思索之後，新的假設、想法、猜測可能會接踵而來，又迅速逝去。因此，要留心注意不要放過每一個意念，不管這些想法多麼可笑或微不足道。直覺總是出現在意識的邊緣而不是中心，因此要用力氣去捕捉，不要讓它一閃即逝。

3. **與孩子共同討論**：蕭伯納說過：「如果你有一個蘋果，我有一個蘋果，

彼此交換，每個人還是一個蘋果。」你有一個思想，我有一個思想，彼此交換，我們每個人都有了兩個思想，甚至多於兩個思想。這說明在創造力的開發上，集體交流是不容忽視的，家長應經常和您的孩子坐在一起。共同就一個話題進行討論，讓大家在自由與輕鬆的氣氛中交換各種構想。

4. **經常用啟發的方式教育孩子**：經常用啟發的方式教育孩子，幫助孩子形成直覺思考，家長可透過打比方、舉例子、說笑話的方式，使孩子觸類旁通，茅塞頓開，增強直覺思考能力。

5. **讓孩子動手試試**：千萬別以為創造力是單單靠頭腦想出來的。要實現它還需要靠動手以至於動腳，甚至要動員全身的力量，當然，最主要的還是動手。首先，手的動作可以刺激頭腦。經常動手的人，他的大腦一定很靈活。所以學前教育中十分重視對雙手的早期訓練，鼓勵孩子多參加小木工、手工勞作、彈琴、編織等手工活動。手的精細動作，使大腦相關的功能區由於手指的的活動能夠促進大腦思維萌發創造意識，手與腦相互促進，協調配合，創造性便在其中了。

6. **有張有弛，勞逸結合**：直覺經常出現在不研究問題的時候。在長時間的緊張思緒之後，丟開一切思緒，轉入休息，漫步林蔭道或登高望遠，種花植草或觀看球賽。有人認為，在睡覺之前回憶一遍所探究的問題是大有裨益的。有人認為，音樂能造成適合於直覺光臨的情緒。

透過訓練觀察能力促進孩子的創新能力

觀察力是孩子認識周圍事物的一種能力。透過觀察，孩子可以獲得與周圍世界相關的知識。同時，透過觀察，孩子還可以對周圍的世界進行重組與創新。可以說，觀察是孩子聰明與創造的眼睛。

觀察是一種有目的、有計畫、有步驟的知覺。是透過眼睛看、耳朵聽、鼻

子聞、嘴巴嘗、觸摸等去有目的地認識周圍事物的過程。

俄國生物學家伊凡・巴夫洛夫說：「觀察，觀察，再觀察。」這句話充分說明了認真觀察的重要性。不管是誰，沒有觀察，便不可能有發現，更不可能有創新。歷史上許多有成就的人，都以突出的觀察力而著稱於世。

英國生理學家埃德加・艾德里安（Edgar Douglas Adrian）小時候非常喜歡解剖死了的小動物，他不僅細心觀察，而且把觀察結果描繪成圖畫。

有一次，他正在河邊解剖一條死狗，恰好被母親看到了。由於埃德加・艾德里安的父親是王室的法律顧問，曾榮獲三等巴斯勳章，身為貴婦人的母親覺得兒子的行為很不體面，於是便埋怨起艾德里安來。

艾德里安說：「媽媽，沒什麼，我解剖的是一隻死狗。我正在觀察狗的肚子裡都裝著些什麼。老師告訴我們，觀察是科學研究的第一步。」

1908 年，艾德里安獲得科學獎學金，進入劍橋大學學習生理學。

1932 年，艾德里安獲得了諾貝爾生理學及醫學獎。

觀察是創造的基礎，具備觀察能力對一個人的創造能力的發展至關重要。

巴夫洛夫說：「在你研究、實驗、觀察的時候，不要做一個事實的保管人。你應當力圖深入事物根源的奧祕，應當百折不撓地探求支配事實的規律。」這就是說，巴夫洛夫主張觀察不但要準確，而且還應做到透過現象看本質。

牛頓從小就是這麼一個擅長透過現象看本質，善於觀察的人 ——

牛頓的孩童時代，對各種事物都喜歡仔細地觀察，而且都力圖透過現象看本質，把不懂的地方徹底弄明白。夜晚，牛頓仰望天空中那些眨著眼睛的大大小小的星星，他心裡想，這些星星、月亮為什麼能掛在天空上呢？克卜勒說，星星、月亮都在天空轉動著，那它們為什麼不會相撞呢？刮大風了，狂風旋捲著沙石，人們都躲進了屋子裡。牛頓卻衝出屋子，獨自在街上行走。一會兒，隨風前進；一會兒，逆風行走。他要實地觀察順風與逆風的速

度差，到底有著何種本質的差別。

　　像牛頓一樣擁有較強觀察能力的孩子，觀察問題也能透過現象看本質。比如，有些孩子寫作文「我的媽媽」，他不僅注意到了媽媽的音容笑貌、言談舉止這些現象，還能透過這些現象，發掘出媽媽的內心世界來。有些孩子觀察大自然的景色，不僅注意到花草樹木、氣溫、雲彩以及鳥類的活動、土壤的變化，還能從這些變化中找出哪些景色是春天到來的象徵，哪些景色是寒冬來臨的預兆……

　　孩子的觀察能力，影響著孩子對外界環境的感知程度。只有觀察能力較強的人，才會善於捕捉瞬息萬變的事物，才能夠發現那些看上去細微卻十分重要的細節。換句話說，觀察是孩子認識世界的基礎，更是孩子日後走向成功的關鍵所在。因此，家長應從小注重孩子觀察能力的培養。

　　那麼，家長應如何培養孩子的觀察能力呢？我們的建議是：

培養孩子觀察的興趣

　　觀察力就是指一個人對事物的觀察能力。思維在觀察中發揮著重要的作用，所以有人將觀察稱為「思考著的知覺」。

　　觀察興趣必須在觀察的實踐中培養。家長可以有計畫、有選擇地引導孩子去觀察他所熟悉、所喜愛的事物，如經常帶領孩子觀察大自然，參加旅行、參觀等實踐活動，不斷豐富孩子的觀察內容。在孩子進行觀察時，要圍繞所觀察的事物或現象，講一些相關方面的科學原理或傳說故事，以激發他的興趣。例如，孩子發現樹葉有稠密的一面，也有稀疏的一面，原因在哪裡呢？家長可引導孩子進行相關的思考活動。在引導孩子觀察時，還要注意啟發孩子對觀察到的現象多問幾個為什麼，這就使孩子養成有目的、有計畫、有選擇的觀察習慣。

明確觀察目的

　　家長應幫助孩子擬訂觀察計畫，讓孩子確定觀察的對象、任務、步驟和方法，有計畫、有系統地進行觀察。觀察目的越明確，孩子的注意力就越集中，觀察也就越細緻、深入，觀察的效果也就越好。孩子在觀察中，有無明確的觀察目的，得到的觀察結果是不相同的。比如，父母帶孩子去公園，漫無目的地東張西望，轉半天，回到家裡，孩子當然也說不清看到的事物。如果去公園前就明確此次觀察的對象是公園裡的小鳥，那麼孩子一定會仔細地說出小鳥的形狀、羽毛的顏色、眼睛的大小、聲音的高低等。這樣孩子就能有的放矢地去觀察，從中獲得更多的觀察收穫。

拓寬孩子的視野，讓孩子見多識廣

　　觀察力的高低與孩子視野是否開闊有關。孤陋寡聞的孩子缺少實踐的機會，觀察力必然受到影響。因此，從孩子幼小時候起，家長就應該盡可能地多讓他們感知客觀事物，並引導他們全面、仔細而且深刻地觀察，以便孩子頭腦中累積大量的真實事物形象。

　　公園、遊樂場、鄉間田園等地方都是擴大孩子觀察範圍的地方，父母要多擴展孩子的活動空間，讓孩子在優美的自然環境中遊戲、玩耍，帶他們走訪名勝古蹟，讓美麗的自然景色和人文景觀陶冶孩子的性情和情操，提高他們的審美能力，啟動孩子靜態的想像思維。

讓孩子利用多種器官進行觀察

　　在培養孩子的觀察能力中，家長最好讓孩子運用多種感覺器官參加活動，如用眼睛看，用耳朵聽，用手摸，用鼻子聞等，親自進行實際操作，以增強觀察效果。比如聽一聽流水聲和鳥鳴聲有什麼不同？摸一摸真花和塑膠花的表面有什麼不同？聞一聞水和酒的味道有什麼不同？還可以和孩子一起種些花草樹木，養些小動物，指導他們對此留心觀察，比如看看花草的幼芽

如何破土而出，花謝後會出現什麼結果，蟲兒是怎樣吃食物的，鳥兒是怎樣飛的……

教育孩子觀察要與思考相結合

在培養孩子觀察力的同時，還應引導孩子在觀察中積極思考，把觀察過程和思考結合起來。科學家看到某種奇特現象，也是要經過一番思考才能有所收穫的。接收資訊而不處理資訊就沒有創造。父母應該教育孩子養成觀察與思考相結合的習慣，只有這樣才能讓孩子的觀察能力一天天敏銳起來。

教會孩子觀察方法

觀察方法是取得觀察效果的必要條件，孩子年齡小，知識經驗少，思維具體化，自己不善於觀察，所以需要家長教會他必要的觀察方法，才能提高觀察力。

- **制定觀察的任務和計畫**：每次觀察活動前，要定好明確的目的和指向，預先規定好觀察任務，以確保觀察得全面、細緻、清晰、深刻。
- **從不同角度進行觀察**：只從一個角度、方面去看事物，無異於盲人摸象。應多啟發、鼓勵孩子嘗試從另一個角度，另一個觀念去看待同一問題，改變了定式的思維，使孩子能發現更多的問題，也就產生了更強的觀察興趣和能力。
- **注意細節**：讓孩子注意細節，觀察到別人沒發現的問題，久而久之，也就形成了勤觀察、認真觀察、會觀察的良好習慣。
- **養成寫觀察紀錄的習慣**：讓孩子多動筆，隨時記錄觀察情況，有利於整理和保存觀察結果，以便利用。
- **多動腦筋思考**：在觀察時，要邊看邊想，學會分清主次，現象與本質，觀察力也就從中得到了提升。

透過訓練擴散性思考來培養孩子的創造力

有一個有趣的小測試――

有一家人決定搬進城裡，於是他們就去找房子。

全家三口，夫妻兩個和一個 5 歲的孩子。他們跑了一天，直到傍晚，才好不容易看到一張公寓出租的廣告。他們趕緊跑去看，房子出乎意料的好。於是，就前去敲門詢問。這時，溫和的房東出來，對這三位客人從上到下地打量了一番。

丈夫鼓起勇氣問道：「這房屋出租嗎？」

房東遺憾地說：「啊，實在對不起，我們公寓不招有孩子的住戶。」

丈夫和妻子聽了，一時不知如何是好，於是，他們默默地走開了。那 5 歲的孩子，把事情的經過從頭至尾都看在眼裡。他想：難道真的就沒辦法了？他用小手又去敲房東的大門。這時，丈夫和妻子已走出 5 公尺遠了，都回頭望著。門開了，房東又走了出來。

這孩子精神抖擻地說：「……」。

房東聽了之後，高聲笑了起來，決定把房子租給他們住。請問：這位 5 歲的小孩子說了什麼話，終於勸服了房東？

對於這道測試題，如果我們局限於習慣，用慣常的思考方式來考慮，必然得不到答案。真正的答案是―― 5 歲的孩子說：「老爺爺，這個房子我租了。我沒有孩子，我只帶著兩個大人。」

你看，這個聰明的孩子聽老爺爺說大人不能帶小孩，但並沒有說小孩不能帶大人，因此他機智應對，自己出面把問題解決了。這一思考方式就是英國的愛德華・波諾（Edward de Bono）所說的「水平思考法」。

在生活中，我們經常很努力地解決難題，但往往不見成效。究其原因，那都是因為我們沒有辦法跳脫權威的經驗法則造成的。而「水平思考法」則是打破慣性思維，透過轉換思考角度和方向來重新構建新概念的思考方

法。這種方法其實也就是右腦的創新思維方法中的擴散性思考法，即橫向思考法。

擴散性思考又稱為輻射思維、放射思維、多向思維、擴散思維或求異思維，是指從一個目標出發，沿著各種不同的途徑去思考，探求多種答案的思維。從資訊加工的觀點來看，擴散性思考是將已有的資訊作為基點，然後運用已有的知識、經驗和資料，透過分析、綜合、推導、想像、比較等，從不同方向和不同層次進行思考，重新加工組合頭腦中儲存的資訊，從而得到多種思路，想出多種可能，加工出新的資訊。可見擴散性思考的目標是多側面、多角度、多方位，體現出立體型特點。不少心理學家認為，擴散性思考是創造性思維最主要的特點，是測定創造力的主要標誌之一。

美國心理學家吉爾福特（Joy Paul Guilford）認為，擴散性思考具有：流暢性、靈活性、獨創性三個主要特點。

流暢性是指智力活動靈敏迅速，暢通少阻，能在較短時間內發表較多觀念，是擴散性思考量的指標；靈活性是指思維具有多方指向，觸類旁通，隨機應變，不受功能固著、定式的約束，因而能產生超常的構思，提出不同凡響的新觀念；獨創性是指思維具有超乎尋常的新異成分，因此它更多表現了擴散性思考的本質。可以透過從不同方面思考同一問題，如一題多解、一事多寫、一物多用、一項工程多種設計圖案，一項工作多種計畫方案等，都可以培養擴散性思考的能力。第二次世界大戰時的英國首相邱吉爾，當有人向他提出問題時，他能立即說出解決這個問題的十幾種可能，足見他的思維敏捷而廣闊。由於擴散性思考要求人們對同一個問題找出盡可能多，並出人意料的新奇答案，所以擴散性思考是一種重要的創造性思維活動。因此，有人說創造、發明主要是依靠擴散性思考進行的。

吉爾福特認為，訓練人的擴散性思考能力是培養創造力的一種方法。最早應用這種方法開發青年創造力的是瑪麗‧米克（Mary Meeker），她在加州的瑟袞多建立了智力結構研究所，編製了許多練習，從事這方面的研究。

　　還有某位心理學教授及其助手進行的一項研究，他們以紐約州大學布法羅學院的大學生為對象，開設了四個學期的創造性研究的課程，結果學生的思維能力有了明顯的進步。

　　培養孩子的擴散性思考能讓孩子的思路活躍、思維敏捷，能提出大量的解決問題的方法，有大量的想法可供選擇，能夠別出心裁，讓孩子思維的火花綻放。那麼，應如何對孩子進行擴散式思考訓練呢？以下是專家的一些建議：

1. 透過大腦激盪法培養孩子的擴散性思考：大腦激盪法是由創新教育基金會的創始人亞歷克斯・奧斯本提出的，它是指在一定時間內，透過大腦的迅速聯想，產生盡可能多的想法和建議。如就某一個問題「講出你所想到的全部辦法」或「列出你所想到的全部事實」等。在用這種方法訓練孩子的擴散性思考時，家長不要一開始就對孩子的回答做出評價，因為，孩子個人的觀點很重要。

　　用大腦激盪法訓練孩子擴散性思考的一般步驟如下：

・家長要對孩子提出一個問題，如，由「蒜苗」你聯想到了什麼？
・給孩子幾分鐘的時間思考準備。
・記錄孩子的答案，對於孩子不符合標準的答案不要進行指責！

　　透過大腦激盪法訓練，可以鍛鍊孩子的擴散性思考。同時，經常引導孩子從事物中獲得某種啟示、感悟，能提高孩子的思想認知，使孩子的思維逐漸變得更加深刻。

2. 與孩子一起討論問題，同樣能夠培養孩子的擴散性思考：讓孩子參與大人之間的討論，討論的時候，要求孩子必須講清自己的基本思路和觀點，並可以批駁大人的基本思路和觀點。而要做到批駁對方的基本思路與觀點，就必須積極調動孩子的智慧和積極性，使他們的思維狀態處於高度活躍狀態。

3. 與孩子一起做一些訓練擴散性思維的趣味題，讓孩子在愉快的氛圍中達到擴散性思考訓練的效果。

訓練孩子擴散性思考

本測驗測試擴散性思考能力，共有 8 題，每道題都有一定的時間限制，要求孩子在規定時間內盡快地完成每道題。

1. 請你寫出所能想到的帶有「土」結構的字，寫得越多越好。（時間：5 分鐘）

2. 請列舉出磚頭的各種可能用途。（時間：5 分鐘）

3. 請列舉出包含「三角形」的各種物品，寫得越多越好。（時間：10 分鐘）

4. 盡可能想像「△」和什麼東西相似或相近？（時間：10 分鐘）

5. 把下列物件按照性質盡可能分類：鴨、菠菜、石、人、木、菜油、鐵。（時間：5 分鐘）

6. 說出一隻貓與一隻冰箱相似的地方，說得越多越好。（時間：5 分鐘）

7. 給你兩個圓（○○）、兩條直線（｜｜）和兩個三角形（△△）請組合成各種有意義的圖案。（時間：15 分鐘）

8. 請你根據以下故事情節，用簡潔的語言（不超過 100 字）寫出故事各種可能的結尾，寫得越多越好。（時間：40 分鐘）

   古時候，有兄弟三人。大哥、二哥好吃懶做，三弟勤勞聰明。三人長大後都成了家。有一天，三兄弟在一起喝酒，大哥、二哥提議：「從現在起，我們三人說話，互相不准懷疑，否則罰一斗米。」酒後，大哥說：「你們總說我好吃懶做，現在家裡那隻母雞一報曉，我就起床了……」三弟直搖頭說：「哪有母雞報曉之理？」大哥嘿嘿一笑說：「好！你不信我的話，罰一斗米。」二哥接下去說：「我沒有大哥這麼勤快，因此家裡窮得老鼠攢得貓吱吱叫……」三弟又連連搖頭，二哥得意地說：「你不信，也罰一斗米。」後來……

計分與解釋

第1～4題，每一個答案為1分；第5題，每一個答案為2分；第6～7題，每一個答案為3分；第8題，每一個答案為5分；然後統計總分。如果你得分在：

100分以上，擴散性思考的流暢性很好；

81～100分，擴散性思考的流暢性較好；

61～80分，擴散性思考的流暢性中等；

41～60分，擴散性思考的流暢性較差；

40分以下，擴散性思考的流暢性很差。

流暢性是擴散性思考的較低層次，比如在列舉磚頭的用途時，如果能列舉出造工房、造煙囪、造倉庫、造雞舍、造禮堂……說明流暢性很好。擴散性思考的變通性和獨特性則分別代表了擴散性思考的中等層次和高等層次。下面結合每道題的答案進行分析。

1. 「土」在右邊，如灶、肚、杜等；「土」在左邊，如址、墟、增等；「土」在下面，如塵、塑、堂等；「土」在上面，如去、寺、幸等；「土」在中間，如莊、崖、匡等；全部由「土」構成的字，如土、圭等；或「土」蘊含在字中，如來、奔、戴等；以及其他，如鹽、矽等。在上述「發散」中，能寫出中兩類含「土」的字，則說明思維已具有一定的變通性，因此此時的「土」已不像前面幾種「土」那麼顯而易見了。

2. 列舉磚頭的用途，如果說出了造工房、造煙囪、造倉庫、造雞舍、造禮堂……只能說明你的擴散性思考處於較低級的階段，因為你所列舉的各種用途，其實都屬於同一類型：用於建築材料。如果你還回答出打狗、趕貓、敲釘子、做傢俱墊腳、鋪路、壓東西、自衛武器等等，你的思維就具有一定的變通性，因為上述用途已涉及幾種不同的類別。如果你的答案是一般人難以想到的，你的擴散性思考就具有一定獨特性。

3. 包含「三角形」的物品大致有以下幾類：

・物品中所包含的正規三角形，如領巾、三角旗、三角形鉛筆等。

・物品含近似三角形，如金字塔、衣鉤、山嶽形積木等。

・物品中含有三角形的三個角的特點，構成主觀三角形，如三腳插座、三極管、斜面等。

・立體三角形，如錐體、漏斗、衣帽架、舞蹈造型等。

　說出的種類越多，說明擴散性思考的變通性越好；每一種類中說出的物品越多，說明擴散性思考的流暢性越好。

4. 和「△」相似或相近的東西有：饅頭、峭石、山峰、堡壘、城門、隧道口、噴水池、櫥窗、帳篷、墳墓、萌芽、彩虹、烏篷船、拋物線、鏡片、電視機螢幕、槍洞、子彈頭、樹蔭、海上日出、跳水、彎腰、插秧、拱橋、盾牌、活頁木鐵夾、天邊浮雲、英文字母「D」等等。回答得越多，擴散性思考的流暢程度越高。

5. 這些物體可分為以下類型：

・**植物**：菠菜、木

・**動物**：鴨、人

・**生物**：菠菜、木、鴨、人

・**食物**：菠菜、菜油、鴨

・**礦物**：石、鐵

・**含鐵物體**：鐵、菠菜

・**浮水性強的物體**：木、菜油、鴨

・**常用泥土種植的產品**：菠菜、木、菜油

・**燃料**：木、菜油

・**建築材料**：木、石、鐵

　以上的分類肯定沒有把全部可能的分類都包括在內，你可以運用自己的

思考擴散、能力創造出新的分類，創造的類別越多，你的擴散性思考能力越強。

6. 貓和冰箱的相似之處相當之多：兩者都有放「魚」的地方；都有「尾巴」（冰箱後部的電線猶如「尾巴」）；都有顏色等。

7. 兩個圓、兩條直線和兩個三角形，可以組成各種有意義的圖案。比如，從具體形象出發，可組成人臉或組成落日與山的倒影；也可從抽象角度考慮，組成等式：△○＝○△；還可以把抽象與具體結合起來，組成「△｜○△」，表示兩山（具體）相距 100 公尺（抽象）等。上述圖案組成得越多，表示你的擴散性思考的流暢性和變通程度越高。

8. 此題沒有固定的答案，你可借題發揮，所寫的故事結尾越多、越離奇，說明你的總體擴散性思考能力越高。

指導孩子運用經驗開發創造力

談及孩子的創造力，很多家長可能會想，發明創造那是科學家們的事情，我的孩子還小，創造離他們的生活很遙遠。實際上，這種觀點是錯誤的。因為，每個孩子都有創造的潛質，但這種潛質需要開發。

要開發孩子的創造潛質，家長可以從以下幾個方面入手：

培養孩子對科學的好奇心

好奇心是神聖的，是科學發明的巨大動力。牛頓夏日乘涼，微風吹來，熟透了的蘋果落下來，砸在他身上，他忽發奇想，蘋果熟了，怎麼會往地上落，不往天上飛呢？由此引起了他的興趣，從此他潛心研究，終於發現了萬有引力定律。瓦特小時候看到壺裡的水開了，熱氣衝擊壺蓋「嘭嘭」直響，他尖聲怪叫。奶奶聽到叫聲急忙從閣樓上跑下來，瓦特指著壺對奶奶說：「壺蓋亂跳！」奶奶告訴他：「壺開了，熱氣衝得壺蓋跳有什麼可大驚小怪的，歷

來如此。」然後，這件歷來如此的事情引起了瓦特強烈的好奇心。從此他潛心研究，終於改進了蒸汽機，導致了第二次工業革命⋯⋯

科學家之所以對人類文明做出的巨大貢獻，起源於他們在別人習以為常的事情上多問了個「為什麼」。兒童的天性就是好奇、好動。所以，身為家長，我們要加倍愛護孩子的好奇心，珍視他們的求知欲，促使孩子創造的天性得以張揚。

透過仔細觀察事物、自由操作來豐富經驗

孩子的好奇心強，對什麼都想觸摸、搖動或拆卸，也喜歡仔細觀察、操作事物，這就是創造性活動的基礎。據報導，時常使用物品和工具進行遊戲的孩子，長大以後，就會萌發出許多設想，成為獨創型的人才。

營造刺激豐富的活動環境

讓孩子能自由地進行探索，從而萌發出形象和設想。有時廢品和雜物都可以成為新產品或新玩具的原料。

對於孩子的探索，家長應做出相應的正回饋

從行為醫學理論分析，孩子的探索行為要及時地給予正回饋。所以父母的反應相當重要，要注意發現孩子的探索和創新精神並及時給予鼓勵。

讓孩子體會到創造性活動的喜悅

為了培養孩子的創造力，應該讓他們進行創造性活動，以體會到創造性活動的意義。透過完成新奇或有價值的事而體驗成功的喜悅。從而不斷提高他們的創造欲和好奇心。

創造自由解答的學習環境

眾所周知，孩子學習知識有兩種形式：一是給予可以自由解答的課題；

二是規定解答問題的方式。前者可以促進創造性的思維方式 —— 擴散性思維。例如：「某地區人口有多少？」這種問題只能有唯一正確的答案。而「最近某地區人口增加是什麼緣故呢？」這種問題就可以得到許多不同的答案。

鍛鍊孩子獨立學習和主動學習的能力

從創造過程看，創造性活動都是個人單獨進行和主動完成的。因此，在確定學習目標的基礎上，讓孩子自己思考並制定計畫。父母要重視孩子的不同觀點、看法和活動，尊重孩子的獨創性，同時不斷地培養創新意識。

讓孩子從失敗到成功的過程中獲得經驗

成功是靠失敗推動的，「失敗是成功之母」說的就是這個道理。那些科學家之所以能取得世人矚目的成績，與他們耐挫、能承受得住失敗的積極心態是分不開的。身為家長，我們應該讓孩子明白，不管什麼時候，失敗都是暫時的，不是最後的結果，而是過程中間的挫折。

孩子只要有這種積極的心態，就能避免因一時失敗而產生不滿和消極的情緒。創造不因失敗而結束，家長應給予指導和援助，使孩子體會到從失敗走向成功的輝煌。

總之，要培養孩子的創造力，家長應指導孩子有效地運用自己的經驗開發自身的創造能力！幫孩子養成勤於思索、善於思索的習慣，從而養成良好的創造特質！

第五章　開發孩子右腦的記憶空間

眾所周知，記憶是智力活動的基礎，是孩子課業成績優異的保證。要想你的孩子擁有過目不忘的本領，請開發孩子的右腦！因為，右腦才是優質記憶之腦！右腦記憶能讓你的孩子擁有天才般的記憶力！

傑出的人才一般使用右腦記憶

俄國著名的生物學家謝切諾夫（Ivan Mikhaylovich Sechenov）曾說過，一切智慧的根源都在於記憶，記憶是「整個心理生活的基本條件」。的確如此，記憶是累積知識和經驗的基本手段，離開了記憶，人類的智力活動也就無從談起了。古今中外，那些智力超群的人一般都具有非凡的記憶力。拿破崙就是其中一個，據說他能夠記住 5 萬個士兵的名字和他們的相貌特點。與人見一面後，他就能記下來，而且經久不忘。

「二戰」時期，蒙哥馬利手下的步兵指揮官邁爾斯·鄧普希中將（General Sir Miles Christopher Dempsey）在西西里戰役中曾指揮第八集團軍的一個軍。身為一名堅定的職業軍人，他具有照相機般的記憶力和獨一無二的閱讀地圖的能力。在兩次世界大戰之間，鄧普希曾勤奮地研究歐洲的戰場，他能記住地圖上的一切資訊，能想像出他從未見過的戰場，這經常使他的參謀目瞪口呆。

宋代大詩人黃庭堅幼年時期，就因博聞強記而出名。據說，他讀書幾遍以後就能口誦，五歲就熟讀了詩、書、易、禮、樂等五經。

有一天，他問老師：「人人都說有六經，為什麼只讓我讀其中的五經。」老師說：「《春秋》不值得一讀。」黃庭堅卻不以為然地說：「既然稱作經書，怎能不讀呢？」於是，他自己找來《春秋》閱讀，十日成誦，無一字遺漏！憑藉著這種過人的能力，加之後天的努力，黃庭堅終於成為一代大詩人。

現代也有一位記憶奇才，那就是國學大師錢鍾書先生。國外的學者說他具有「照相機式」的記憶力，一點也不誇張。

在進入小學讀書識字之前，錢鍾書已讀了許多古代小說。他讀書過目不忘，任人從書中隨便抽出一段來考他，他都能不假思索、流暢無礙地背誦出來，連《水滸傳》中各好漢所使兵器的斤兩數都背得絲毫不差。他在藍田國立師院任教時，圖書館的《四部叢刊》、《四部備要》、《叢書集成》、《古今圖

書集成》等大部頭叢書，他都瀏覽過。他看過的文集，不管是大家、名家，還是二三流的小家，別人隨便拿一部來考問他，十之八九他都能準確無誤地複述其內容，有些甚至一字不差。別人聽了都不大相信。屢次考他，他也竟屢試不爽。而且他的記憶力似乎也並不隨年齡的增長而衰減，幾十年前讀過的書，仍然記憶猶新。1979 年，將近七旬的錢鍾書在美國訪問，再次證實他的記憶奇才，別人只要引用，他立刻就可以將後面的引文背誦出來。費景漢說錢鍾書把「耶魯大學在場的外國人都嚇壞了」。夏志清說他在哥倫比亞大學的「表演」使得外國同事面面相覷。

這些記憶超群的人都有一些共同的特徵：

- 記憶速度快。
- 記憶持續時間長。
- 記憶準確度高。
- 記憶範疇廣，應用能力強。
- 記憶方法新穎、奇特。
- 能發現材料的內在連繫。

一般來說，具有以上這些記憶特徵的人，他們都具有相當大的發展潛力，也比記憶力一般的普通人更容易創造出輝煌的成就。

對照第一章中提到的左右腦記憶的不同特質，我們可以發現，具有以上記憶特徵的人其實使用的就是右腦「照相機記憶」。

在學校裡，如果一個學生的記憶力不好，他要想取得好成績，就要比其他孩子付出多十幾倍的努力，而且想再有質的提高就非常困難了。

如果能開啟右腦，孩子的記憶力將會有極大的改觀。很可能突然之間他的理解能力會變得很強，也許還會「搖身一變」成為全班成績最好的學生。

如果不會使用右腦記憶，一味地去追求左腦記憶，家長和孩子就會在重壓之下感覺度日如年。只將精力集中在左腦功能的開發上，讓孩子死記硬

背，並無法挖掘右腦本已具有的能力。

猶太民族優秀的原因之一 ── 記憶訓練

世界上猶太人的數量大約有 1,600 萬人。如果以世界人口 50 億來計算的話，他們只不過占 0.3％而已。然而猶太人當中卻誕生了很多天才，像愛因斯坦、佛洛伊德、亨利·柏格森、卡夫卡、海涅、蕭邦、孟德爾頌、梅紐因、馬克·夏卡爾、卓別林等，不勝枚舉。自 1892 年設立諾貝爾獎以來，這個獎可以說是由猶太人大包大攬，因為有 32％的獲獎者是猶太人，其比例是其他民族的 100 倍。

猶太民族的智力為什麼會如此超群呢？其原因是猶太人的幼稚教育進行得非常好。

與其他民族的教育主張不同，很多國家的教育只是著眼於眼前，例如華人教育就是為了應付眼前的考試；而猶太人的教育則是著眼於未來。可以說，華人教育的目的是為現在所用，而猶太人教育的目的是為未來所用，因此兩種教育對兒童的期望不同。猶太教育要培養的是能夠創造猶太人的未來、實現猶太人夢想的下一代。

為了在孩子身上種下好種子，猶太人從孩子 1 歲半開始，就有意識地對孩子進行記憶訓練了。當孩子到了 3 歲時，他們就會被帶到類似私塾的地方，教授他們希伯來語。等到他們會讀之後，就開始拿著有希伯來文的書本來教育他們如何寫字。接下來他們會讓小孩背誦類似般若心經的通用祈禱文，他們不要求孩子去理解文章的意思，只是教他們去讀書，而且以背誦為目標。

猶太人認為，這個時候如果沒有創建起記憶力的基礎的話，那麼往後就沒有辦法學到其他的知識。

到了 5 歲，孩子們就已經開始背誦聖經、摩西律法了。

在 7 歲前，他們必須背誦摩西五書當中的《創世紀》、《出埃及記》、《利未記》、《民數記》、《申命記》，他們配合著旋律，反覆朗誦幾百遍。

當孩子 7 歲時，則開始學習舊約聖經剩下的部分，以及猶太教法典。猶太少年在滿 13 歲接受成人典之前，就已經全部會背誦最基本的學問了。

猶太教徒早上的禮拜祈禱書大約有 150 頁，每天早上都必須要朗讀，在這朗讀過程中，每一個人其實都能背誦了。

不可思議的是，一旦腦部這種大容量的記憶系統創造完成之後，接下來就很容易吸收各式各樣的知識，逐漸形成了高效率的電腦式頭腦。

如上所述，猶太人就是這樣背下所有重要的知識的。

有一次，亞伯拉罕·約書亞·赫舍爾（Abraham Joshua Heschel）向學生借一本非常珍貴的書，兩三天之後他就很有禮貌地奉還：「非常謝謝你，我已經全部背起來了。」他並沒有複製一份，只是花了兩三天的時間就把這本書完全背誦下來了。

這麼優秀、這麼獨創性的思維是從哪裡生成的呢？資訊的來源越是豐富，就越能產生優秀的發明及獨創性的思維。優秀的發明或發現只能從儲藏在頭腦當中的優秀知識來創造。記憶的容量越大，越容易生成新的發明以及發現。猶太人中之所以有這麼多天才，就是因為猶太人是擅長記憶的民族。

反覆誦讀能增強右腦記憶

從第一章中我們了解了，與大腦記憶密切相關的是大腦新皮質的顳葉和舊皮質的海馬迴。從外部進入大腦的資訊在顳葉被分類和保存，重要的資訊則被送到海馬迴，並在海馬迴區加以保存和整理，一個月左右再返回顳葉。如果將資訊重複，就會在海馬迴留下深刻的印象，所以反覆刺激大腦，刺激速度越快就越能夠在海馬迴構築起清晰、堅固的記憶迴路。

　　大腦中如果沒有海馬迴，那會是什麼結果呢？在利用猴子進行的實驗中，研究人員在讓猴子記住一些事情後，將其海馬迴摘除，猴子就記不住這些東西了。但是，側頭葉部位仍然在正常地發揮作用，以前記住的東西仍然能完好無缺的保存著。有趣的是，猴子並沒有記住海馬迴切除前一個月的事情。這是因為，過去一個月的記憶被海馬迴保存下來，正處於在這裡等待篩選的狀態。我們從中得出的教訓是，重要的事情在記住後的一個月內，必須再複習一遍。對於學過的知識只要再經過認真的複習，就能很好地記住，這是小學生都知道的事實。

　　反覆就是強調，是記憶的重要因素。反覆背誦可以刺激大腦中的海馬迴，開啟右腦深層的記憶路線。反覆背誦，透過大腦的機械反應使人能夠回想起自己一點也不感興趣的，對之沒有產生過任何聯想的東西。因此，透過反覆誦讀，就可以培養右腦的記憶能力，讓自己記住可能完全不解其意的東西。

　　兒童的純機械記憶力比成年人要好。這種記憶隨著年齡的增長而下降。相反，多種聯想的能力是隨著年齡的增長，閱歷的增多而提高。因此，在這方面失去的，在另一方面得到了大大的補償。

　　不依賴機械記憶為轉移的重複，對固定記憶發揮著重要的作用，而且這是不受年齡限制的。重複自己剛學的東西，並不時地重複它。不要急於求成，不要想一下子把所有的知識都記住，而應該重複多次才能記住。心理學家艾賓浩斯（Hermann Ebbinghaus）研究出的「遺忘規律」告訴我們，遺忘的規律是先快後慢，這即是說要記住一件東西，應該及時複習（重複）、鞏固。

　　義大利心理學家托馬斯・阿奎那（St. Thomas Aquinas）在其《概論》一書中這樣告訴我們：「應該經常思考我們想記住的東西。」古希臘哲學家亞里斯多德曾指出：「時間是記憶的破壞者」。如果我們不採取挽救辦法的話，我們的記憶會隨著時間的推移而逐漸消逝。然而，有一個簡單的挽救辦法，這便是重複，或是複習和溫習。

家長教孩子進行右腦反覆誦讀訓練時，應抓住兩個原則：一是精選，二是反覆。精選就是讓孩子選擇他們感興趣的內容，篇幅不要過長，最好朗朗上口，以優美的詩歌為宜。反覆就是不斷地背誦相同的內容。

讓孩子複習所學過的東西，回憶就得到了新的活力。然而，為使複習不占用太長的時間，就應該重視複習的方法和時間的分配。心理學家喬斯特做了一個非常有趣的實驗。他根據閱讀的次數，研究了記憶一篇課文的速度。他舉例指出：如果連續把一篇課文看 6 遍所記住的內容比每隔 5 分鐘看一遍，一共看 6 遍所記住的內容要少得多。

法國的皮埃爾等其他心理學家找到了能產生最好效果的理想間隔時間。我們也做了各種試驗，證實理想的閱讀間隔時間是 10 分鐘至 16 小時不等，依要記住的內容而定。10 分鐘以內，重讀一遍是多餘的，超過 16 小時，一部分內容已被忘卻。

也就是說，如果只是反覆背誦、複習 5 ～ 10 遍，那麼即使記住了，也只是一種淺層記憶，雖然當時可以完全記住，但是，過一段時間就會忘得乾乾淨淨。因此，反覆背誦應有一定的時間間隔，此外，還應注意不要間隔時間太久。

心理學家們經過實踐證明，反覆誦讀相同的內容，背誦所需的時間就會越來越短，逐漸縮短為原來所用時間的 1/2、1/3、1/4……背誦的次數越多，就越有助於打開右腦的深層記憶迴路，看到的內容可以變成圖像儲存在大腦裡，而等我們需要的時候，也可以隨時原樣再現！

誦讀的材料：

下面，編者為孩子提供了相應的一些誦讀素材，家長在對孩子進行反覆誦讀訓練的過程中，可以幫助孩子做好以下的背誦紀錄，看看每一次背誦孩子所花的時間。當然，僅有這些素材還遠遠無法滿足您孩子的需要，家長還可從其他地方找一些適合孩子誦讀的素材對孩子進行訓練。

素材一：

紙船

—— 寄母親

冰·心

我從不肯妄棄了一張紙，

總是留著 —— 留著。

疊成一隻一隻很小的船兒，

從舟上拋下在海裡。

有的被天風吹捲到舟中的窗裡，

有的被海浪打溼，沾在船頭上。

我仍是不灰心的每天的疊著，

總希望有一隻能流到我要它到的地方去。

母親，倘若你夢中看見一隻很小的白船兒，

不要驚訝它無端入夢。

這是你至愛的女兒含著淚疊的，

萬水千山，求它載著她的愛和悲哀歸去。

把每次孩子背誦所需的時間填入下表中：

第一次	第二次	第三次	第四次	第五次

素材二：

老公園

（德）漢斯·卡羅薩

暮靄漸漸彌漫

群山中小鎮中山谷間

渺小的燈光迫不及待地點燃無數星點

從一扇扇窗子裡流瀉出來

大河和漩流沖擊著岸邊

時而激烈時而委婉

燈火畫成了地上的星星

向他們天上的兄弟們致意

把孩子每次背誦所需的時間填入下表中：

第一次	第二次	第三次	第四次	第五次

素材三：

海燕

（蘇聯）高爾基

在蒼茫的大海上，狂風捲集著烏雲。在烏雲和大海之間，海燕像黑色的閃電，在高傲地飛翔。

一會兒翅膀碰著波浪，一會兒箭一般地直衝向烏雲，牠叫喊著，——就在這鳥兒勇敢的叫喊聲裡，烏雲聽出了歡樂。

在這叫喊聲裡 —— 充滿著對暴風雨的渴望！在這叫喊聲裡，烏雲聽出了憤怒的力量、熱情的火焰和勝利的信心。

海鷗在暴風雨來臨之前呻吟著，—— 呻吟著，牠們在大海上飛竄，想把自己對暴風雨的恐懼，掩藏到大海深處。

海鴨也在呻吟著，—— 牠們這些海鴨啊，享受不了生活的戰鬥的歡樂：轟隆隆的雷聲就把牠們嚇壞了。

蠢笨的企鵝，膽怯地把肥胖的身體躲藏到懸崖底下……只有那高傲的海燕，勇敢地，自由自在地，在泛起白沫的大海上飛翔！

烏雲越來越暗，越來越低，向海面直壓下來，而波浪一邊歌唱，一邊衝向高空，去迎接那雷聲。

雷聲轟響。波浪在憤怒的飛沫中呼叫，跟狂風爭鳴。看吧，狂風緊緊抱起一層層巨浪，惡狠狠地把它們甩到懸崖上，把這些大塊的翡翠摔成塵霧和碎末。

海燕叫喊著，飛翔著，像黑色的閃電，箭一般地穿過烏雲，翅膀掠起波浪的飛沫。

看吧，牠飛舞著，像個精靈，—— 高傲的、黑色的暴風雨的精靈，——牠在大笑，牠又在號叫……牠笑那些烏雲，牠因為歡樂而號叫！

這個敏感的精靈，—— 牠從雷聲的震怒裡，早就聽出了困乏，牠深信，烏雲遮不住太陽，—— 是的，遮不住的！

狂風吼叫……雷聲轟響……

一堆堆烏雲，像青色的火焰，在無底在大海上燃燒。大海抓住閃電的劍光，把它們熄滅在自己的深淵裡。這些閃電的影子，活像一條條火蛇，在大海裡蜿蜒游動，一晃就消失了。

—— 暴風雨！暴風雨就要來啦！

這是勇敢的海燕，在怒吼的大海上，在閃電中間，高傲地飛翔；這是勝利的預言家在叫喊：

—— 讓暴風雨來得更猛烈點吧！

把每次孩子背誦所需的時間填入下表中：

第一次	第二次	第三次	第四次	第五次

透過速讀訓練開啟右腦記憶

　　速讀就是快速閱讀，它是指能在盡可能短的時間內，從讀物中攝取到盡可能多的有用資訊的一種閱讀法。對孩子進行速讀訓練，旨在指導孩子掌握使用右腦高速研讀書本的能力，這也是開啟孩子右腦記憶的一種有效方法。

　　速讀訓練，一般限時 1 分鐘，從最簡單的文章開始，再漸漸升級到較難讀的圖書。

　　在訓練的過程中，記憶量會慢慢增加，當文字從眼前一過，就會自然地將之「刻印」在視網膜上，然後再重現出來的這種訓練，會使右腦自然開啟。

　　用左腦讀書，讀 1 頁書最快也要 1 分鐘，但是能用右腦快讀的人，240 頁的書只要 3 分鐘就可以讀完，反而是翻頁比讀內容來得忙碌。這時候，方案已經不是用「讀」的，而是用「看」的。

　　以速讀的方式，4 ～ 5 分鐘就可以讀完一本書，然後再慢慢地在腦子裡翻頁讀出來。想要找的頁數也馬上可以自由自在地尋找到。而且這種記憶力是無限的，不受時間控制的，再多頁都可以記得住，即使在一個禮拜或一個月之後，都一樣能正確地背誦出來。

　　會用右腦速讀快的人，1 分鐘可以閱讀 20 萬字左右，而平常人讀書平均 1 分鐘大約只有 400 ～ 600 字，差異相當顯著，由此也可以了解右腦的威力有多麼強大。

　　另一方面，由於左腦速讀，最快只能每分鐘讀 3,000 ～ 4,000 字，因此大部分人，都認為這種人只可能是萬中取一，要達到那種超強境界，似乎比登天還難。

　　其實只要受過訓練，人人都可能達到這種境界。而且這種記憶法，就像是把資料整整齊齊擺在抽屜裡面一樣存放在腦中。

　　具體的速讀方法主要有以下幾種。

1. **跳讀閱讀法**：跳讀閱讀法就是指眼光從一個「字群」（字群是由多個字片語成的）跳到另一個「字群」進行閱讀，它不是從頭到尾通觀全貌地讀，而是有重點、有選擇地去讀自己想要閱讀的內容，特徵是：有取有捨、跳躍前進。

   指導孩子進行跳讀訓練時，應讓孩子在閱讀時，對標題、中心詞、重點句段以及黑體字、圖表等進行掃視，把自己認為無關緊要的、熟知的內容，整行整段、甚至整頁地跳過去，只搜索自己需要的相關內容。它不僅可以快讀、多讀，而且可以迅速掌握重點、快速獲取所需的資訊，把厚書讀薄。

2. **無聲視讀法**：無聲視讀法是漢文快讀最根本、最重要的一種讀書方法。所謂無聲視讀，其實是一種「眼腦直映」（運用眼和腦兩大器官，省去了口的發音和耳朵的監聽）的讀書活動。

   無聲視讀法又可具體分為以下幾種訓練方法：

   （1）**律詩垂直閱讀法**：垂直閱讀法又稱縱向掃描法。是指在讀橫排版文獻時，眼睛以較小振幅，沿每頁書的中心設想線，由上而下垂直掃描，迅速閱讀。律詩垂直閱讀法，可選擇若干首自己未曾見過的五言、七言律詩，先在每首律詩的中間畫一條豎直的虛線，然後將視線沿虛線從上而下作垂直運動，整塊快速閱讀每一行詩句。訓練稍有進展，即可不畫虛線，做同樣的訓練。

   （2）**語群卡片閃示法**：閃示閱讀即把字詞、語句或語段寫在硬卡片上，將卡片在面前閃示而過，要求立即記下所見內容。閃示的文字可逐漸增多，閃示的速度也可逐漸加快。卡片上的文字符號，可按先易後難的順序，先片語，後短語，再句群。卡片閃現的時間，則可逐步縮短，直至一閃而過。每次視讀完畢，均應進行複述。

   （3）**短文句段框讀法**：選數篇淺顯易懂的短文，先按片語或短語編組，並加以框示，然後以框內文字為整體認知單位，快速閱讀短文並複述其內容。待訓練稍有成效，可逐步加大難度：逐次將認知單位換為句子、句群，甚至段落；取消框示，按先易後難的順序，整體快速認知其片語、短語句群與段落。這樣，變讀為看，變點式閱讀為線式、面式閱讀，並在反覆訓練中，增強了注

意力、記憶力與理解力。

3. **循章歸旨法**：循章歸旨法就是遵循漢文的章法規律，快速歸納出文篇或書本的主旨，也可以說是根據漢文的「意合」特點來快速提取有用的資訊。根據漢文的「意合」特點與「章法」規律，快速循章歸旨的步驟應分為三步：

(1) 快速尋找語段、段落中的關鍵字、中心句。

(2) 快速理清段落、章節之間的思路與意脈。

(3) 快速捕捉主題段、中心大意，對文篇、書本歸旨攝魂。

要能快速循章歸旨，在閱讀方法上，還應重視兩點：第一，在破卷、通解的過程中，都得有意識地運用「無聲視讀法」與「一目十行法」，加快其讀速、提高其理解率；第二，在破卷通解、循章歸旨的過程中，「搜讀法、獵讀法、跳讀法、掃讀法」亦能大顯身手，派上用場。

4. **掃描閱讀法**：對於以檢索、查閱或捕捉資訊、了解情況為目的的閱讀，可採用掃描式閱讀法。我們平時查閱資料、閱讀報紙、看說明書等大多用的是掃描式閱讀法。讀速往往是一目十行，眼睛看到的不是字的筆劃，也不是具體哪個字，甚至不是具體哪個詞、哪句話，而是把所看到的內容像圖像一樣一起收入視野，映入大腦，然後憑經驗、憑這幅圖像上的一兩處特徵，來做出判斷。嘴不出聲，眼就像電子掃描一樣在字裡行間快速瀏覽，及時捕捉自己所需要的內容，捨棄無關的部分。掃描閱讀的過程中，是否需要中斷、精讀或停頓下來稍加思索，可視所讀素材而定。在實踐中可採取泛讀、跳讀、讀標題、讀句、讀段等方式。

除了上面所說的方法外，像計時閱讀、競賽閱讀、程式閱讀等也是速讀的有效方法。

速讀素材：

素材一：

四季的美

春天最美的是黎明。東方一點兒一點兒泛著魚肚色的天空，染上微微的紅暈，飄著紅紫紅紫的雲。

夏天最美的是夜晚。明亮的月亮固然美，漆黑漆黑的暗夜，有無數螢火蟲翩翩飛舞，即使是濛濛細雨的夜晚，也有一兩隻螢火蟲，閃著朦朧的微光在飛行，這情景著實迷人。

秋天最美的是黃昏。夕陽偎依著西山，感人的是點點歸鴉急急匆匆地朝窠裡飛去。成群結隊的大雁，在高空中比翼雙飛，更是叫人感動，夕陽西沉，夜幕降臨，那風聲、蟲鳴聲聽起來叫人心曠神怡。

冬天最美的是早晨。落雪的早晨當然關，就是在遍地鋪滿銀霜的早晨，在無雪無霜寒冷的清晨，也要生起熊熊的炭火。手捧著暖和的火盤穿過廊下時，那心情和這寒冷的早晨是多麼和諧啊！

素材二：

競選學生會主席

各位代表：

大家好！首先感謝大家的支持與學校提供這次機會，使我能參與競爭，一展自己的抱負。今天我來參與競選的目的只有一個：一切為大家，能為大家謀取利益。我有自信在同學們的幫助下，我能勝任這項工作，正由於這種內驅力，當我走向這個講臺的時候，我感到信心百倍。

我認為自己很適合擔任學生會主席。首先我熱愛我的工作，算上國小的話，十年學生幹部的「年資」已不算短了，這使我有了相當豐富的管理經驗和一定的領導能力。活潑開朗、興趣廣泛的我積極參加並籌備展開各項活

動，在活動中盡情施展自己唱歌、跳舞、彈鋼琴及演講的才能，取得了如演講比賽第一、英語朗讀、閱讀競賽第一的好成績，激勵著我不斷向前；主持也是我不懈的追求，從高一入學新生訓練到主持電視臺節目，及後來的首屆英語節，大大小小的活動我參加了不少，是這方熱土提供了我機會，使我如魚得水，不斷鍛鍊、充實著自己。此外，在活動過程中，我學習上也絲毫沒有鬆懈，成績現已躋身年級前茅，我認為我有著足夠的時間和精力在學習之餘開展各種社會活動。

假如我能夠當選，我將進一步加強自身修養，努力提高和完善自身的素養，我將時時要求自己「待人正直、公正辦事」；要求自己「嚴於律己、寬以待人」；要求自己「樂於助人、尊老愛幼」等等，總之，我要力爭讓學生會主席的職責與個人的思想品格同時到位。

假如我能就任此屆學生會主席，我的第一件事就是召集我的「內閣」部長們舉行第一次全體「內閣」會議，全面聽取他們的意見與建議，下放權力，實行承包責任制。我們將自始至終地遵循「一切為大家」的原則。在就職期間，我們將在有限的條件下，開辦我們自己的電視臺、廣播站，建立必要的管理制度，設立師生信箱。我們將定期舉行各種形式的體育友誼比賽，使愛好體育的英雄們有用武之地。愛好文藝的同學們，校內藝術社團在歡迎你，我們將舉辦自己的藝術節，中秋節、聖誕節大聯合晚會。如有條件來個校園形象大使活動也是不錯的，還有書畫會、文學社、學生論壇、社會實踐，包括大家感興趣的郊遊活動……總之，我們每個人都能在學生會找到自己的位置，我們的課餘生活絕對能夠豐富多彩！我們將與風華正茂的同學們在一起，指點江山，發出我們青春的呼喊！我們將努力使學生會成為學校老師與學生之間的一座溝通心靈的橋樑，成為師生之間的紐帶，成為勇於反映廣大學生意見要求、維護學生正當權益的組織，新的學生會將不再是徒有虛名的擺設，而是有所作為的名副其實的存在！

既然是花，我就要開放；既然是樹，我就要長為棟樑；既然是石頭，我

就要去鋪出大路；既然是學生會主席，我就要成為一名出色的領航員！

　　各位代表，你們所期望的學生會主席，不正是敢想敢說敢做的人嗎？我十分願意做你們所期待的公僕。現在，你們握著選票的手還會猶豫嗎？謝謝大家的信任！

默寫訓練可鍛鍊右腦記憶

　　默寫記憶訓練是培養和提高孩子右腦資訊處理能力的一個好辦法。家長在對孩子進行默寫訓練時，不必要求孩子一字一句地進行記憶，因為逐字逐句地記憶並不利於右腦記憶能力的增強。

　　因此，在對孩子進行默寫訓練時，家長可讓孩子聽一遍文章，或者迅速地看一遍文章，在聽或者看的過程中把所有的資訊作為一個整體輸入大腦中。之後根據自己的記憶，把聽到的或者看到的內容默寫下來！

　　經常進行默寫訓練的孩子，眼睛會變得更加靈活，耳朵也會變得更加靈敏，右腦獲取資訊的能力也會隨之得到提高。

　　右腦的資訊處理能力提高了，孩子就可以在短時間內閱讀大量的資訊，與之相關的右腦記憶能力也會獲得長足的發展。

　　默寫訓練的具體操作步驟如下：

1. 用 1 分鐘時間反覆閱讀一篇短文，然後讓孩子闔上書，憑記憶默寫出來。要求孩子做到：標點和換行也要跟原文一樣。
2. 默寫完後，讓孩子自己檢查是否跟原文有出入。
3. 孩子第一次默寫某一篇文章的時候，是不可能全部記住的，可以進行第 2 次。再用 1 分鐘的時間反覆閱讀這篇文章，然後憑記憶正確地默寫出來。

　　最後，這樣的訓練可以反覆進行 2～3 次，直到孩子能夠全部正確地默

寫出來為止，再換另一篇練習！

默寫訓練題：

　　以下是編者為孩子提供的默寫訓練題，家長可要求孩子用一分鐘的時間閱讀題目中給出的文章，然後憑記憶將文章正確地默寫出來。默寫時，標點和換行也要和原文一樣。

默寫素材一：

北風和太陽

　　一天，北風和太陽打賭。

　　「誰能讓那個行人把衣服脫下來，誰就贏了。」

　　北風使出全力吹，但行人怎麼也不脫衣服。太陽放射光芒，照耀著行人。

　　「太熱了，受不了了。」行人脫光了衣服，跳進了水裡。

默寫素材二：

野豬和狐狸

　　一頭野豬正在樹下磨牠的獠牙，狐狸看見了，問：「野豬先生，周圍一片太平，並沒有危險的東西存在，你為什麼還要磨牙呢？」

　　野豬回答道：「等到危險逼近時再準備就來不及了。」

默寫素材三：

驢子就是驢子

　　一頭驢子披著獅子的皮毛，嘶叫著，除了狐狸，其他的動物都被嚇跑了。於是驢子問狐狸：「難道我不可怕嗎？」

　　狐狸回答：「雖然你看起來像獅子，但你還是驢子的聲音。」

把詞語轉化為圖像進行記憶

假設有這麼一組詞語：照相機、霜淇淋、貓、門簾、豬、錘子、肥皂，讓孩子對這組詞語進行死記硬背，你會發現，孩子記得很慢，而且記住一下子可能就會忘記。

其實，想要讓孩子全部記住這些詞語並不難，家長要做的就是引導孩子學會把「詞語」轉換為圖像進行記憶訓練，這樣孩子就能輕而易舉地把這些詞語記下來了。

首先，家長可以讓孩子閉上眼睛，靜下心來，然後對他進行心理暗示，告訴孩子：「現在，在你的頭腦中有一架照相機，你馬上要看到的這些卡片就會被這架照相機照下來，而且是按順序原封不動地保存著的。」

接著，讓孩子睜開眼睛，家長讓孩子一邊看詞語一邊幫孩子描述圖像：

我的頭腦裡有一架照相機，照相機拍到了一個快要融化的霜淇淋，小貓看見霜淇淋快融化了，高興地「喵喵」直叫，媽媽餵完豬，聽到貓的叫聲，掀開門簾，走進屋子，她順手拿起錘子嚇唬小貓，卻不小心碰掉了肥皂。

在家長的引導、描述下，孩子透過看詞聯想圖像，並把圖像透過想像連繫到一起，這時候，在孩子的腦海中，這些東西就成了一個整體，孩子只要記住其中一個，就能按照順序全部記住這些詞語了。

之後，家長可以慢慢增加每組詞語的個數，從一組 7 個詞語到以後的 10 個、15 個、20 個，逐漸遞增，你會發現，因為掌握了把詞語轉化為圖像進行記憶的記憶方法，孩子很輕鬆就能夠記住這些詞語。

當孩子已經掌握了這種方法以後，不需要家長描繪，他同樣可以對看到的詞語進行圖像再現。可見，圖像有非常強的記憶協助功能，經常對孩子進行詞語的圖像訓練會讓孩子的記憶更加牢固，還能達到開啟右腦記憶能力的最終目的。

同理，不只是詞語可以轉化為圖像進行右腦記憶訓練，家長還可以引導

孩子，在閱讀的時候，也可以利用自己的大腦照相的功能，像照片一樣，把看到的文字轉化為圖像，一幅幅展開來，進行記憶訓練。經常做這樣的訓練，不僅能提高孩子的記憶能力，還能增強孩子的自信心，讓孩子覺得自己是一個小「神童」！

將資料轉化為圖像的訓練方法可按如下指導進行：

首先，家長應告訴孩子，要充分應用各種感官，視覺、聽覺、觸覺、嗅覺、味覺，賦予圖像這些感官可以感到的特徵。

舉例：要在腦中留下「蘿蔔」的圖像，比如，孩子應該明確自己的「蘿蔔」是紅的還是白的？葉子是什麼顏色的？蘿蔔是沾滿了泥還是洗得乾乾淨淨的？輪廓越清楚，細節越清晰，圖像在腦中留下的印象就越深刻，越不容易遺忘。

其次，教孩子運用聯想把圖像串聯成生動的情節，連鎖聯想就是把記憶資料串聯起來，構成奇異的情節，就像鎖鏈一樣，一環連著一環，無論多少資料都可以從第一環依序連結到無限多個。

舉例：在只有2個記憶資料時，例如貓和青蛙，怎樣把他們串聯起來呢？

家長可以讓孩子想像一隻青蛙悠閒地躺在貓背上睡覺。

又如有3個資料時，例如，貓、青蛙和玫瑰花，該怎麼串聯呢？

可引導孩子想像一隻青蛙悠閒地躺在貓背上睡覺，這時一支玫瑰花飛過來黏在了青蛙的身上。如此連鎖下去，無論多少個資料都能串成一個鎖鏈，一環扣一環，這些奇異的情節能讓孩子印象深刻，很難忘卻。

圖像記憶訓練題：

· **讓孩子把以下一組詞語轉化為圖像進行記憶**：天使、星星、笛子、漢堡、雞塊、筍、鴨子、飯團、蜜蜂

· **讓孩子把下面的小故事透過想像記憶下來，（限時1分鐘）**：一隻飢餓的狐狸來到葡萄架下，看見一串串葡萄從架子上垂落下來，就想摘一串來

吃。但怎麼也夠不著，狐狸累壞了，最後牠決定放棄。狐狸一邊走一邊自言自語地說：「反正葡萄還沒熟呢。」

當然，家長還可以自己出題給孩子，對孩子進行圖像記憶訓練，從而強化孩子的右腦記憶能力！

訓練觀察力可培養孩子的瞬間記憶能力

俗話說：「觀察是記憶的開始，也是記憶的基礎。」實際也是如此，如果一個人的觀察力不強或不準，那麼記憶能力也是比較弱的。

觀察是為了確保資訊的有效輸入，記憶是觀察結果的儲存和檢驗。良好的觀察能夠很快掌握客觀事物的基本特徵，可以說是記憶的催化劑。認真的觀察是記憶正確的可靠保證，敏銳的觀察所得來的資訊比較可靠。

仔細觀察過的事物，才能在頭腦中留下深刻的印象；首次觀察，會感到特別新奇，往往終身難忘；長期觀察，即參加反覆的實踐，同樣會在頭腦裡不斷深化對它的認知;而在觀察的過程中加以認真的思考，達到理解的程度，才會達到長期不忘的目的。

因此，要想培養孩子的記憶能力，家長首先應訓練孩子的觀察力。一個缺乏觀察力的孩子談不上會有良好的記憶能力。

要想對孩子進行觀察力訓練，家長可以透過以下的兩個測驗對孩子的觀察能力進行測試。

觀察力測驗

測驗一：

讓孩子看一幅簡筆劃，仔細觀察 30 秒，讓它的整個形象映入孩子的腦海。家長應引導孩子，在觀察的時候，要注意它的顏色、輪廓、形狀以及它的一些細微特點。

如圖：

等觀察完畢，家長先讓孩子閉上眼睛，仔細回想看到的形象。然後，再將它畫出來，要求任何細節都要注意到。

等孩子畫完之後，再讓孩子將自己的畫與實物進行對比，看看是否有什麼遺漏。

測驗二：

讓孩子花一分鐘時間觀察自己的布置。在孩子進行觀察之前，家長應提出觀察要求。比如，看看房間裡都有一些什麼東西、它們的相對位置、形狀、顏色等特點。然後閉目回想一下，按照一定的順序將所有的物品一一說出來。

家長對照孩子所說的內容，檢查孩子有沒有什麼遺漏。如果孩子大部分都能說出來，而且相對位置也不混淆，就說明孩子的觀察力是比較強的。如果孩子只能說出一小部分的物品，而且說的位置也含糊不清，說明孩子的觀察力較差。

因此我們說，對孩子進行觀察力訓練，不但能增強孩子的瞬間記憶能力，還能讓孩子的注意力變得集中。經常對孩子進行觀察力訓練，能令孩子受益一生！

值得注意的是，對孩子進行觀察力訓練時，孩子對事物的觀察越細越好，時間越短越好。

觀察力訓練

在請孩子觀察某一物品的時候，家長首先應明確觀察的目的。這能幫助孩子有意識地對接觸到的素材進行瞬間記憶，以達到訓練效果。

有這樣一個實驗：

一位老師把一則文章讀給同學們聽，預先告訴他們只要聽聽就可以了不必記，聽完後老師想看看他們記住了多少內容；稍後，再拿同等難度的文章來讀，預先則告訴他們聽完立即要求複述，然後看他們記住了多少內容。

實驗結果使這位老師發現，後者記住的內容遠遠超過前者。這說明，有意識的瞬間記憶的效果遠勝過無意識的瞬間記憶。

生活中，處處都可以對孩子進行觀察力訓練，且要求孩子觀察以後一定要在腦海裡默默回憶觀察到的圖像，培養一種觀察意識，逐漸養成記憶習慣。

如家長帶孩子在馬路上走時，就可以讓孩子把觀察到的東西說出來，比如商店櫥窗的陳列物、街道走向及街名等。到公園去，觀察蝴蝶或蜻蜓的眼睛、嘴巴、翅膀，也讓他描繪一番。「處處留心皆學問」就提示了觀察是學習和記憶的基本功這個道理。

在日常生活中，家長還可為孩子準備 1,000 張不同的圖片，讓孩子一張張地快速瀏覽，由少到多，由慢到快，瀏覽之後，迅速回憶，記下它們的順序及圖片中的內容等。依此長久訓練，孩子的觀察能力和瞬間記憶能力肯定會大大提高。

這種透過觀察進行瞬間記憶的方法同樣也可運用到孩子的學習過程中。

告訴孩子，當確立了自己閱讀識記的內容之後，就應該集中精力，在閱讀完一段之後，立即闔上書本，閉目回想這一段文字在腦海中的「形象」，讓它不斷清晰明確。接著用筆把它默寫出來，盡可能與原文一致，最好一字不差，一個標點都不遺漏。

開始的時候，孩子闔上書時，可能什麼都回想不起來，寫的時候也會感到無詞可寫。但經過一段有意識的訓練後，孩子的記憶能力將會得到很大的進步！

讓孩子運用學到的快速觀察、瞬間記憶的方法進行有目的、有意識的訓練。

訓練一：

仔細觀察以下這幅圖中都有什麼，各是什麼樣的，閉上眼睛想一想，然後把看到的物品說出來。

訓練二：

用一分鐘時間認真觀察自己的班級，然後閉上眼睛，把看到的物品清晰、有條理地說出來！

訓練三：

讓孩子讀下面一段話，進行觀察訓練，要求很快把這段話完整地複述出來。

在清晨和黃昏，不光是鳥，森林裡所有的動物都在唱歌奏樂：各唱各的曲子，各有各的唱法；有各的樂器，各有各的奏法。在森林裡，可以聽到清脆的彈琵琶、拉提琴、打鼓、吹笛子；可以聽到犬吠聲、嗥叫聲、咳嗽聲、呻吟聲；也可以聽到吱吱聲、嗡嗡聲、呱呱聲、咕咕聲。燕雀、鶯和歌聲婉轉的

斑鶇，用清脆、純淨的聲音唱著。甲蟲和蚱蜢吱吱嘎嘎地拉著提琴。啄木鳥打著鼓。黃鳥和小巧玲瓏的白眉鶇，尖聲尖氣地吹著笛子。狐狸和白山鷸低吟著。母鹿咳嗽著。狼嗥叫著。貓頭鷹哼哼著。九花蜂和蜜蜂嗡嗡地拍打著翅膀。青蛙咕嚕咕嚕地吵一陣，又呱呱地叫一陣。

透過聯想訓練增強右腦記憶

　　利用聯想來增強記憶效果的方法，叫做聯想記憶法。聯想，就是當大腦接受某一刺激時，浮現出與該刺激相關的事物形象的心理過程。一般來說，互相接近的事物、相反的事物、相似的事物之間容易產生聯想。用聯想來增加記憶是一種很常用的方法。美國著名的記憶術專家哈利‧洛雷因（Harry Lorayne）說：「記憶的根本法則是把新的資訊聯想於已知事物。」著名心理學家威廉‧詹姆士（William James）也有過這樣的描述：「記性好的祕訣就是根據我們想記住的各種資料來進行各式各樣的聯想。聯想成了掛資料的鉤子，有了這個鉤子，如果資料掉了下來，就能夠再把它掛上去。」因此，聯想對於鞏固記憶和對於後來的回憶都是必不可少的。

　　聯想無需合乎情理或邏輯。即使是牽強附會，對自己也是有用的。例如，去旅行時，為了不忘記帶刮鬍刀，你就由刮鬍刀聯想到你的旅行包。你可這麼想：我的旅行包是用光滑的皮革製成的，它不需要刮鬍刀。於是你就想像旅行包已被刮鬍刀刮過了。這是可笑的，可是卻真的行得通！當你後來拿旅行包時，就自然會想到刮鬍刀。可以這麼說，聯想越荒唐，越可笑，記憶效果越好。

　　讓孩子學會透過聯想進行記憶，是訓練孩子右腦記憶能力的一個重要祕訣。因為，聯想是記憶程式中的一節重要鏈條。

　　以下幾種聯想記憶方法能為你的孩子提供很大的幫助：

第一種：接近聯想法

兩種以上的事物，在時間或空間上，同時或相近，這樣，只要想起其中的一種便會接著回憶起另一種，由此再想起其他。在大腦中，將記憶的材料整理成一定順序就容易記得多了。

例如，有時候我們一下子記不起一個熟悉的外語單字，只要想一想這個單字前面是個什麼詞，後面跟了一個什麼詞，這樣反覆地聯想，往往能回憶起這個單字來。這個詞和前後詞的關係是位置接近，這種聯想就叫空間上的聯想。

還有一種時間上的聯想。比如，小淳的老師問她媽媽的生日是什麼時候，小淳一時記不起來媽媽的生日具體是哪一天，但她聯想到，媽媽的生日的前一天好像是教師節，也就是說，媽媽的生日在教師節的第二天。這樣一來，她不但聯想起了媽媽的生日，以後再沒有忘記過！

第二種：相似聯想法

當一種事物和另一種事物相類似時，往往會從這一事物引起對另一事物的聯想。把記憶的素材與自己體驗過的事物連繫起來，記憶效果會非常好！

在外語單字裡，有發音相似的，有意義相似的，這些都可以利用相似聯想法來幫助記憶。

某小學對低年級的學生試驗了一種集中識字的方法。這種方法可使學生在兩年內認字 2,500 個，使孩子閱讀一般書籍報紙已沒有問題。這種識字法就運用了類似聯想記憶法的管理技巧，把字形、字音相近，能互相引起聯想的字編成一組一組的，像把「揚、腸、場、暢、湯」放在一組記，把「情、清、請、晴、睛」放在一組記。每組漢字的右邊都是相同的，每組字的中文拼音也有共性，前一組的中文拼音後面都是「ㄤ」，後一組的中文拼音都是「ㄧㄥ」，這樣記憶，孩子不但學得快，而且記得牢固。

第三種：對比聯想法

當我們看到、聽到回憶起某一事物時，往往會想起和它相對的事物。對各種知識進行多種比較，抓住其特性，可以幫助記憶，這就是對比聯想法。

許多詩歌、對聯大多是按對仗的規律寫出來的。如：杭州岳飛廟有這樣一副楹聯，寫的是「青山有幸埋忠骨；白鐵無辜鑄佞臣」。對聯中，「有」和「無」是相反的，「埋下烈士忠骨」和「鑄就奸臣」是相對比的。只要記住這副對聯的上句，下句也就不難憑對比聯想回憶起來了。

此外，我們背律詩，往往感到中間兩聯好背，原因就是律詩的常規是中間兩聯對仗。對仗常用這種對比形式，例如，「金沙水拍雲崖暖，大渡橋橫鐵索寒」。又如唐朝詩人王維的〈使至塞上〉詩的中間兩聯：「征蓬出漢塞，歸雁入胡天。大漠孤煙直，長河落日圓」。相似對比之處很多，由前一句可以很自然地想起後一句。

第四種：諧音聯想法

除了透過接近、相似、對比的事物可以進行聯想外，利用諧音同樣可以達到聯想記憶的效果。

孩子在學習的過程中，有許多學習內容很難記憶，在它們之間也不易找出有意義的連繫，例如，歷史朝代、統計數字、圓周率等。如果我們能引導孩子利用諧音聯想的方式進行記憶，不但便於孩子儲存，更易於孩子回憶。

據說，一天，有位老師要上山與他一位深居山裡的好友對飲，臨走時，要求學生背誦圓周率，要求他們背到小數點後22位：3.1415629535879323846264。大多數同學背不出來，十分苦惱。

可是，就有一個學生把老師上山喝酒的事結合圓周率數字的諧音編了一句繞口令進行聯想記憶：「山巔一寺一壺酒，爾樂苦煞吾，把酒吃，酒殺爾，殺不死，樂而樂」。等老師喝完酒回來時，每個學生都把圓周率後22位數背得滾瓜爛熟。

　　利用諧音法還可以幫助記憶某些歷史年代。很多孩子覺得記憶歷史年代是件很苦惱的事，記不住，而且還易混淆。但是，要學好歷史，就必須記住歷史年代，因為沒有時間也就無所謂歷史。

　　比如，甲午戰爭爆發於 1894 年，用它的諧音：「一把揪死」，就非常容易記住了。

　　總之，讓孩子利用聯想的方法能夠幫孩子更好地記憶，使記憶的內容更深刻，從而提高孩子的右腦記憶能力！因此，家長應引導孩子學會透過聯想進行記憶訓練！

啟動多種感覺器官進行右腦記憶訓練

　　要記憶外部資訊，必須先接受這些資訊，而接受資訊的「通道」不只一條，有視覺、聽覺、觸覺等。啟動多種感覺器官參與記憶活動，比只用一種器官進行記憶活動的效果要強得多。

　　古書《禮記·學記》中有這樣一句話：「學無當於五官，五官弗得不治。」意思是說，學習和記憶，如果無法動員五官參加活動，就學不好，記不住。這說明遠在 2,000 年前，古代人就已經認知到讀書學習要用眼看、用耳聽、用口念、用手寫，用腦想，這樣才能增強記憶效果。

　　宋代學者朱熹說，讀書有三到：「謂心到、眼到、口到。心不在此，則眼不看仔細，心眼既不專一，卻只漫浪誦讀，絕不能記，記亦不能久也。三到之中，心到最急，心既到矣，眼、口豈不到乎」。

　　現代科學研究顯示，人從視覺獲得的知識，能夠記住 25%，從聽覺獲得的知識能夠記住 15%，若把視覺與聽覺結合起來，則能夠記住 65%。

　　有人曾做過這樣一個試驗，用三種方法讓三組被試者記憶 10 張畫：

第一組：只告訴被試者畫中畫了些什麼。

第二組：給被試者看這 10 張畫。

第三組：給被試者看這 10 張畫的同時，告訴被試者畫中畫了些什麼。

經過一定時間後，檢測一下被試者的記憶結果，結果如下：第一組記住了 60％，第二組記住了 70％，第三組則記住了 86％。只聽不看記得最少，只看不聽的被試者記得稍多一點，又聽又看的被試者記得最多。這還僅僅是兩種感覺器官並用，記憶效果就比只用其中一種好得多。如果把所有的感覺器官一齊調動起來，記憶效果就更好了。

另有一個家長要求孩子背誦一首七言律詩，採用三種方式記憶，結果相差同樣很大：

第一種方式：家長把詩一句句念給孩子聽，孩子跟著念，結果用了 48 分鐘能夠把詩背誦出來。

第二種方式：讓孩子一邊自己看詩一邊讀，結果用了 34 分鐘孩子就可以背誦出來。

第三種方式：讓孩子一邊自己看詩，一邊讀，同時還可以用筆寫，結果不到 20 分鐘孩子就記住。

以上兩個測試告訴我們，多感官同時協同合作，來接收和處理資訊，不但能加深對素材的印象，有利於理解素材，更重要的是有助於讓孩子集中精力。

這種方法在掌握各種語言文字的過程中效果顯著。因為不論哪一種語言，學習的目的總是為了讀、寫、聽、說，這四種能力恰恰涉及資訊輸入和輸出的四種不同的通道，因此，在學習語文、外語等課程時，最好採用多種感官記憶法。

新聞記者在新聞採訪中，為了抓住資訊，往往是動腦動手，聽、說、寫並用，採用多通道記憶方法。在日常生活中，要記住一段比較長的話語，最好是邊聽邊記，有人說「好記性不如爛筆頭」，其強調的就是「眼過千遍，不如手寫一遍」，旨在說明動筆對於記憶的重要。

因此，在掌握各種語言文字或是接收處理語言資訊之時，應運用多通道

記憶法，其正確的做法是，邊聽邊積極思考，以聽懂為第一，總結出所接收語言資訊的內容要點，並在其語言停頓的空隙，扼要地記上幾個字或幾句話。

為了讓孩子更好地啟動多種感覺器官進行記憶，家長可以在日常生活中有意為孩子安排一些有利於增強記憶的刺激，培養記憶的能力。但更重要的恐怕應該說，只有豐富的童年生活及感覺經驗才是兒童早期記憶發展的沃土！

強迫學習會有損孩子的記憶能力

俄國著名的生理學家巴夫洛夫，從腦神經的生理機制闡明遺忘這一問題的本質。他指出：記憶是大腦皮質暫時神經連繫的建立，而這種暫時的神經連繫由於沒有得到強化，隨著時間的流逝，暫時連繫也會隨之消失了。比如，早年學習的知識或技能，長期不運用，也不複習，就會被遺忘了。同時由於外界的強烈刺激，或者人本身的緊張情緒，也會遺忘。這就是一些學生在考場上容易怯場而影響考試成績的原因。再者，由於疲勞，大腦神經細胞的活動能力會降低，甚至喪失，這也是大腦神經細胞的一種自我保護能力。因此，家長在引發孩子興趣和熱情的同時，切記不可不切實際，以不合理的方式強迫孩子做事，一定要合理地安排孩子的作息時間，尤其是不能在孩子已經疲勞的情況下還強迫他們學習，否則，只能是欲速則不達，甚至可能引起孩子的厭學心理，破壞他們的腦力。如果在孩子的興趣剛剛萌芽時就把它無情地毀滅掉，無異於扼殺了孩子的天賦，遏止了孩子智慧的正常發展。木村久一說：「如果孩子的興趣和熱情得以順利發展，就會成為天才。」這話是有一定道理的。

若想孩子的記憶訓練達到較好的效果，家長應讓孩子懷著愉快的心情進行記憶訓練。

專家們曾做過以下的實驗：準備 3 段文字，字數都在 120 個字左右。

第 1 段文字是讚美孩子的內容；

第 2 段文字是與孩子無關的事件描述；

第 3 段文字是批評孩子的內容。

然後，在 6 天裡，每天念一段文字給孩子。檢查孩子記憶的結果發現，表揚孩子的內容，孩子記住了 80％以上；批評孩子的內容，孩子記住了 50％左右；而與孩子無關的內容，孩子只記住了 22％左右，自此我們可以看出，使孩子愉快的內容，孩子易於記憶（成人也同理）。

後來為了探討記憶時心情對孩子記憶的影響，專家們又做了一個實驗，讓孩子在以下三種心態下記憶。

第一，在心情愉快的狀態下記憶；

第二，在心情煩躁、傷心的狀態下記憶；

第三，在心情黯淡、無所事事的狀態下記憶。

結果發現在心情愉快的狀態下，孩子記憶的內容在 70％左右；在心情煩躁、傷心的狀態下，孩子記憶的內容在 20％左右；心情暗淡、無所事事狀態下，孩子記憶的內容在 40％左右。因此，讓孩子在識記時保持愉快的心情對於提高記憶效果極為有利。

接下來的問題是，怎樣才能使孩子在心情愉快的情況下進行識記呢？

第一，在識記前，家長要盡量讚美孩子，指出孩子以前的優秀表現。如「上次要你記憶的內容，你記得很好很快，這次肯定能記得更好。」這樣鼓勵不但能使孩子心情愉快，而且還能提高孩子的自信心。

第二，在孩子整個識記過程中，家長要始終表現出關心和對孩子充分的信任。表情應是驚喜的和讚美的，這樣會給孩子信心和勇氣，使他們感受到家長的關心和愛護，孩子會感到無比欣喜。

第三，當孩子識記完後，無論孩子完成的成績怎樣，只要孩子努力了，盡力了，家長都應誠心誠意地稱讚他們。尤其是成績不理想時，更不要惡語

批評，一定要讓孩子感受到完成後的喜悅，這樣會增強孩子對自己記憶力的信心，給孩子留下愉快的記憶。

　　總之，若想讓孩子的記憶訓練達到一定的成效，家長不但不能強迫孩子學習，還應該讓孩子在心情愉快的狀態下進行訓練！

第六章　喚醒孩子的潛意識

心理學家佛洛伊德提出：潛意識是指潛藏在我們一般意識底下的一股神祕的力量，這是一種人類原本具備卻忘了使用的能力。這種能力深藏在人的深層意識當中，形成了潛意識。

潛意識聚集了人類數百萬年來累積的大量知識，一經開啟，將產生不可估量的作用。若想最大限度地發揮孩子的潛能，家長需要做的就是正確認識並喚醒孩子的潛意識。

意識與潛意識

　　人腦接受資訊的方式可分為有意識和無意識接收兩種方式。我們每天都會接收到不同程度有形或無形的刺激，產生不同程度的反應。有意識接收，即人腦對於周邊事物的刺激有知覺地接收資訊，就是所謂的意識；而無意識接收，即人腦對於周邊事物的刺激不知不覺地接收，這就是所謂的潛意識。

　　從第一章中，我們已經了解到，潛意識潛藏在右腦中，它是一種與理性相對立存在的本能，它追求滿足的、享受的、幸福的生活，這種潛意識雖然看不見摸不著，卻一直在不知不覺中控制著人類的言語行動，在適當的條件下，這種潛意識可以昇華成為人類文明的原始動力。

　　根據維也納大學康斯坦丁博士（Constantin von Economo）估算，人類的腦神經細胞數量約有 1,500 億個，腦神經細胞受到外部的刺激，會發出芽，再長成枝（神經元），與其他腦細胞結合並相互連繫，促使聯絡網的發達，於是開啟了資訊電路，然而人類有 95% 以上的神經元處於未使用狀態，這些沉睡的神經元如果能夠被喚醒，幾乎人人都可以變成「超人」。

　　佛洛伊德曾說過：如果將人類的整個意識比喻成一座冰山的話，那麼浮出水面的部分就是屬於顯意識的範圍，約占總意識的 5%，換句話說，95% 隱藏在冰山底下的意識就是屬於潛意識的力量。

　　意識是可以進行推理、可以做出選擇的。例如，在意識的作用下，我們可以選擇書籍，選擇住房，選擇伴侶等。而潛意識是不受控制的，如心臟的跳動，消化系統的運行，血液迴圈、呼吸等，都是潛意識的作用。

　　潛意識不能進行推理，也不與我們的意識進行爭論。潛意識就如同土壤，意識就像種子。消極的、破壞性的思想只能長出災難的果實。潛意識不能區別好壞。如果我們認為某事是真的，潛意識也接受它為真的，即使實際上可能是假的。

　　心理學家做過大量的試驗，證明人在催眠狀態下，潛意識對所有指示和

暗示都會接受，哪怕是錯誤的暗示，而且一旦接受後就會做出相應的反應。催眠醫師對試驗者在催眠狀態下暗示他是某某人，是貓或狗，試驗人都能做出相應的反應，有些反應與暗示的非常相似。

有一個熟練的催眠醫師，在受試者進入休眠狀態後，分別向他們暗示：你的背要發癢，你的鼻子流血了，你現在成了大理石塑像，你現在被凍起來了，現在溫度在零攝氏度以下等之後，每個受試者做出的反應均與暗示的內容有關。國外還有一個很有名的死囚實驗：

美國著名心理學家馬丁‧加德納（Martin Gardner）讓一名死囚躺在床上，蒙上他的眼睛，告之他將被執行死刑，並且對死囚說，我們準備換一種方式讓你死，我們將把你的血管割開，讓你的血滴盡而死，然後他用一個金屬片在死囚的手腕上劃了一下，接著把事先準備好的一個水龍頭打開，向床下的一個容器中滴水，他對死囚說，這是你的血在滴。

第二天早上打開房門，大家發現死囚居然死了，臉色慘白，一副血滴盡的模樣，其實他的血沒有滴出一滴，他不是死於生理失血，而是死於意識失血，血滴出來的畫面已經深入到了他的潛意識。

1988 年，加德納把實驗結果公布出來，雖然遭到司法當局的起訴，但他用事實向世人揭示了潛意識的巨大力量。

這潛意識是非人格化的，是沒有選擇的，是什麼都接受的。因此，有意識地選擇，如想法、前提等，是極為重要的。只有選擇正確，人的心裡才能充滿快樂。

意識常常被稱為客觀心理。客觀心理是指，透過身體的五大感官認知客觀事物的過程。透過這些感官，也就是人們透過觀察、感受、教育等獲得知識。客觀心理的偉大功能是推理。

設想我們是一個遊客，到美麗的杭州旅遊，在遊玩的過程中，我們得出這樣的結論：杭州很美，杭州的西湖讓人流連忘返……這就是客觀心理活動的結果。

　　潛意識常被人稱為主觀心理。主觀心理認識環境不靠五官功能，它透過直覺。它是產生感情的地方，是記憶的倉庫。當人的五官停止活動時，就是它的功能最為活躍的時候。也就是說，當客觀心理終止活動或處於睡眠狀態時，主觀心理的智慧就彰顯出來。主觀心理觀察事物不需要使用視覺官能，它有超人的視力和超人的聽力。比如說，我們的主觀心理可以離開自己的身體，漂離到遙遠的地方，可它給我們帶回來的資訊往往很真實，很準確。

　　透過主觀心理，我們可以讀懂別人的心思。人的主觀心理不需要與別人交流就可以理解別人。了解這兩種心理的相互作用是很重要的。

　　因為潛意識無法與意識進行爭論。因此，如果我們給它的是個錯誤的建議，它也會接受，並產生相應的結果。如果我們發現自己原來傳遞的觀念是錯誤的，現在想把它改過來。那我們就可以不斷地重複一些有建設性的、和諧的、健康的思想。這時候，潛意識就會重新接受新的思想習慣。可以說，人的意識所進行的習慣性思維在潛意識中留下了深深的「溝槽」。如果我們想的都是些健康的、有意義的東西，這對我們是很有好處的。如果目前我們正深陷恐懼、擔憂和一些災難性的想法之中，要想改變並不困難。只要我們向潛意識發布命令，讓它接受自由、幸福、健康的想法，很快我們就會有自由、幸福和健康的感受。

　　總之，任何一個人，不管他聰明才智的高低，成功背景的好壞，也不論他的願望是多麼的高不可攀，只要懂得善用這股潛在的能力，就能實現自己的願望。潛意識大師墨菲博士（Joseph Denis Murphy）說過：「我們要不斷用充滿希望與期待的話來與潛意識交談，潛意識就會讓我們的生活狀況變得更明朗，讓我們的希望和期待實現」。

　　可以說，只要我們不去想負面的事情，而選擇有積極性、正面性、建設性的事情，那麼，我們就可以左右自己的命運。

潛意識能產生奇蹟

眾所周知，漢朝時期的「飛將軍」李廣是個臂力過人，武功蓋世的人。

有一次，李廣出去打獵，他看見草叢中有一隻老虎，就立即搭箭射虎，箭鏃射入虎中。李廣將軍跑過去一看，原來他射中的不是老虎，而是一塊石頭，這讓他驚喜不已。於是，他又重新射了好幾次，但是箭鏃再也不能射進石頭了。為此，李廣將軍百思不得其解。

實際上，李廣將軍之所以能做到「箭穿石頭」，這跟他情急之中潛意識的發揮是有關係的。據說，被稱為「天下第一行書」的《蘭亭集序》的誕生同樣也是潛意識的產物 ——

東晉時期有一個風俗，在每年農曆的三月初三，人們必須去河邊玩一玩，以消除不祥，這叫做「修禊」。

永和九年三月初三這一天，王羲之和一些文人朋友到蘭亭的河邊「修禊」，大家一面喝酒一面作詩。作完詩之後，大家把詩匯集起來，合成一本《蘭亭集》，大家共同推舉王羲之作一篇序文，這時王羲之已經微醉，他趁著酒意，揮筆疾書。王羲之當時興致高漲，寫得十分得意，如同行雲流水，在他酒醒之後，連自己都感到驚訝，再寫的時候已經不能達到那種狀態了。

這就是被稱為「天下第一行書」的《蘭亭集序》的由來。唐太宗李世民對《蘭亭集序》十分珍愛，死時將其殉葬昭陵，留下來的只是別人的摹本。

王羲之之所有產生這種「如有神助」的創造靈感是來源於他的右腦潛意識。可以說沒有潛意識的發揮，就不可能有《蘭亭集序》的誕生。

潛意識不僅能激發人的潛力，給予我們創作的藝術靈感，它還是創新的源泉。很多偉大的科學家都是借助潛意識工作的。

自從 1845 年，德國化學家霍夫曼（August Wilhelm von Hoffmann）發現苯之後，許多化學家絞盡腦汁要破解它的分子結構，然而當時的人們從未想到環狀的分子結構，所以化學家們紛紛碰壁而相繼放棄。

　　1865 年的某個寒夜，已經研究多年不肯罷手的化學家庫凱勒（Friedrich August Kekulé von Stradonitz）在一整天徒勞無功的探索後，歪在火爐邊打盹，潛意識便滑入夢鄉。這時候，奇怪的事情發生了，他在夢中看見一大堆原子在眼前跳躍，其中有一群原子排成長長的鏈，在那扭動、盤捲，再仔細一看，啊！是一條蛇咬住了自己的尾巴，形成了一個環，而且得意洋洋地在他面前劇烈旋轉！

　　第二天早上醒來，這個畫面一直衝擊著庫凱勒的大腦，他馬上聯想到苯的分子結構應該是一個環狀，而不是許多科學家認為的那種開放式鏈狀。

　　於是，現在人們所知道的苯原子環形排列的觀點，就這樣產生了。

　　庫凱勒的豁然開朗來自於一刹那間的靈感，而這種創新的靈感同樣來自於他的潛意識。可見，潛意識能產生我們意想不到的奇蹟。

　　現代物理學中有兩大劃時代的理論分歧：一個是愛因斯坦的相對論；另一個是波恩（Max Born）奠基的量子力學。波恩發現量子論時，也是在夢中，他夢見了一個一個的點衝擊他，醒來後，就建構了量子力學的基礎。

　　還有胰島素的發現，班廷（Frederick Grant Banting）醫生一直在關注糖尿病的事，他知道這種病給病人帶來許多痛苦。當時在醫學界尚無藥物能針對此症。班廷醫生花了大量的時間進行研究，想解決這一國際醫學難題。一天晚上，他已研究得很疲倦就睡了，在夢中，他夢見自己從狗的退化胰腺管中抽取殘液。這就是胰島素的起源，它幫助了千萬名糖尿病患者。

　　當然，潛意識在生活中也發揮著非常重要的作用。有這樣一個故事：

　　有一位生命垂危的老人，醫生認為他連一個晚上也活不下去了。可是老人的意識還很清醒，大家都希望她在臨死前能同遠在內蒙古的小女兒、女婿見上一面。

　　於是他們都不停地在她的耳邊小聲說：「您一定要堅持住，您的小女兒和女婿正搭火車趕回來，她一定要見您最後一面。您平時最喜歡她了，她說如果沒見到您最後一面，她會終身

遺憾的。」大家不停地在她耳邊述說，結果這位老人堅持到第四天，和小女兒見上了最後一面後才去世。

類似的潛意識創造奇蹟的事例還有很多。可以說，潛意識的力量與智慧都超出了意識能夠獲得的想像，它是我們靈魂中的寶藏。人類的心靈能力其實是用意志進行控制的能力，運用意志的能力就能借助宇宙的無限力量。一個人只有將宇宙的無限力量用於正確的途徑，才能不斷地提升自己，在意識進化的同時獲得意志能力。人的願望、理想能夠透過意志能力實現，在現實生活中意志能力產生了無數的奇蹟，但其實這不應該算是奇蹟，而只不過是一種來自右腦的自然現象。只要善於運用右腦潛意識，每個人都能創造出奇蹟來！

訓練對潛意識的控制能力

潛意識蘊藏著我們一生有意無意、感知認知的資訊，又能自動地排列組合分類，並產生一些新意念。所以我們可以給它指令，把我們成功的夢想，所碰到的難題化成清晰的指令經由意識轉到潛意識中，然後放鬆自己等待它的答案。蒙牛集團的老闆牛根生就是一個善於給潛意識下達指令的人：

1998 年，41 歲的牛根生突然被伊利集團免去副總裁之職，在人才市場上因年齡太大而屢遭企業拒絕。基於內心的強大信念，牛根生以區區 100 萬元註冊了蒙牛公司，伊利的 300 多名幹將則紛紛「棄明投暗」齊聚他手下。11 年過去了，蒙牛的銷售收入從最初的 4,000 萬飆升到 2004 年的 70 多個億，再到 2009 年的 190 億。如此神速的增長速度營造了一個乳品企業的行銷奇蹟！這個奇蹟是怎麼產生的呢？

牛根生如是說 ── 只要內心相信，就能實現！

當初在制定銷售計畫時，牛根生把大家商定要實現的目標貼在牆壁上，讓每一個員工都要看到它，不僅眼睛要看到它，更要內心也看到它，相信

它，然後全力去做。

　　結果奇蹟出現了，年終的時候不僅順利地完成了計畫，而且還超額了一大部分。就是這樣，蒙牛以火箭般的速度不斷超越自己，同時也在超越別人。

　　可以說，信念決定行動，思想決定出路，有什麼樣的想法，就會有什麼樣的人生。世上萬物，最初都只是一個設想，任何我們看見的東西，都是有人先想到才會做到，任何我們想得到的東西都有一天會被得到，至於是誰得到，那就要看誰能最大限度地發揮自身的潛能了。

　　要開發潛意識中存在的潛能，首要的條件是與潛意識進行溝通。透過改變腦海中的圖像來改變實踐中的圖像，這其實是透過意識的作用來喚醒潛意識，實現意識與潛意識之間的對接。潛意識有一個特徵，就是它需要用意識來喚起。潛意識在大腦中一般是「模糊」的，是我們無法辨識的代碼，需要意識來「翻譯」。當我們需要某方面的資訊時，潛意識會自動將所儲存的相關資料喚醒，進入意識層面供我們使用，而與之無關的資訊則繼續處於「沉睡」狀態。當我們需要回憶童年最美好的記憶的時候，右腦就會給潛意識發出指令，潛意識在記憶庫中進行檢索，選中目標，並由意識「翻譯」出來，使之在我們腦中栩栩如生。

　　因此，為了充分積極地調動潛意識，我們就需要向它輸入積極的資訊，在腦海中形成正面的、美好的圖像，這種圖像資訊反覆出現的次數多了，潛意識就會接受，從而產生積極的心態。著名的成功學家拿破崙·希爾 (Napoleon Hill) 說：「一個人能否成功，關鍵在於他的心態。成功人士與失敗者的差別就在於成功人士有積極的心態。」一個人一旦建立了積極的心態，就會進入潛意識的自動導航系統，它會自動控制你行動的方向，控制你的行動，使你勇往直前，奔向成功，在此過程中，你的奮鬥拚搏完全是在一種無意識的狀態下進行的，沒有任何強求之感，你不會為那些壓力、風險而恐懼，不會為那些勞累、辛苦而退縮，也不會為那些問題、困難而煩惱。

　　相反，一個人如果有太多負面的思想，凡事都往壞處想，給潛意識輸送消極的資訊，在腦海中形成負面的圖像，那麼這種圖像資訊重複次數多了，就會形成消極的心態。消極的心態可使一個人多疑、沮喪、恐懼、焦慮、悲傷、受挫，使一個人渾身無力。如果一個人被消極的心態所掌控，那麼他會看不到將來的希望，激發不出動力，甚至摧毀原本的自信，使希望破滅而與成功無緣。

　　潛意識是人們在展望未來時，對自己某一方面在未來要達到的狀態水準所進行的「設計」和「希望」。人的大腦神經中樞就會「目標明確」，並按照該「目標」進行「步驟安排」，然後調動機體內一切可以調動的力量，為實現「目標」而去奮鬥。

　　由於潛意識是非不分，積極、消極、好的、壞的統統吸收，常常跳過意識而直接支配人的行為，或直接形成人的各種心態。所以，成也潛意識，敗也潛意識。

　　因此，身為家長，我們應訓練孩子對潛意識的控制能力，讓孩子利用有益的積極成功的潛意識，對可能導致失敗消極的潛意識加以嚴格的控制。

　　具體地說，就是珍惜孩子原來潛意識中的積極因素，並不斷輸入新的、有利於積極成功的資訊，使積極成功心態占據統治地位，成為最具優勢的潛意識，甚至成為支配孩子行為的直覺習慣和靈感。

　　其次，讓孩子始終保持一種愉快自信的心情。在愉快自信的心情下，孩子的潛意識容易充滿活力，當孩子高高興興、自動自發地做事情的時候，不但效果顯著，且不容易感到疲勞。

　　另外，教孩子對一切消極失敗心態的資訊進行控制，不要讓它們隨意進入自己的潛意識中。遇到消極思想資訊時，可引導孩子採取兩個辦法加以控制：

1. **立即抑制它**：回避消極思想，就是不要讓消極的思想汙染孩子的大腦。

告訴孩子對過去無意中吸收的消極失敗的潛意識，永遠不要提起它，將它遺忘，讓它沉入潛意識的海底。

2. **進行批判分析，化腐朽為神奇**：引導孩子用成功積極的心態對失敗消極的心態進行分析批判，化害為利，讓失敗消極的潛意識像毒草化成肥料一樣變成有益於成功的卓越的思想意識。

開發潛意識的無限儲存功能

記憶分為短期記憶和長期記憶兩種。短期記憶處於顯意識中，比如接電話的時候，對方告訴自己某個人的電話號碼，我們強行記住的這一串數字也許很快就會被遺忘，這就是因為這個記憶是暫時性記憶。

而我們的經歷和遭遇，事實上都記憶在我們的潛意識中，分毫不差。它們按照時間或者是按照情緒的連鎖被組織在潛意識中。潛意識的記憶儲存能力巨大無比，可以說，潛意識就像一個巨大的電腦硬碟，它把一個人在人生中所經歷的包括聽到的、看到的、感覺到的所有的一切都毫無遺漏地保存了下來。這些經歷因為被埋藏在潛意識的深處太久了，所以我們的意識已經忘記了，可是在催眠或者冥想的狀態下，這些塵封已久的記憶也許就會被顯現出來。

我們都知道，一個人若想建造高樓大廈，就必須儲備好各式各樣的建築材料、裝修材料、設計知識、建築技能、各種建築機械，還有指揮管理技能等。身為家長，如果希望自己的孩子變得更聰明，更有智慧，更富於創造性，就應該開發孩子潛意識的無限儲存功能，使孩子學到的知識都能輸入到潛意識中加以保存。這樣，才能為孩子的聰明才智創建更為廣闊深厚的基礎。

潛意識中儲存的資訊是如何釋放出來的呢？是透過圖像！

人的心靈是以圖像的方式呈現在大腦中的！我們不是用語言文字來思考

的，而是用圖形進行思考。原始人數千年來都是透過在地上或是洞中、牆壁上畫圖去與其他人溝通觀念和經驗，直到很久之後，人類才創造了各種語言和字母，去代表這些「圖像」資訊，這些本來非常具體、非常形象化的資訊慢慢抽象成概念。儘管出現了大量抽象的概念，但我們腦中播放的仍然是圖像，在我們清醒的每一刻，我們是以圖像進行思考，甚至晚上睡覺時，也是以圖像進行我們的夢境。

假如別人向你提到「桌子」，你的頭腦中馬上就會勾勒出一幅桌子的圖形，提到「打架」，你的頭腦中就會顯現出一幅拳腳交加的情景。我們在用圖像進行思考的時候，會在圖像和概念之間不停地切換，當我們看到一大群人在祝福一對穿著婚紗的青年男女時，我們的第一反應是，這是在舉辦婚禮；當我們看到一群孩子在操場上伸腿彎腰時，馬上就會想到，這些孩子在做操……總之，潛意識中儲存的記憶，都是以圖像的形式展示出來的。

因此，若想孩子的記憶更加有效率，家長應教給孩子一些輔助潛意識記憶的方法。如重要資料重複輸入，重複學習，增加記憶功能，建立看得見的資料庫 —— 分類保存圖書、剪報、筆記、日記、硬碟等，以便協助潛意識為孩子的創造性思維和其他聰明才智服務。

心像訓練可開啟孩子的潛意識

看到自己心像是右腦的基本能力，這對右腦活動占據主導地位的胎兒、幼兒來說是一種極其自然而又簡單的能力，而成人在後天的成長環境中，由於缺乏刺激和開發。因此，這種能力被封閉了起來，只有在做夢的時候才能看到。

然而，只要經過訓練，不論是誰都能打開封閉的心像。那麼，我們應如何對孩子進行心像訓練，開啟他的潛意識呢？

專家認為，開啟孩子的心像，就應該讓孩子抑制自己的意識活動，使潛

意識浮出意識的水平面。而要抑制意識活動，首先可以透過調節呼吸，採用丹田呼吸法來放鬆精神，抑制顯意識，達到與宇宙共鳴的效果。在此基礎上再進行一些相關的有助於打開心像的冥想訓練。

　　所謂丹田呼吸法就是指吸氣時讓腹部凸起、吐氣時壓縮腹部使之凹入的呼吸法。做丹田呼吸時，人體內會產生一種前列腺素的物質，有消除活性氧，並且擴張血管的功能。同時，丹田呼吸可以使腹部的各個內臟皆得以受到呼吸節奏的刺激。這種刺激透過神經，作為一種緩和呼吸節奏的自我調解信號傳到大腦，大腦在接受這些刺激之後便進入 α 波狀態。科學家證實，緩而深的呼吸法是造就 α 波的最有效方法之一。當大腦進入 α 波狀態後，人就比較容易看到大腦中出現的心像。

　　而冥想與傳統的靜坐是一致的。諾貝爾得主布萊恩·約瑟夫森（Brian Josephson）說：「以冥想開啟直覺，可以獲得發明的啟示！」這裡發明的啟示其實就是指看到心像，激發創造靈感。

　　冥想的方法很多，正如春山茂雄認為的，看一部自己喜歡的電影、聽聽最喜歡的音樂（古典、爵士）或者興奮地計畫自己的未來，都可以算是冥想的方式。

　　冥想可以使人的左腦平靜下來，讓意識聽到右腦的聲音，這樣人的腦波就會自然轉成 α 波。當腦波呈現為 α 波狀態時，人的想像力、創造力與靈感便會源源不斷地湧出，人對於事物的判斷力、理解力就會大幅度提升，同時身心也會呈現安定、愉快的感覺。這個時候，人的潛意識就被開啟了。

　　那麼，家長應如何對孩子進行心像訓練呢？（家長可以與孩子一起做心像訓練遊戲）具體做法如下：

1. **對動物的感受**：爸爸先讓孩子和媽媽看鷹、熊貓、蛇、豹、大象、猴子這6種動物的卡片，然後讓孩子閉上眼睛，在腦海裡（右腦裡）深刻記住每一個動物的形象，這個形象由小到大，再到無限大。反覆記憶多次後，

媽媽用右腦感知孩子腦子裡想的是什麼動物，或者孩子用右腦感知媽媽腦子裡想的是什麼動物。

2. **對物體的感受**：有 6 幅圖分別是：小提琴、高樓、鼓、斧、巨石、筆記型電腦，讓孩子和媽媽仔細觀看後，閉目凝神，讓每樣東西都進入自己的腦海，然後浮現出心像。這時候，媽媽感知孩子腦中看到的是什麼物體，同樣孩子也可以用右腦感知媽媽腦中看到的是什麼物體。

3. **對氣味的感受**：有蘋果、辣椒油、咖啡、肉串 4 種東西的氣味。按照前面的方式兩個人相互感知。

4. **對音樂的感受**：播放搖滾、重金屬、輕音樂等不同的音樂時，閉上眼睛，在腦海裡「看到」這些音樂，由微弱到清晰，由模糊到具體。按照前面的方式母子兩個人相互感知。

5. **對數字的感受**：拿一副撲克牌，從中抽出一張，由一人凝神觀看，浮現在腦海中，另一人則用右腦感知對方腦海中的心像。先確定是紅心、梅花、黑桃、方塊四種花色中的哪一種，反覆練習後再判斷那張牌的具體數字。

6. **對情緒的感受**：沉思、快樂、憤怒、恐懼四種情緒。按照前面的方式兩個人相互感知。

7. **對真假話的感受**：由其中一人說出一句話，例如，「昨天我去哥哥家了」，「我上午收到一封信」，另一人用右腦感知對方所說的話是真還是假。

這樣的練習可反覆進行，當孩子把開發出來的右腦潛能應用到日常的生活和學習中時，我們會發現，孩子的潛能便可得到驚人的發揮。

在對話中培養你心儀的孩子

生活中，我們經常聽到一些家長生氣時口不擇言地怒斥孩子：「你瞎了

嗎？這樣的東西都看不見？」或者「你耳朵聾了嗎？我講的話你都聽不進去？」

家長的痛責透過孩子的耳朵深入到孩子的潛意識深處，可以預見：這樣的孩子將來在他的視覺或聽覺方面肯定會有心理障礙，或者是聽不清充足的音色，或者是看不清充足的顏色。

日本腦科專家，七田真教授說過：每個孩子都會成長為父母想像中的樣子。積極的態度塑造出積極的孩子，而消極的態度，也一定會塑造出消極的孩子。如果家長總認為「我的孩子發育太慢」、「沒有任何才能」、「沒有任何長處」……那麼，孩子就會忠實地按照父母這樣的想法成長。也就是說，孩子有所成就或者一事無成，其原因多在於他們的父母，他們呈現出的狀態正是父母教育的結果。

因此，要想培養出「有出息」的孩子，家長應該停止對孩子的怒斥。不但如此，家長還應該透過積極的對話去培養自己心儀的孩子！

有兩個媽媽是這樣與她們的孩子進行對話的：

亮亮的媽媽 ——

門鈴響起，媽媽打開門，進來的是同事張阿姨。媽媽請張阿姨進門。這時，4 歲的亮亮正高興地玩著遙控汽車。他拿著遙控器，追著玩具汽車跑，從阿姨和媽媽之間穿過。媽媽一把拉住他：「你這孩子，這麼不懂禮貌！快向阿姨問好！」

亮亮嚇了一跳，傻傻地站住了，一時不知該怎麼開口打招呼。

媽媽很尷尬，一直抱歉地對張阿姨說：「這孩子一直是這樣，見到陌生人都不敢說話，嘴巴像貼了封條一樣。」說著兩人進屋，留下亮亮一個人在那裡發愣，這時，亮亮再也沒有心思玩了。

以後，只要有客人來到家裡玩，亮亮都一聲不吭地回到屋裡！

亮亮的媽媽與很多注重禮節卻又不知道該怎麼教育的家長一樣，把孩子嚇了一大跳，更讓孩子在客人面前丟了臉。亮亮小小年紀就遭受這樣的打

擊，又聽到媽媽在客人面前對自己的消極評價。心生不滿之餘，他又會在潛意識中認為反正媽媽都這麼說了，我天生就是如此。因此，索性朝媽媽說的那個方向發展。

同樣是面對孩子的不懂禮貌，青青的媽媽卻是這樣與孩子對話的 ──

門鈴響起，媽媽打開門，進來的是同事小陳阿姨。媽媽請小陳阿姨進門。這時，5歲的青青正高興地玩著遙控汽車。他拿著遙控器，追著玩具汽車跑，從阿姨和媽媽之間穿過，匆匆地問了聲阿姨好後，就追自己的玩具汽車去了。媽媽叮囑他：「慢一點。」

稍遲，客人離去後，媽媽把青青叫來，對他說了一個小孩子不講禮貌的故事，其中就有今天來客人時的場景。然後，媽媽問青青：「你覺得這種做法對不對呢？」

青青有點不好意思地回答說：「不對，我以後再也不會這樣了！」

媽媽一聽這話，欣慰地笑了，並且不失時機地鼓勵孩子：「我就知道青青是一個懂禮貌的好孩子。」

以後，只要家裡來了客人，青青都會上前很有禮貌地向客人問好！客人們都誇獎青青是一個懂事、有禮貌的好孩子。還羨慕青青的媽媽教育得很好。

在這個案例中，青青的媽媽雖然也意識到孩子的「不禮貌」，但並沒有在客人面前當面訓斥孩子。直到客人走後，她才以結合故事的方式對孩子進行教育。首先，她用故事教育孩子，讓孩子能夠理性地分析、判斷自己的做法，之後又不失時機地「稱讚」孩子，讓孩子覺得自己就是一個「有禮貌」的好孩子。這種自我感覺滲入孩子的潛意識中，孩子之後的表現自然就會更加合乎父母的要求，更出色！

所以，要改變孩子身上的問題，家長首先要改變自己對孩子的看法，要放棄對孩子的負面態度，要停止用負面的眼光來看待他們。因為，如果爸爸媽媽總是用負面的眼光來看待自己的孩子，孩子就不可能優秀。如果家長停

止用消極的態度來對待孩子，透過正確的努力，什麼樣的孩子都會在家長發生改變的同時開始向好的方向發展。

　　與此同時，家長如果能善於向孩子表達愛意，給孩子足夠的認可、表揚，關心他們的心理狀況，孩子一定會變得越來越棒。正所謂，美好的語言與期望會播下「美好」的種子！要播下「美好」的種子，家長可以經常對孩子說以下 10 句話：

1. 傳達愛的話 —— 媽媽非常愛你。
2. 培養孩子愛心的話 —— 你是個很有愛心的孩子。
3. 培養孩子忍耐力的話 —— 你的忍耐力真好，真是讓爸爸媽媽為你驕傲！
4. 培養孩子耐性的話 —— 你很努力，很有耐心，媽媽很感動。
5. 培養注意力的話 —— 你的注意力真集中呀，我就知道你能做到！
6. 培養孩子獨立生活的話 —— 你真懂事，真是幫了媽媽的大忙了！
7. 培養孩子積極性的話 —— 這件事是你做的嗎？太了不起了！
8. 培養孩子創新力的話 —— 嗯，你這想法很獨特！
9. 培養孩子社會性的話 —— 你真是個善良的孩子！
10. 培養孩子自信心的話 —— 我相信你，你肯定做得到！

　　與積極的對話相對應的是家長對孩子消極的訓斥。家長的這 10 句話可能會傷害到孩子：

1. 不要這麼做，我告訴你怎麼從來都不聽？
2. 快點！總是慢吞吞的！
3. 和你說過多少次了，你不能做這種事！
4. 我要說多少遍你才能明白？你怎麼這麼笨？
5. 我不管了，隨便你吧！
6. 你為什麼聽不懂我的話？
7. 你不行的，還是讓爸爸去做。

8. 你真是個不聽話的壞孩子！

9. 你總是說謊，別以為媽媽不知道。

10. 我就知道你做什麼都不行。

這就意味著，在與孩子對話的過程中，家長應多說積極鼓勵的話語，少說消極打擊的話語。唯有與孩子進行心靈間的對話，才能達到親子溝通的真正目的！才能培養出讓自己心儀的孩子！

引導孩子產生積極的自我暗示

所謂自我暗示，是指透過五種感官元素（視覺、聽覺、嗅覺、味覺、觸覺）給予自己的心理暗示或刺激。這種自我暗示的資訊，經由在心中不斷地描繪和想像已達成或是完成時的景象，灌輸至潛意識中。而潛意識一旦接收了自我暗示的資訊，便會開始運作吸收外界的相關能量，把自我暗示的畫面轉化為現實。可以說，消極的自我暗示只會讓事態停滯不前或者朝消極的方向發展，而積極的自我暗示則能幫助一個人，特別是那些缺乏信心、自卑感強的孩子重新樹立起自信來！對於孩子來說，擁有了積極的自我暗示，等於擁有了一筆巨大的財富。因此，引導孩子產生積極的自我暗示很重要。

要引導孩子產生積極的自我暗示，家長應做到以下幾點：

幫助孩子提高自信心

每個孩子都有成功而驕傲的一刻，比如孩子在考試中取得了好成績，在比賽中取得了好名次，在活動中獲得了老師與同學的表揚與讚賞等。要引導孩子產生積極的自我暗示，家長應該引導孩子回想過去的成功，讓孩子肯定自己，看到自己的實力與潛質。

消除對孩子的錯誤暗示

若想要讓孩子擁有積極的自我暗示，家長首先要杜絕用「完了，這孩子糟糕透頂」之類消極的語言暗示自己或者孩子，同時還要消除孩子大腦中的錯誤資訊，如「沒有考好，老師會另眼相看」，「爸爸媽媽會接受不了」等，而應該用「我努力了，我問心無愧」，「我能成功」等話語寬慰、開解自己。

引導孩子大膽想像

人的想像具有暗示、補充、預見的功能。因此，家長可以引導孩子大膽想像，想像自我獲得了成功，想像自己很受歡迎，想像自己得到了誇獎……積極的想像能滲透到潛意識深處。潛意識接受到想像的畫面，就會極力去達成自我的這種想像、這些願望。

讓孩子保持愉快的心情

人的身心是合而為一的，兩者有相輔相成的關係。身體健康，則心情舒暢；反之，如果心情順暢，身體也自然會健康成長。心理狀態不積極，身體也會受到心理的影響，出現不好的狀況。因此，讓孩子保持良好的心態，能幫助孩子對自己進行積極的自我暗示！

此外，讓孩子想像廣闊的、寧靜的、舒緩的畫面或場景，同樣能讓孩子達到放鬆身心的目的！

幫助孩子透過調整呼吸緩解壓力，實現積極的自我暗示

心情的平靜和身體的健康是你以正確的方式思考感受的必然結果。心理學家和精神疾病專家都指出，當思想傳遞給潛意識時，在大腦的細胞中會留下痕跡，它會立刻去執行這些想法。讓孩子學會調整呼吸，能幫助孩子變得平靜，從而達到能用正確的思維思考問題的目的。

具體的做法是：保持坐姿，身體向後靠並挺直，鬆開束腰的皮帶或衣物，

將雙手輕輕放在肚臍上，要求五指併攏，掌心向下。先用鼻子慢慢地吸一口氣，大約數 4 個節拍，然後慢慢吐氣。也用 4 個節拍每次連續做 4 ～ 10 分鐘即可。也可以閉上眼睛做，邊做深呼吸邊想像一些美好的情景，效果會更好。

教孩子透過自我暗示，贏得自信、健康的心理

除了以上 5 個方面以外，家長還應引導孩子經常對自己說：「我很棒！」、「我很了不起！」、「我真的很重要！」這種積極的自我肯定、自我暗示能幫助孩子贏得自信、健康的心理！

值得注意的是，引導孩子進行積極的自我暗示時，家長還應該讓孩子明確進行自我暗示的目的，自己要達成的目標。只有心中有目標，孩子的自我暗示才能達到最佳的成效。

用愛與智慧喚醒孩子的潛意識

在孩子的潛意識深處，沒有什麼比父母的愛更重要、更有力量了。可以說，愛是孩子靈魂唯一的「糧食」。沒有愛，孩子內在的身體永遠不能夠得到成長，而孩子的潛能，即孩子內在的智慧與靈性，也只會一直處於沉睡的狀態。唯有父母的愛與智慧，才能把孩子這種內在的潛能喚醒。

每個孩子的童年都只有一次。一個孩子外在的身體每一天都會成長，但孩子內在的身體需要充足的愛與關注才能夠成長。相對於物質的愛和身體的發育來說，孩子更需要的是父母的愛撫與心靈教育。一個沐浴在父母無條件的愛的陽光下成長起來的孩子，才能變得身心健康、充滿自信、富有創造力。這樣的孩子將來不管遇到什麼樣的生命情境，他都有力量化險為夷，照顧好自己的人生。

父母對孩子無條件的愛體現在孩子的幼兒期，就是要給孩子充分的身體撫觸。讓孩子從父母輕柔的肢體語言中感受到濃濃的愛意。

　　據說，生活在北極圈附近的愛斯基摩人，在孩子出生後，母親會立刻將孩子抱在自己的腹部，這樣，嬰兒會自己朝著母親乳頭的方向移動，並找到乳頭吮吸母乳。剛出生的嬰兒竟然可以自己爬 30 公分的距離，這種行為屬於剛出生的嬰兒趴在母親腹部時具有的一種反射動作。

　　反射動作是指嬰兒與生俱來的，一出生就可以展現出來的行為。如果支撐住嬰兒的兩腋，讓嬰兒腳部著地，嬰兒的腳會自動做出前後移動的動作，像走路一樣，這種行為叫做原始步行反射。與此相同，嬰兒在母親腹部的爬行也屬於反射動作。

　　從這一點我們可以了解到，對於孩子的成長來說，在出生時擁抱孩子，是母親表達愛的最好方式，也是促進嬰兒成長的最好的營養素。

　　等到孩子稍大一點以後，家長更多的應該是關注孩子的心靈教育。因為關注孩子的心理需求比關注孩子的生理需求更重要。

　　心理學家曾做過一個有趣的實驗：

　　把一隻剛出生的猴子放在兩位「媽媽」中間，一只是用鐵絲做的「媽媽」，有奶瓶，可以餵奶給小猴子；另一位則是用絨布做的「媽媽」，十分柔軟。這隻小猴肚子餓的時候，就會到鐵絲「媽媽」那裡吸奶，吃飽了就長時間地依偎在絨布「媽媽」身邊。如果突然有巨大的響聲使小猴子受了驚嚇，小猴子就會迅速地跑到絨布「媽媽」的身邊尋求安慰。

　　這個實驗給我們的啟發是：小猴子的心理需求大於生理需求。同樣，對於孩子來說，他們的心理需求同樣也大於生理需求。然而令人遺憾的是，在華人世界中，很多家長普遍關注孩子的生理需求多於心理需求。

　　對於孩子的生理需求，我們噓寒問暖，總擔心孩子餓了，冷了。可是，卻忽視了孩子的心理同樣需要受到家長的關注。需要家長的溫暖、愛與理解。一個心理需求得到滿足的孩子，會有一種「存在感」，他們體會到自己生活在這個世界上的喜悅，並在這種喜悅中茁壯成長。他們對自己來到這個世界，對自己生活在這個世界充滿信心，在家長與周圍人們的愛與呵護裡他

們對自己充滿了信心。而一個心理需求得不到滿足的孩子，會對自己缺乏信心，甚至會做出傷害自己的行為。其實這些孩子自我傷害的行為，正是他們發自內心的呼喊，他們對自己的存在沒有信心，希望自己的存在得到認可。因為他們體會不到存在感，所以他們用傷害自己的行為來訴說自己內心的不安與焦躁。對於這種現象，只要父母能真誠地向孩子表達自己的愛意，就能減輕孩子的這種不安全感，變得健康、活潑、自信起來。

更重要的是，當孩子內心的需求得到滿足之後，他同樣會把這種愛回饋於他人，變得更有愛心、更有活力，也更富創造力。這樣的孩子，在任何時候都可以平穩地度過各種關卡。可以說，正是父母的關愛與智慧激發了他們這種與生俱來的潛力。

第七章　訓練孩子指尖上的右腦智慧

蘇聯的一位著名教育家把手比作腦的「父母「，因為孩子的智力發展體現在手指上。日本的一位醫學博士也指出，如果想培養思維開闊、頭腦聰明的孩子，就必須經常讓孩子鍛鍊手指的活動能力。因為手指活動能刺激孩子腦髓中的手指運動中樞，促進孩子的左右腦平衡發展，提高孩子的全部智慧。

孩子的智慧在他的指尖上

　　俗話說「心靈手巧」，這句話是有一定科學根據的。觀察我們身邊的人，我們不難發現，但凡「心靈者」一般都「手巧」；反之，「手巧者」也必定「心靈」。不僅華人文化中有這種說法，在國外同樣也有類似的說法。國外一位從事腦科學研究幾十年的專家在實踐的過程中得出這樣的結論：孩子的智慧在他的手指尖上。為什麼這麼說呢？

　　我們都知道，人的活動是受大腦支配的。腦生理學家和心理學家把人的大腦分成為若干功能區，如枕葉（Occipital Lobe）為視覺區，顳葉為聽覺區等。人體的各個器官在大腦皮質上都有一個相應的代表區，這些代表區的面積是不同的。在人的生活中，具有重要作用的手指機能的代表區，面積就比較大。但人腦又是一個完整的統一的整體，任何一個複雜的行為都需要各皮質區的聯合作用。當人用手進行操作活動時，在手和腦之間就進行著不斷的信號傳導：手活動的各種細節不斷傳輸到大腦，經過大腦的分析綜合，不斷地指揮、糾正、改善手的操作。如果手是在進行一種比較複雜的、創造性的工作，那就需要大腦進行多方面的智力活動。這樣，練巧手和長智力就獲得了相互促進的可能性。

　　古今中外，有許多成才人物童年時心靈手巧的佳話，為這一理論提供了有力的論證。美國有一名小女孩，3歲就會寫詩和散文，4歲就能用世界語寫劇本，5歲她的詩文已在各種報刊上發表，博得好評。這些應歸功於她母親的教育有方。這位母親在介紹她教育女兒的經驗時說道：用紙和布製作物品等運用手指的遊戲，對發展孩子的智力是很有效的。她在女兒還很小的時候，就教女兒做玩具衣服和簡單的刺繡，用紙或手帕教孩子折各種物品、形體，用泥巴捏製小東西，學習剪紙、刻花、編織等以及進行一些書寫技能的練習。根據孩子的成長情況，逐步提高難度和要求，會有很大的收益。

　　許多人並不知道手在人類進化過程中所起的決定性作用。我們的大腦之

所以能發達到今天這樣的程度，就是因為手的實踐作用。大腦的發達、思維的開拓、創新思維的出現都要透過手去實現。要產生創新思維，就是要不斷去實踐，而且是透過自己的雙手親自去實踐。由於現在的學生動手少，所以創造性思維也少了。因此在孩子教育上，強調對手機能的訓練已是當務之急。尤其在中小學生中強化手的訓練，要讓他們多用手來開發他們的無限思維。人類社會的發展史本身就是手和腦的結合，在手腦並用的不斷迴圈中將人類文明逐步引向新的高度。

訓練孩子手、眼、腦的協調能力

一般來說，孩子的衣、食、住、行所需的物質，都是他人動手操作的成果。孩子要學會生活，就要學習這些方面實際的動手操作能力。但是要怎樣動手呢？

家長應該教孩子怎樣做

年紀比較小的孩子，家長可以教他們洗臉、洗頭、洗腳、刷牙、刷洗碗筷、挑菜、擦玻璃、拖地、抹桌子、洗手帕、襪子以及小件衣物，整理房間、書桌，摺被子等。孩子動手能力的訓練要從小開始。比如，擦玻璃窗，身為家長，自己就要先示範給孩子看，先用濕布還是先用乾布？擦到什麼程度才算乾淨，然後讓他學著擦。

家長可以和孩子一起做

孩子再大一點時，家長可以和孩子一起做簡單的飯菜等家務。小學高年級和國中生要學會使用簡單的廚房用具，學會廚房操作和家用電器操作。如挑菜，洗菜，切菜，洗米，炒素菜、蛋炒飯，做家常豆腐，包餃子，使用洗衣機、瓦斯爐、扳手、刨刀等。

家長可以讓孩子自己做

　　等孩子的動手能力稍熟練後，家長可以讓孩子自己先模仿製作些小用品，修理小玩具，選擇自己愛好的工藝，如剪紙、折紙、刺繡、縫紉、編織等。此外，還可讓孩子學習修理玩具、文具用品和清潔工具。除此之外，家長還可以讓孩子廢物利用製作一些小物品、工藝品。讓孩子自己動手動腦，把廢牙膏管、廢圓珠筆芯、空罐頭、紙盒、玻璃瓶、塑膠袋等，巧妙地加以利用，這對孩子將是一種切合實際的訓練。

家長應鼓勵孩子自己去創新

　　對於孩子的創新活動，家長應給予支持，讓孩子動手動腦，去模仿製作物品，改進作品，創新作品，這樣讓孩子經常動手動腦，將會使孩子更加聰明。

　　孩子的創新活動可以從孩子日常學習、生活、工作中開始。家長可以鼓勵孩子對那些用起來不順手、不方便的物品，用自己學過的知識設計並製作出更順手，使用起來更方便的新物品。小發明並不難，因為這些小製作選擇的課題較為廣泛、簡單，需要解決的問題，有一定的意義，但又比較單一，使用的材料也比較容易找，孩子可以按照自己的知識水準、年齡、能力和時間等條件，去選擇小製作的項目。所以，只要孩子能夠仔細地觀察周圍的事物，善於發現問題，勇於提出問題，進行獨立思考、大膽想像，發揮創造精神，自己去動手，去實驗、去製作，就會有新的小發明，並能取得成功。

為孩子選擇適合的樂器

　　樂器，既能開發孩子的腦力，又能培養孩子的操作技能。透過充分挖掘孩子的潛能，使孩子更加心靈手巧，聰明伶俐。因為，孩子只有「手巧」才能「心靈」，也只有「心靈」，「手」才會「更巧」。「心靈」和「手巧」是互相

促進，協調發展的。

不過，很多家長雖然了解到了孩子學習樂器的重要作用，可在孩子樂器的選擇上依然感到困擾。他們不知道究竟該幫孩子選擇哪種樂器來達到開發孩子潛能的目的。

大腦兩半球的功能既有側重與分工，又是密切合作的。若以音樂為例，左半球負責旋律和聲調，右半球則負責情緒和形象。只有兩半球協調合作，才能演奏出美妙的樂曲。

人腦的左半球比較發達，主要是因為長期習慣於使用右手操作的緣故。基於這一理性認知，如何加強左手的鍛鍊與活動，右腦必將由於得到不斷的「開發」，而變得逐漸發達起來。要想加強左手的活動，開發右腦的功能，很難有什麼運動能與學習一種樂器的作用相比。

專家認為，就孩子的生理特徵和認知特點而言，應優先選擇鍵盤樂器，比如鋼琴、電子琴等。其原因在於：

- 鍵盤樂器音準固定，有助於孩子形成正確的音準辨別力，而絃樂器音準則很難掌握，它要求弦調得准、手指按的位置正確，這兩點對年紀比較小的孩子來說非常困難。

- 學習鋼琴或電子琴是鍛鍊雙目、雙手的操作，這樣有利於培養協調能力，可以開發兩側大腦的功能，特別是右腦。

- 不論選擇什麼樂器，最初都要注重唱名，因為學習音樂不只是為了學會演奏、演唱，而是學會欣賞演奏和演唱。練習唱名的最好工具就是鋼琴等鍵盤樂器。

在選擇樂器時，兒童音樂教育專家還給出了以下幾點建議：

- 3歲以下的孩子，肺活量小，學習吹奏樂器會有一定困難，開始最好不要選擇這類樂器。

- 盡量選擇便於攜帶的輕型樂器，孩子可在各種場合演奏。登臺表演是許

多家長和孩子的願望，這種展示可以培養孩子的自信心與自豪感。

· 建議首先學習西洋樂器。演奏西洋樂器使用五線譜，可以與國際接軌，以後轉學民族樂器識簡譜便更為容易。

那麼，孩子開始學習音樂和樂器之後，又要注意些什麼呢？

首先，家長要尊重孩子的興趣。孩子的學習動機主要來源於興趣。家長不能違背這一規律，把自己的意志強加給孩子，不問孩子是否願意，強迫他進行學習。這樣做只會適得其反，不僅不利於學習，甚至還會讓孩子對學習樂器感到反感、厭倦。

其次，要掌握好孩子學樂器的年齡。從幼兒智力發展和身體發育的情況來看，3 歲的孩子學樂器尚早了些。4 ～ 5 歲可以開始學鋼琴、電子琴、手風琴等鍵盤樂器，而學習絃樂器，如小提琴、古箏等，應該在 5 歲半以上。一般來說，學習鍵盤樂器一年，基本可掌握音準和節奏感後，再轉學絃樂器會更好。另外，年齡太小，孩子注意力很難集中，無法掌握基本的學習規則，不利於教學，這也是許多培訓班對孩子年齡有所限制的原因。

再次，學樂器應該督促，不應該強迫。許多家長都碰過學樂器虎頭蛇尾的孩子，孩子買了樂器會有新鮮感，可練習幾次之後就失去了興趣。怎麼辦呢？解決這一問題的有效方法是鎖定時間，規定任務，讓孩子養成定時學習的習慣，完成了任務就及時表揚以鼓勵孩子。

最後，家長要合理安排孩子的練琴時間。對初學的孩子，每次 20 分鐘左右，一天可多練幾次。孩子練琴時，家長要坐在一旁觀看，耐心指導。當孩子記不起樂譜時家長可給予啟發，但不要代替他識譜。

當然，如果你並非打算培養一個音樂專才，那麼更要懂得適時地告訴孩子：讓你彈琴並非想讓你成為音樂家，而是讓你懂得用音樂的眼睛來看世界。這樣，孩子就能在輕鬆的條件下愉快地學習樂器了。

其他有助於孩子手指活動的物品

專家認為，除了樂器以外，其他凡可以被借助用來活動手指的器材和物體同樣可以達到活動手指以健腦的目的。如健身球、彈力圈以及手腦並用的算盤、益智玩具等。以下我們介紹幾種針對性強又有效的物品。

玩核桃

玩核桃可以刺激手掌、五指，特別是指尖、手心。刺激手指也就等於刺激大腦，用左右手玩核桃也就刺激了大腦。如果我們用左手玩核桃會刺激右腦，也就是開發右腦。核桃刺激手掌心，也適合孩子的身心發展。孩子的手比較小，因為核桃外表面高低不平，還帶著些小顆粒，顆粒突起容易刺激手心、手指。該怎麼教玩核桃呢？可以讓孩子左手拿著核桃玩，可以向左轉，也可以向右轉，轉得越快，對大腦刺激就越強，左手轉一段時間，再換用右手轉。左右手玩熟練了之後，也可以用雙手同時轉，這樣可同時刺激左右腦。用左右手玩核桃，不但能健腦，使左右腦協調，特別是多用左手還能開發右腦，而且還能健身。成年人玩核桃也有效果，老年人玩核桃也可以促使大腦供血流暢，如果堅持練習，還可以起到降低血壓的作用。

玩健身球

健身球是結合傳統的一種健身用具，流傳民間的有許多種，近年來，除了「空心鐵刺健身球」外，還有直接用山核桃、核桃木、花椒木以及用玉石、硬石或塑膠製作的健身球。練習健身球可根據自己手的大小選取不同的型號，初學者以單手托兩球為宜。轉動速度不可太快，一般每分鐘20次左右，隨著手指活動日趨熟練，可加快轉速。有些人可以每分鐘轉動百次之多，練時應左右手交替進行。每隻手練3～5分鐘即可交換一次。經常使用右手的人，應當讓左手多活動些時間，這樣可以透過大腦皮質的相互誘導作用，

不僅使右腦半球神經細胞得到刺激，也可使左側大腦皮質得到充分的休息，調整其功能狀態。據經常使用健身球的老人反映，健身球不僅能增強腕、指關節和肌腱的活動能力，而且還能改善腦力，增強記憶，開發智慧，消除疲勞，增強體質。美國一名先生讓一個 9 歲的孩子玩健身球，試驗結果是，這個孩子玩了不到半年，就情緒安定，聰明文雅，學習成績也有了明顯的進步。

玩彈力圈

　　彈力圈又稱健身彈力圈，是一種新型的健身健腦器具。它小巧玲瓏而富有彈性，在圈的周圍突出有許多排列有序的小橡膠顆粒，可有效地刺激手的許多穴位，以達健身健腦的目的。據報導，常玩彈力圈可以防治中老年人手顫、手麻及書寫痙攣綜合症，並且可以改善睡眠，增強記憶力，對腦動脈硬化、中風及腦部損傷也有防治作用。認為活動彈力圈能透過刺激穴位，調和氣血，舒筋活絡，調整全身功能活動，從而發揮到增智益腦、調節血壓、清腦提神和防治腦部疾病的作用。進行健身彈力圈運動時，應該左右手交替進行，一隻手玩完後可更換另一手，邊按壓，邊轉動，且宜手腦並用，用心活動，要心情平靜，呼吸自然。左手多玩彈力圈，對開發右腦大有益處。

玩手搓板

　　手搓板又叫腳踏板。手搓板上面有很多小齒輪，齒輪可以刺激手指、手掌，反過手來玩可以刺激手背。手與腦有著密切的連繫，刺激手掌、手指、手背，可以刺激腦神經，能夠開發大腦的潛能。怎樣運用手搓板呢？可以用手掌搓手搓板，也可以用手指搓手搓板，也可以反過來用雙手的手背搓手搓板。這樣，用雙手搓手搓板可以同時刺激左右腦，也可以用左手掌、左手指，反過來用左手背搓手搓板，更可以刺激右腦。但是搓時，不論用單手或雙手搓手搓板，思想要集中，呼吸要自然，全身要放鬆。開始一次可以搓100 下，以後可以逐漸增多至 200～300 下，每天堅持訓練可以開發大腦的

潛力，用左手訓練就可以開發右腦的潛能。

透過左手活動訓練孩子的右腦

人的直立行走和手的使用，促進了人的大腦皮質發生巨大的變化，從而使人和動物產生本質上的區別。腦科學家認為，手的使用可以使記憶力明顯改善，思考能力急速發展、加強。因此，要注意左手的訓練，廣泛進行大腦體操並持之以恆。如此一來，就能使你和你的孩子在有計畫的訓練中，增強腦力，提高智力水準。

左手動作不是右手動作簡單的鏡像反映，對孩子進行系統地左手活動訓練有助於提高孩子的左手技能，這裡介紹的是一些最常用的左手技能訓練的知識。有了正確的入門，再經過適當的訓練，每個孩子都能練就出色的左手能力！最重要的是，還能開發孩子的右腦潛能。

左手寫字

左手寫字和右手寫字有許多不同，左手書法只是改變了持筆的手，字的起筆順序、段落排布還必須遵守總的原則。漢字的結構和筆順都是基於右手方便設計的，改用左手寫字需要一些特殊的技巧。下面介紹的是左手鋼筆字的寫法：

左手寫鋼筆字的坐姿是，身體端坐桌前，上身挺直，略向前傾，可偏右一些坐，為左邊書寫留出更大的空間。

持筆方法是，用拇指、食指、中指握筆於距筆尖 2 ～ 3 公分處，這個距離比右手握筆時距離筆尖的位置略遠一點。由於左手握筆寫字仍是從左向右運動，握筆處距筆尖稍遠些，視線則會被左手遮擋的少一點。

鋼筆筆桿順前臂的方向。左前臂與桌邊呈 45 度角。

右臂也同時置於桌上，平衡左手，並輕壓紙。

手在字的下方，不要擋住字。

書寫紙也同樣要斜放。寫鋼筆字，握筆處距筆尖的距離較寫毛筆字時要更近些，左手遮擋視線會更嚴重。將紙斜放，右傾 45 度，可有效解決這個問題。每個人有自己的適合角度，可透過實踐，找出適合自己的角度。有些人傾斜 30 度角就夠了，有人幾乎讓紙橫放。

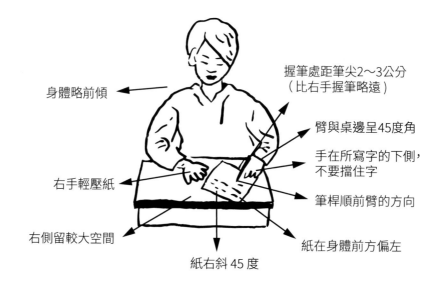

身體略前傾

握筆處距筆尖2～3公分
（比右手握筆略遠）

臂與桌邊呈45度角

手在所寫字的下側，
不要擋住字

右手輕壓紙

筆桿順前臂的方向

右側留較大空間

紙在身體前方偏左

紙右斜 45 度

縱向書寫鋼筆字時，把紙斜放同樣是適合的。掌握這些方法，再下點心思苦練，不必擔心寫不出一手好字來。

左手操作鍵盤

時間就是金錢，效率就是財富。競爭激烈的資訊時代，高效率是企業和個人都在不懈追求的，但追求效率卻是一個累計的過程，只有在各個方面都全面提升，才能掌握效率的優勢。對於現代辦公不可或缺的鍵盤，同樣具有潛力可挖掘，左手斜鍵盤的出現告訴你：這就是效率和健康之間的最佳結合點。

我們知道，數字小鍵盤一般是位於傳統鍵盤的右側，絕大多數人是順其

自然地去用右手操作，自然也就與同時用右手使用滑鼠發生衝突。不僅左手空閒，而且右手在反覆多次切換時，不但會造成疲勞，同時也會讓人覺得煩躁，這是一個不合理（對右手握滑鼠的人）的設計。左手斜鍵盤的特點就在於，將小鍵盤設置在了左邊，反效應就是：在空出右手的同時能專心地操作滑鼠，還讓左手充分煥發活力，進而開發右腦，增強協調性，操作起來也就更加得心應手。如此完美的「左右開工」，工作效率怎麼會不高呢？犧牲健康去換取工作效率實在是不得已的選擇，既然如此，能在工作的同時盡量減少對健康的傷害又何樂而不為呢？

左手斜鍵盤的設計完全是根據人體工學的原理來設計的，在按鍵位置不變的前提下，將鍵帽改造成菱形，這樣手指在接觸鍵盤後，手腕會因此而維持自然舒適的狀態，敲擊鍵盤更輕鬆自如，降低疲勞。

當然，對於左手操作和斜鍵這兩大有別於標準鍵盤的創新特點，需要去適應它，但如果你願意給自己一次體驗新事物的機會，那麼對於鍵盤操作無比熟練的你，要適應它也是輕而易舉的事。

左手鍵盤，右手滑鼠，已經逐漸成為遊戲一族的標準手法，並成為辦公室當之無愧的最佳搭檔。

左手打算盤

算盤是一種古老的計算工具。

算盤長方形的框內裝有一根橫梁，梁上鑽孔鑲上數根小棍。每根上穿了一串珠子，叫算盤子或算珠。常見的算盤是 2 顆算珠在橫檔上，每顆代表 5：5 顆在橫梁下，每顆代表 1。計算時按規定的方法撥動算珠而得出計算結果。

一般的算盤大都是木製的，算珠也是木製的。

後來發展到用銅等金屬製作算盤。高檔的算盤用玉製作。算珠除了圓柱形的算珠，也有截面為菱形的算珠。最大的算盤有幾公尺長，最小的只有幾公分。

　　算盤可以進行加減乘除各種運算。時至今日，用算盤計算加減法的速度毫不遜色於計算機。

　　算盤上粒粒算珠的上下左右移動，可以使計算者直觀地看到加減乘除的運算過程。算珠互相碰撞及算珠與橫梁的碰撞發出的有節奏的聲音，形成一首美妙的「計算進行曲」。計算者從聲音中體會到計算的愉快。這些愉快的感覺體現到俗語中就是，「管它三七二十一」，「劈哩啪啦的算帳」。

　　利用算盤進行計算時，不僅要用手指不斷地撥動算珠，還要用眼睛看數，同時要不停的動腦筋。這是非常典型的手腦並用，對提高智力，開發右腦是一種好方法。有學者指出，學珠算練手指是開發智力的有效途徑。

　　由於用算盤計算有這麼多的優點，所以這個已使用了 2,000 多年的計算工具，現在在世界各地仍得到廣泛的應用。聯合國教科文組織對具有傳統特色的「三算結合」小學教學系列教材十分重視並給予大力支持。

　　在受東方傳統文化影響比較深的日本、韓國、東南亞等地，珠算技術的傳授及普及教育一直受到重視。日本的小學生把讀書、寫字、打算盤列為三大基本功，日本的珠算教育在世界上處於領先地位。日本全國的算盤學校高達 35,000 所。韓國的珠算教育近年來也取得了長足的發展。

　　即使遠在南美洲的巴西，也成立了珠算聯盟，每年進行 4 次珠算考核和 2 次珠算大賽。北美洲的墨西哥有全國珠算支部，美國有珠算教育中心，有 1,000 多所學校在進行珠算教育，算盤正成為美國的一種數學教學工具。

　　珠算教育在華人社會中也受到社會各界的重視。近年在各地風行一時的珠心算早期智力開發，從幼稚園的孩子開始進行珠心算能力的培養，得到了許多家長、幼稚園老師及孩子們的熱烈歡迎並取得了明顯的成果。學習過珠心算的孩子的計算能力得到了明顯的提高。

　　進行珠算運算俗稱「打算盤」。打算盤通常都是用右手的幾個手指進行操作。打算盤時各個手指有明確的分工，中指負責橫檔上方算珠的上下，食指負責橫檔下方算珠的向下，拇指負責橫檔下方算珠的向上。用右手打算盤

時，最低位在右邊，每進一位，依次向左移一個立柱。讀得數時，由左向右一位一位地讀出得數。

珠算運算還有口訣，分別用於加減乘除。口訣都編得朗朗上口，讀起來很有節奏感。運算時可以將口訣讀出來，以減輕運算的疲勞。也可以不讀出聲，只在心中默念。

打算盤時手指撥動算珠，眼睛看著要進行計算的資料。要集中注意力進入資料的輸入，口中念著背下來的口訣可以考驗你的記憶力，耳朵聽著口訣聲與算珠聲鍛鍊著你的感知力，腦子想著運算程式：先乘除後加減，鍛鍊你的思考能力。組成智力的各種基本因素：注意力、記憶力、感知力、思維能力、想像力都在打算盤中得到不同程度的發展和提升。手、眼、口、耳、腦的並用，形成了一個刺激神經元發育的機制，有利於開發右腦，有利於腦力的增強。左手打算盤和右手打算盤一樣，也要遵從相應的規則。

以加法為例。從1加到4。

一上一（左手拇指將橫檔下的算珠推上1粒）

二上二（左手拇指將橫檔下的算珠推上2粒）

三下五去二（左手中指將橫檔上的算珠撥下1粒，左手食指將橫檔下的算珠撥下2粒）

四去六進一（左手中指將橫檔上的算珠推上1粒，左手食指將橫檔下的算珠撥下1粒，左手拇指將橫檔下算珠在右方下一立柱上推上1粒）

以下依此類推。

練習加法可以從1加到36，得數為666就說明計算得正確。開始練習時加一遍需要幾分鐘。熟練後只需30秒左右即可完成。現在流行的用撲克牌進行加法練習也可得到異曲同工的效果，但比撲克牌加法練習還多了手指的運動。

左手打算盤時進位是向右進位。讀得數時是由右向左讀。

據近代醫學研究，手指經常活動對改善末端血液循環非常有益。

現代心理學、生理學、醫學的研究還證明，手和手指的運動對促進大腦發育和靈活起了很大的作用。而左手的運動對右腦的開發更有利。因此，要鍛鍊孩子的右腦，家長可以訓練孩子用左手打算盤。

左手剪紙

剪紙是十分普及的民間傳統裝飾藝術之一，因其材料簡單易得、成本低廉、效果立見、適應面廣泛而普遍受歡迎。

剪紙要講究構圖，講究圖的形態結構，是一種形象化思維，配以左手剪的動作，基本由右腦主管，發揮了活動左肢、活化右腦的功效。

左手剪紙最好配有左手用剪刀，操作起來更方便。當孩子剪完以後，家長可以把孩子的作品作為家居的裝飾，鑲裝在畫框裡。常剪常新，常新常換。這樣做，不僅活動了孩子的左手，活化了孩子的右腦，看到自己不斷「發表」作品，還能讓孩子始終保持一個興奮的心情。

側推牆運動

在牆邊側立，左臂平伸，左手掌與手臂垂直，手掌距牆 20 ～ 30 公分。身體左傾，手掌摸牆，手腕手指用力推牆，身體復位。反覆做這個動作，身體如彈簧般擺動。

注意傾倒時不要太猛，手掌只需用少許力即可推動身體復位。牆不可太滑，防止手打滑而摔倒。可兩手交替作，左手運動量可稍大一些。

轉杯運動

轉杯運動即用手握杯，讓杯轉動，左旋右旋交替，兩隻手交替，可多用左手。握杯時，可以用五指托住杯底，也可用拇指和其他四指相對握住杯子。

杯子的直徑要和手的大小大略相同，這樣才便於轉動。杯身表面刻花的杯子尤佳，對手指有更強烈的按摩作用。

開發孩子右腦的左手遊戲

除了手指活動以外，透過有趣的左手遊戲同樣能夠開發孩子的右腦。以下是適合孩子玩的左手活動遊戲，督促孩子經常鍛鍊，可以促使孩子更好地開發右腦。

遊戲 1：顛乒乓球

鍛鍊手指、手腕肌肉力量及靈活性、協調性。經常用左右手並以左手為主用球拍顛球，對開發右腦，使左右腦協調發展大有益處。

方法：遊戲者一手將乒乓球放在球拍上顛球，並沿著乒乓球桌或在地上按乒乓球桌形狀的長方形前進一圈，而後停止。右手顛球熟練後，可換左手顛球練習，重點是多用左手練習。規則如下：

1. 在一手顛球的過程中，另一隻手不能幫助扶球，否則視為犯規。

2. 在轉彎時，另一手可扶桌角。

3. 持球拍的方法不限。

4. 中途掉球拾起後放在拍子上，從掉球地方繼續顛球。

5. 中途不慎球拍掉了，可拾起從掉拍的位置繼續顛球。

遊戲 2：往紙簍內丟水果

準備：在空地上每隔 2 公尺放一個紙簍，共放 2 個，紙簍底部用重物固定，距離紙簍 3 ～ 4 公尺處畫一條標誌線。

方法：遊戲者將水果一個接一個地向簍內投去，每人投 20 個，以投入簍中的水果數目多為勝（也可用小木塊投）。規則如下：

1. 只能用單手投，左手投過可換右手投，最好多用左手投，熟練後可用左右手交叉投。

2. 投水果時，腳不能踩標誌線，投不進無效。

3. 不受時間限制，投完為止。

遊戲 3：竹筷夾乒乓球

鍛鍊手指靈活性及準確用力的能力。左右手輪流用竹筷夾球可以使左右腦協調，多用左手可以開發右腦。

準備：在屋內備 2 張凳子，凳子上放一個盛有水的水盆，盆內放若干個乒乓球（漂著），每張凳子另備一個小塑膠盆及一雙竹筷。

方法：遊戲者立即拿起竹筷到水盆中去夾乒乓球，將夾上來的球放進小塑膠盆內，在規定的時間內夾球多者為優勝。規則如下：

1. 遊戲者只能一隻手拿筷子去夾球，另一隻手背在身後。
2. 夾起的球如果掉了，可重新將球夾起。
3. 如果筷子掉了，可另拿一雙，但不許另一隻手幫忙。

遊戲 4：左手投擲比賽

左手投擲能夠提高孩子的投擲準確度，也能開發右腦的潛力。

準備：在空地上劃一個邊長為 60 公分的等邊三角形，在三角形內劃出 5 個區域。在距離底邊 4 ～ 5 公尺的地方劃一條投擲線。參加遊戲的人數為 2 ～ 3 人。

方法：遊戲開始，遊戲者輪流站在線後，用左手將小沙包或小瓦片投向三角形的區域內。沙包落在三角形的哪個區域裡，就得幾分，以先達到 100 分者為勝。

說明：

1. 投擲時腳不許踩線。
2. 沙包以落在區域內為準，壓線者不計分。
3. 三角形的大小或分區多少、計分辦法以及投擲距離等均可適當改變。
4. 投擲次數也可以每人連續投 3 ～ 5 次。

遊戲 5：左手打羽毛球

選一塊寬敞的空地，場中間掛起高 1.5 公尺的網或拉起一條長繩，預備羽毛球和球拍，遊戲參與者 2 ～ 3 人即可。將遊戲者編成甲方和乙方，2 個人進行比賽，1 個人做裁判。

當裁判宣布比賽開始後，甲方遊戲者左手持球拍將羽毛球打過網，而乙方左手持拍擊打，沒有將羽毛球打過網或沒有打著球，對方就獲得 1 分，依此類推，三局兩勝。

說明：

1. 發球者站立在端線外發球。
2. 發球擦網則重發。
3. 發球方得分，則繼續發球。
4. 發球者如將球打斜，另一方不扣分。
5. 羽毛球壓線為界內球，自己要扣 1 分。
6. 規定雙方只能用左手，因為左手打可開發右腦。

遊戲 6：投乒乓球遊戲

選一空地，遊戲者 2 人，劃橫線為起投線，在起投線 3 公尺遠的地方放置洗臉盆一個。洗臉盆內盛一些水，遊戲者每人拿乒乓球 5 個，原地不動把乒乓球向盆內投，誰投入的多就是優勝者。開始可以用右手投，玩一段時間再換左手投。也可以左右手輪流投，但重點是訓練左手投球。

說明：

1. 投球時，腳不能踩起投線。
2. 投球時，沒投入水盆裡就算失誤 1 球。
3. 每人投 5 個球算一局，以投入水盆的球多者為勝，再進行第二局比賽。

左右手搭配活動開發右腦

左右手搭配活動，對於開發右腦大有益處。開始也許有點不習慣，但時間長了就運用自如了。比如寫字，開始可以從較容易的寫起：數字 0、1、2、3、4⋯⋯9，英文字母 A、B、C、D、E、F⋯⋯Y、Z。逐步過渡到可以寫自己和家裡人的姓名、工作單位、學校和家庭住址（同學、朋友、鄰居親戚等都可以寫），可以寫一兩句話、一段話等，還可以左右手畫畫，畫一些簡單的。如橫線、分隔號、斜線、曲線等，逐步過渡到可以畫一些動植物和花草樹木，還可以畫一些簡單的人物形象，如孩子、少年、青年、成人、老人等都可以進行練習。

左右手同時練習寫字，最後逐步寫出長句、段到短文。左右手畫出的圖形，方向必須對應。這樣的練習對訓練思想集中也很有益處。

下面介紹一些左右手搭配的訓練。

鏡畫訓練

文藝復興時期的達文西是眾所周知的藝術家，也是解剖學家、天文學家，被喻為文藝復興時期的萬能者。

你一定認為達文西天生具有出類拔萃的才能，但僅有天生的才能，是無法造就一位萬能者的。達文西能夠取得如此卓越的成績，其實是重複訓練大腦的結果。

現在，就來談談能同時提高左右腦功能的訓練法：雙手同時握筆畫出相同的事物，但左右手所畫出的圖形方向必須對應。練習鏡畫時，最好能連寫很長的句子，不要只寫一兩個字就停筆。

在所有的訓練過程中，鏡畫對開發左右腦的潛力效果特別明顯，所以一直流傳至今。

左右手交替拍球

鍛鍊兩手交替拍球的速度、力量、準確度，特別是左手的能力，有利於開發右腦的潛能。

準備：選擇一塊平坦的空地，準備幾種帶顏色的皮球。先教會孩子單手原地拍球，特別是學會左手原地拍球之後，父母就可以和孩子一起進行拍球遊戲了。

方法：

1. 拍球開始後，孩子在原地進行左手單拍、右手單拍，練習一段時間後，再進行左右手交替拍，直到出現失誤為止。以一次連續拍球次數多少決定勝負。
2. 拍球 1 分鐘時，可提高拍球的速度。
3. 家庭舉行拍球比賽，可活躍家庭的生活氣氛。

左右手撿豆子

鍛鍊左手肌肉力量、靈活度、準確度。生理學家提倡在日常生活中多使用左上肢及左下肢，尤其是多用左手，這樣能鍛鍊大腦的右半球，加強其協調能力。

準備：可以在桌子上放一個塑膠盆，裡面盛上黃豆和綠豆或豌豆若干粒。旁邊放一個小紙盒或小盆。父母就可以和孩子比賽撿豆子了。

方法：開始用左手撿，然後換右手撿，再用雙手同時撿。開始時放 50 粒，撿出的黃豆放在自備的小盆內。

左右開弓

鍛鍊身體靈活、協調能力，有利於青少年大腦的平衡發育。

準備：乒乓球 2 個和乒乓球拍 2 個。

方法：方法與正常乒乓球賽相同，不同的是雙手持拍，雙手均可擊球。

比賽開始，一方發球，一方準備。如用右手發球者，右手先持兩個拍子，左手拋球。當右手球拍擊球後，左手迅速從右手接過一拍，變成兩手各持一拍，左右迎擊來球。本遊戲的特殊要求是左側來球，必須用左手球拍回擊。右側來球，必須用右手球拍擊球，中間來球，任一手持拍擊球均可。三局兩勝。規則如下：

1. 每局打到 25 ～ 50 個球。
2. 發球失誤，對方得分。
3. 遊戲者如出現擊球失誤，如左方來球是用右手球拍擊球，或擊球出界或球沒過網，均判對方得分。
4. 遊戲者左右手揮拍擊球時的腳步要協調，平時可加強左右手揮拍的步法練習。

也可以在院內牆上，用乒乓球拍將球對著牆擊打 20 個。先用右手練習，再換左手練習，然後再進行左右手練習，拍打數逐漸增加。亦可父母與孩子比賽，邀請同學或鄰居孩子一起練習。

左右手水槍射物

鍛鍊孩子的雙手均衡能力、視力、思維能力。提高左右腦的平衡能力，開發右腦的潛力。

準備：室內、室外均可進行。準備球、氣球、玩具、水果等，並將其吊起。設立兩個遊戲場地，根據遊戲者年齡設定射擊距離。

將遊戲參與者編號，可先後到兩個遊戲場進行比賽。每個遊戲場需設裁判員 1 名。遊戲者輪流當服務員。

方法：遊戲者持水槍對準前上方所吊物品進行射擊。每個遊戲者用右手射 50 次，左手射 10 次，共射 60 槍。凡射中一次得 2 分，及格分為 30 分。以射中得分高的遊戲者為優勝者。規則如下：

1. 凡水射到物體上即為成功。

2. 遊戲者在射擊時，可射一次稍停，也可連射 50 次。

3. 射擊時，兩腳不得踩標誌線，裁判員應及時提醒遊戲者。

雙手剝花生

鍛鍊手指肌肉力量、靈敏度，使左右腦協調發展。

準備：在一塊場地上每隔 5 公尺放 1 個凳子，共放 2 個。每個凳子上放 1 個大盆，裡面放些熟花生；小空盆 1 個，遊戲者 2 人，每人 1 張凳子，分別站在自己凳子側面進行比賽。本遊戲需裁判 1 人。

方法：裁判發出「開始」的口令後，每桌的 1 號遊戲者馬上到大盆內取花生，並迅速將其剝開，花生殼放在小盆內，花生仁放在大盆外，一直剝到規定的時間。由裁判計算出花生的數量，以剝出的花生仁數量排列名次。

說明：

1. 將花生仁剝出來，然後放到小盆內。如果在此過程中，花生仁掉在地上或桌上，可將其拾起放到小盆內，否則不計分數。

2. 只許用手剝花生，不許用牙咬開再剝，否則不計分數。

3. 對成績好的遊戲者可進行獎勵。

雙手撿瓜子

鍛鍊雙手、雙眼的靈活度、準確度，特別是透過手指的活動，鍛鍊大腦的協調能力，達到健腦、防病的目的。

準備：放兩張桌子，桌子上混合放上各種瓜子，如西瓜子、瓜子等。將遊戲者分為 2 人一組進行比賽。2 名遊戲者先站在指定的桌子前預備。本遊戲需裁判 1 人，負責裁決遊戲者在規定的時間內雙手挑瓜子的數量，最後按數量排名次。

方法：當裁判發出比賽「開始」的口令後，2 位遊戲者立即用雙手挑瓜

子，挑出的瓜子放在桌子上，直到裁判宣布遊戲停止。在規定時間內按挑出瓜子的數量排名次。

說明：

1. 挑出的瓜子要放在桌子上。
2. 遊戲者必須用兩手挑，一手幫助另一手剝開別的瓜子視為犯規。
3. 對成績好者可進行適當的獎勵。

注意事項：

1. 遊戲者精神要集中，做到兩手迅速、準確，以提高效率。
2. 本遊戲組織者賽前要將比賽方法、規則告知參賽者，只有在家裡勤加練習，正式比賽才能創造出好的成績。

雙手滾瓶子

讓孩子們參加一個輕鬆愉快的遊戲，以增加樂趣，達到活躍氣氛、增進感情、健腦強身的目的。

準備：在地面上畫出兩條長 10 公尺、寬 1 公尺的跑道。準備相同的瓶子 2 個，裡面裝滿水或沙子；結實的筷子兩雙，放在跑道起點線的後面；標誌旗兩面，插在跑道折返處。遊戲者 2 人，分別站在各自跑道起點線的瓶子後面預備。本遊戲需主裁判 1 個，站在起（終）點線一側；檢查裁判員 4 人，分別在跑道兩側折返處。

方法：當主裁判發出「開始」的口令後，每人雙手各拿起一支筷子，並迅速用筷子撥動瓶子，沿著跑道向前滾跑（不可一隻手拿一雙筷子）。如果瓶子滾到場外或臨近的跑道內，用手將瓶子取回並放到出界處繼續撥動瓶子向前滾動，繞過小旗，使瓶子再滾回終（起）點處。誰先做完，誰為優勝者。

說明：

1. 搶撥瓶子兩次者被罰下。

2. 誰將瓶子撥到臨近跑道內絆倒了該道上的遊戲者，令其重賽。

3. 撥瓶子滾動前進，不許用雙筷向上拋瓶，否則視為出界。

4. 舉辦者要選擇地面光滑的地方進行。

5. 兩手持筷撥瓶子，用力要均勻，否則，瓶子會偏離方向。

6. 撥瓶子的重心處，瓶子不易打轉。

第八章　啟動孩子右腦潛能的遊戲

每個孩子都喜歡遊戲。事實上，遊戲本身就是一種學習，是孩子獲取經驗、開發智力的妙方，也是孩子自發性、創造力、好奇心、想像力、探索、冒險及對未來處事的象徵。

孩子的主觀能動性，是在遊戲的過程中培養出來的。類似喜歡或者高興這樣的感受，最能夠促進孩子的大腦發育，啟動孩子的右腦潛能。

卡片遊戲可啟動右腦

右腦是形象的腦，運用形象直觀的圖片進行練習，能充分發揮右腦的作用。語言中樞本屬左腦（字、詞）功能，但若能和形象的圖畫結合起來，就能使右腦的區域得到良好的刺激，使語言、大腦都能得到開發和提高。人的絕大部分的記憶是像錄影帶那樣，以形象的方式存在於右腦之中的。透過練習圖片，以養成對圖畫的判別能力為著眼點，訓練孩子對瞬間記憶的再現能力，這是右腦的重要功能之一。

運用圖片學習詞句和課文，可以充分發揮右腦的作用。在看圖識字的過程中，看到圖形的同時記憶材料，圖片上的形狀、色彩使大腦的右半球完全活動起來，而左腦起初是不活動的，後來，看圖片中有詞語的出現，也能跟著活動起來。這時大腦兩半球同時並用，左右腦都處於積極活動的狀態，所以效果更佳。下面介紹的是透過卡片訓練孩子右腦時應注意的一些事項：

記卡片的數量

卡片即看圖識字卡，一般書店均有出售。記卡片就是記卡片上的圖和字詞。小學一至三年級的孩子開始練習時，可以從 2 張卡片記起，每天增加 1 張；三四年級的學生開始練習時，可從 3 張卡片記起，每天增加 1 張；五六年級的學生開始練習時，可以從 4 張卡片記起，每天增加 2 張。國中一二年級的學生開始練習時，可從 5 張卡片記起，每天增加 2 張。每次卡片練完一遍，要重新洗一下。

記卡片過程中需要注意的事項

記卡片時應注意以下幾點：一是按順序看卡片上的圖和字詞；二是先看圖後看字詞；三是記憶時只用腦記，不要念出聲來；四是記的過程中，大腦要去思考組合這些圖和字詞；五是記好後，回憶一遍，把資訊儲存在大腦裡；

六是有順序地複述或背出卡片上的圖和字詞。

如何記住卡片上的圖和字詞

可以教給孩子運用「邊看邊想，邊想邊看，看後即想，想好就背」的方法來記。

1. 邊看邊想，就是一邊看一邊想卡片上的內容，這樣可使大腦積極思考，對記住卡片上的內容有很好的效果。

2. 邊想邊看，是在邊看邊想卡片內容的基礎上進行的，對卡片內容想起來就思考，想不起來的就看，整個過程似看非看，似不看又在看。這樣，大腦透過積極思考，把已記住的內容，透過「想」鞏固下來，把記不住的內容，透過「看」又補充了起來。

3. 看後即想，是在邊看邊想，邊想邊看卡片內容的基礎上進行的。在看完許多卡片的內容後，馬上進行凝神思考，復現卡片的內容，試著回憶，並注意哪些內容已經記住，哪些內容還未記住，然後把注意力集中在未記住的、未鞏固的內容上。這樣，更能發揮左、右腦的協調作用，提高記憶效率。

4. 想好就背，是在邊看邊想，邊想邊看，看後即想的基礎上進行的。在背誦卡片內容的過程中，如果忘了個別卡片的內容，實在想不起來，可以用眼睛掃視，繼續背，背完一遍後，如果感到還不熟練，用眼睛掃視一遍後，可再背一遍，直到背熟為止。

練習卡片的時間和次數

練習卡片，可以在班級中集體練習，也可以在家獨自練習。每天練習 1 ～ 2 次，每次練習 15 分鐘左右，集中時間練習不如分散時間練習的效果好，隔天練習不如天天練習的效果好。孩子們只要每天堅持 15 分鐘，堅持練習一個多月以上，就能收到好的效果，練習的天數越長，效果就會越好，不但

能開發右腦潛力，記憶力也會大大提高。

體育遊戲可開發右腦

　　體育活動分遊戲性和項目性兩大類，對孩子來說，以遊戲性體育為主。當然，遊戲性體育有別於單純性的娛樂，它是鍛鍊孩子體質和心理特質以及促進身心健康的重要方法。遊戲性體育又分活動性和競爭性兩種。

　　遊戲活動的內容生動活潑，豐富多彩，往往反映著一定的生活背景和知識，遊戲動作多是孩子熟悉或容易效仿的。透過這些活動可以幫助孩子認識現實生活，擴大知識領域，從而獲得某些活動技能。此外，還能激發孩子的運動興趣，使他們保持心情愉快。遊戲活動還具有一定的組織形式與活動規則。遊戲參加者之間互相連繫、合作、對抗競爭等，有利於孩子的社會化過程，對培養良好的意志力有重要的作用。

　　遊戲運動的過程也具有一定的複雜度，情景的改變要求參加者隨時改變自己的行動，這就促使他們進行敏捷地思考，分析具體條件，預測行動的後果，並迅速採取適當的行動。因此學生智力活動的主動性、靈活性及各種積極的思維活動與想像力等，都有可能得到訓練與提升。

　　以下為讀者介紹幾個可促進右腦活化的遊戲：

蒙眼尋物

　　桌上放置各種幾何形體的小木塊。4個小朋友各坐一方，蒙上眼睛。發令者說出規定的幾何圖形和數量，小朋友就在桌上摸，摸到後以後放在自己的盒子裡，看誰速度快又正確。

猜人影

　　選一個孩子為猜影者，在距離白灰牆壁2～3公尺處的一條矮凳上坐

好，面對牆壁。在猜影者後面距離 2 ～ 3 公尺處放一張小茶几，將一支點燃的蠟燭放置在小茶几上。

遊戲時，其餘的人陸續在猜影者後面和茶几之間通過，可手舞足蹈，或走或跳，做各種動作，借燭光將身影映射在前面的牆壁上。猜影的孩子要仔細辨別，準確地判斷出某個影子是某個孩子的行動。被猜中的孩子與猜影的孩子互換角色，遊戲繼續進行。

穿鈕扣

桌上堆放各種樣式和顏色的鈕扣。由 1 個小朋友發令，4 個小朋友同時開始用線穿鈕扣。每人選擇的鈕扣必須是同種同色的。在規定的時間內穿最多者為勝。

哨兵的耳朵

在參加遊戲的小朋友中，甲先當哨兵，蒙上雙眼，站在場地中央，乙向甲慢慢靠攏。甲若聽不出腳步聲，被乙拍一下肩，就失敗一次，且繼續當哨兵，乙得 1 分。甲若聽出腳步聲，喊「站住」，若手指的正是乙走來的方向，甲就得 1 分，輪到乙當哨兵，另一參加遊戲的丙向乙靠攏。乙若指錯了，仍繼續當哨兵，乙若指對了，則換丙當哨兵，依此類推。

向哨兵靠攏時，必須是慢步前進，不能快跑襲擊。

智力遊戲可開發右腦

知識像浩瀚的海洋，多閱讀、勤思考，可以增強孩子的智力。但是智力和能力是不能灌輸的，要開發智力，就要求孩子必須自己去探索，多進行「智力遊戲」。智力遊戲將使大腦得到更好的鍛鍊，使人的智力更快的成長。

智力訓練題就是很好的「智力遊戲」，多做一些智力題，會使孩子的思路

活躍且更為開闊，思維能力得到鍛鍊，才能使自己的頭腦敏捷，智力不斷增強，也會越來越聰明。

智力訓練題：

1. 籃子裡有多少個雞蛋

一天中午放學後，媽媽讓小豔去街上買雞蛋。小豔提著一籃雞蛋回家時，不巧，小王騎著一輛腳踏車不小心把小豔的雞蛋全撞碎了。小王說了一聲「對不起」，並提出要賠償，就問小豔：「你籃子裡裝了多少個雞蛋？」小豔說：「籃子裡的雞蛋若兩個兩個地數餘 1 個；若三個三個地數餘 2 個；若四個四個地數餘 3 個；若五個五個地數餘 4 個。」小王想了一下，賠償了小豔的雞蛋錢，小豔也滿意了。你知道小豔籃子裡原有多少個雞蛋嗎？

2. 猜年齡

幾個小朋友們在一起玩遊戲，他們玩了好幾個遊戲後，就休息了一下。小強說：「我們不要玩遊戲了，讓我來猜猜你們的年齡吧，無論是誰，只要把自己的年齡乘 3，再加 6，然後用 3 除，最後把得數告訴我，我立即就能猜出你們的年齡。」結果，小強猜得都很準。你們知道為什麼嗎？

3. 誰是各科第一名

有 4 名同學，經常在一起讀書，有時還討論學習方法，大家的成績都有了很大進步。在一次考試中，王偉、高正、萬春、趙紅 4 名同學分別取得了數學、物理、化學和英文成績的第一名。但他們也不知道自己是哪一科的第一名。王偉認為趙紅的英文考了第一名，高正認為萬春的物理考了第一名。趙紅說高正肯定取得了化學考試的第一名。成績公布以後，發現獲得數學和英文第一名的同學判斷是正確的。那麼，誰是各科的第一名呢？

4. 你知道他往哪個方向走嗎

在暑假期間，爸爸讓小強到新新鎮去看舅舅、舅媽。但小強從沒去過這

個親戚家，所以當小強走到一個三岔路口時，便不知往哪條路走了。正在這時，小強看見一位老爺爺坐在路口的石頭上抽菸休息。小強便上前先行了個禮，然後問道：「老爺爺，到新新鎮該走哪條路？」老爺爺聽了並不答話，笑笑並轉身到大石頭背後，伸出頭看了小強一眼，便不發一語地走開了。小強感到很奇怪，但想了一會，就忽然明白了，便朝一條路走去了。請你想想小強是怎麼知道的呢？

5. 你知道老人姓什麼嗎

有一位老爺爺到十幾公里外的村子去看女兒，走累了就在路旁的小茶攤休息，並要了一碗茶喝。有位賣菜的年輕人在茶攤上喝茶，就和老人聊了起來。這時賣菜的年輕人問老人：「老人家，您貴姓？」老人沒有直接回答，卻指了指靠在樹上的扁擔說：「我就姓這個下面的，你猜猜看。」賣菜的想了想，便猜對了。你知道這位老人姓什麼嗎？

6. 怎麼把熟雞蛋挑出來

志強的爸爸星期天從街上買 60 個雞蛋回家放在冰箱裡。志強的媽媽為了方便吃，便在鍋裡煮熟了 20 個，志強並不知道他媽媽煮熟了 20 個雞蛋，把熟雞蛋也放到冰箱裡和生雞蛋混在一起。媽媽回來以後很生氣，責備了志強，並要他將熟雞蛋都挑出來。結果，志強很快就將熟雞蛋挑了出來。請問：你知道小志強是怎麼做到的嗎？

7. 如何把雞蛋拿出來

小娜和小靜在一起玩益智遊戲。小娜拿來一個玻璃杯，又拿了一個雞蛋，她把雞蛋放到杯子裡。如果不用筷子夾，不用鑷子夾，也不能用手拿，更不能將茶杯傾倒。你有沒有辦法，可以把雞蛋拿出來？

8. 如何使皮球靠水池邊

有幾個小學生放學後，在學校附近的水池旁邊玩皮球。他們玩得正開心

時，有一個小學生不小心一腳把皮球踢到水池裡去了。該怎麼辦呢？如果要求你不能用棍子，也不能下水去撈，還要使皮球自己靠到水池邊上來，你應該怎麼做？

9. 你知道這 5 張電影票的座位號碼嗎

小剛買了 5 張電影票，想和同學們一起去看電影，不料在洗衣服時把票洗模糊了。小剛和同學們來到電影院跟服務生商量。小紅說：「我記得座位是在 19 排，這 5 張座位加起來，正好是我家的門牌號碼，是 85。」服務生笑了笑說：「那就簡單了，你們完全可以計算出來，對號入座。」你能幫助他們算出這 5 張票是什麼座位號碼嗎？

10. 怎樣把香油和醋分開

在星期天的早晨，有一群小朋友到郊外去玩，中午要進行野炊，需要買點香油和醋。但他們只帶了一個空瓶子。這該怎麼辦呢？小洋想了想，主動承擔了任務。小洋買回來大家一看，不禁吃了一驚，原來他把香油和醋混在了一起。有些同學抱怨他不會做事，看油和醋在一起，要怎麼分開呢？小洋胸有成竹地說：「我當然有辦法分開，請看。」他把瓶子舉起來，瓶子裡的香油和醋分成上下兩層，界線分明。小洋得意地說：「醋比香油的密度大，香油在上層，醋在下層，不會相溶的。」掌勺的小方說：「要用香油還好，香油在上層容易順利倒出來，但我現在需要用醋怎麼辦？總不能先把香油用完了再用醋吧？」請問小洋是怎麼解決這個問題的呢？

11. 你知道韓信畫了多少士兵嗎

傳說，蕭何月下把韓信追回來後，竭力向劉邦推薦讓韓信掛帥帶兵。劉邦拿出一塊見方的棉帛，遞給韓信說：「你在上面畫多少士兵，我就給你多少士兵。」蕭何在一旁暗暗叫苦：這一塊棉帛上能畫得下幾個士兵呢？你知道韓信最後畫了多少個士兵嗎？

12. 獅子的微笑

一位馬戲團的女馴獸師，員警因其丈夫參與一起重大的毒品走私案曾找過她幾次，希望她提供線索。但女馴獸師總是說：「我蒙在鼓裡一無所知。」

這天，她又在近千名觀眾的歡呼聲中表演馴獅，卻被獅子殘忍地咬碎頭部而死。

這頭獅子一直由女馴獸師馴養。在此之前，她曾數十次鑽進獅子的大口中，當眾表演，從來沒有失敗過。然而，就在這一天，當女馴獸師將頭伸進去時，不知為什麼獅子顯露出好似微笑的表情，突然一口咬碎了她的頭部。

據馬戲團管理員說，這天在表演前已餵了那頭獅子足夠的肉，一定不是太飢餓導致的，而且牠也全無暴躁的跡象。警官聽完被調查者的陳述，急速變換思維，決心從獅子的微笑中打開缺口。於是，他走訪了相關專家，終於獲得了「這是一宗陰謀毒辣的謀殺案」的結論，經過一番取證，證實兇手就是毒品走私首犯——女馴獸師的丈夫，因為查證女馴獸師的丈夫在前一晚曾為妻子的頭部、面部噴過香水。

請問，獅子那可怕的微笑究竟意味著什麼？

13. 林肯辨證詞

林肯年輕時曾當過法官，而且是一位善於辨別真偽的法官。

有一次，林肯受理了一宗案子，被告的罪名是謀財害命。審訊中，被告喊冤，而證人卻一口咬定自己目睹了被告作案。

證詞是這樣的：10 月 18 日晚間 11 時，我站在一個草堆後面，親眼看見被告在離草堆西邊 30 公尺處的大樹旁作案。因為月光正照在被告臉上，所以我可以將作案人的容貌看得清清楚楚。

林肯聽了證詞，立刻宣布：「此案純屬誣告，證詞是證人自己編造的！」

你知道林肯是怎樣分析的嗎？

14. 福爾摩斯偵探找罪證

一天深夜，莊園主人的愛女阿瑪利婭房間內那掛在牆壁上的大時鐘在均勻地走著。當阿瑪利婭進入夢鄉後的一小時，有個竊賊來到這位少女的閨房裡作案。

竊賊用一個非常尖銳的凶器將小姐刺死。當他竊得紅寶石戒指悄悄溜出閨房時，被莊園管家當場逮住。次日，當地的各家報紙紛紛批露了這一慘案。一時間，人們議論紛紛。

偵探杜邦奉命受理此案。然而奇怪的是，在受害者阿瑪利婭慘遭殺害的現場搜尋了大半天，也未發現殺人的凶器；搜查罪犯全身，仍然一無所得。

竊賊究竟用的是什麼凶器殺害了莊園主人的愛女呢？凶器又到底藏在什麼地方呢？偵探杜邦一時竟束手無策。

就在杜邦一籌莫展的時候，大偵探福爾摩斯應邀來到了兇殺現場。他環顧閨房四周之後，就一舉找出了竊賊的罪證。

智力遊戲答案

1. 原有 59 個雞蛋。
2. 只要從得數中減去 2 就是他的年齡數。
3. 王偉是物理第一名；高正是化學第一名；萬春是外語第一名；趙紅是數學第一名。
4. 老人在石頭後面伸出了頭，即「右」字，說明是向右走。
5. 老人姓林。
6. 將雞蛋拿到桌子上一個一個地轉，熟雞蛋比生雞蛋轉得快。
7. 可以將食鹽溶解在水中，倒入茶杯，雞蛋就會自動浮起來了。
8. 你可以向皮球後面擲石塊，使水面形成水波，皮球就隨著四周擴散的水波，漂到岸邊來了。
9. 這五張票的座位號分別是：13、15、17、19、21。

10. 他用瓶塞把瓶口塞緊，再把瓶子倒過來，瓶子下層是醋，上層就是香油了。靜置了一會兒，他輕輕鬆開瓶塞，醋就順著瓶塞的縫隙流了出來。

11. 第二天，韓信交上棉帛。只見上面畫了一座城樓，城門打開，戰馬露頭躍出，一面帥字旗斜出，雖然沒有一兵一卒，但後面的千軍萬馬已可以想像。蕭何大喜，劉邦於是答應把全部兵馬交給韓信，讓他掛帥出兵。

12. 兇手在前一天夜裡在女馴獸師頭髮上撒了刺激性很強的癢癢藥，獅子鼻子發癢一打噴嚏，便咬碎了剛好伸進口中的馴獸師的頭。

13. 獅子露出可怕的微笑，其實是要打噴嚏時的表情。
    因為 10 月 18 日晚上的月亮應是上弦月，11 點鐘時，月亮西沉，不會有月光。由此可以證明證人說的證詞是假的。

14. 竊賊的殺人凶器是閨房大時鐘內那用薄鋼片製成的鋒利長針。兇手作案後把它擦乾淨又放回了鐘內，所以杜邦難以發現。

猜謎語可活化右腦

　　謎語是一種培養辨析能力、鍛鍊形象思考、豐富人們想像力的文藝形式。孩子透過猜謎語鍛鍊形象思考，對右腦開發大有益處。猜謎語是孩子喜歡的一種遊戲，謎語一般都是透過兒歌的形式，以形象生動的比喻來表現事物特徵的。它既符合孩子的思維特點，又能滿足孩子好奇的心理。在猜謎語的遊戲中，孩子們要進行聯想、分析、綜合和判斷等一系列思維活動，而他們並不認為這是一種負擔，而是輕鬆愉快的遊戲。因此，家長應經常利用休息時間，和孩子一起玩猜謎語遊戲。

　　謎語由謎題和謎底兩部分構成。謎面引用短謠、韻語或字詞巧妙地隱喻著謎底。謎底則是實際所指的字詞或事物。猜謎者要善於透過謎題的暗示，找出它所指的實際事物或字詞，達到猜謎的目的。謎語大致有以下三個特點：

1. **趣味性**：猜謎語是一種文字遊戲，謎題必須設計得饒富趣味，才能激起人們的興趣。
2. **疑難性**：好的謎語要使人感到有點難度，經過苦苦思索，豁然開朗。
3. **知識性**：謎語包含比喻、想像、擬人、借代等文字技巧，涉及各方面的知識，可以使人增長知識，開闊視野。

　　猜謎語是運用一定的思維方法，想出能夠切合謎題的謎底。猜題時，首先要進行分析：這條謎語是用什麼方法構成的？對設計謎題的方法有了大致的估計，就可以進行相應的聯想、猜測。猜謎語，首先要使孩子能積極進行思考活動。在猜的過程中，家長不要急於讓孩子先說出謎底，而是讓孩子仔細地思考後，再說出謎底。這樣不但能使孩子開動腦筋，而且也能了解孩子智力的發展情況。謎底揭曉以後，為了培養他們分析、推理、邏輯思維和語言表達的能力，家長要問孩子：「你是怎麼猜的？」要孩子將思考的過程複述出來，比如：猜「青蛙」的謎語，孩子就會說：「我聽到『大眼睛、寬嘴巴』，就想這是什麼動物呢？是『大金魚』，還是『河馬？』後來又聽到『白肚皮、綠衣裳』，我就想大概是青蛙。最後聽到『唱起歌來呱呱呱，專吃害蟲保莊稼！』我就肯定這是青蛙了。」這樣，猜謎語的過程就成為訓練孩子邏輯思維的過程了。猜謎語可以開發孩子的智力，可以培養孩子的觀察能力、想像能力、理解能力、記憶能力、形象思考能力和邏輯思維能力。

- **可以培養孩子的觀察能力**：在國小語文教材中有許多則謎語，每則都具有培養學生觀察能力的作用。比如，〈月亮〉這則謎語的謎題是：「有時掛在樹梢，有時像個圓盤，有時像把鐮刀。」這不正是把「月亮」週期的變化表達出來了嗎？如果孩子們在一個月之前，就觀察過月亮的變化，必然會猜中謎底。孩子們在觀察月亮和猜謎語的過程中，其觀察能力必將大大提高。
- **可以培養孩子的想像能力**：猜謎語之所以具有培養想像力的作用，主要

是因為謎語具有「辭欲隱而不顯」的特點，使它的謎題構成一個隱與顯的矛盾整體。猜謎者必須將被隱藏起來的事物，在謎題中透過提示以聯想法去揣摩。例如：「南陽諸葛亮，穩坐中軍帳，擺起八卦陣，專捉飛來將。」就把蜘蛛喻為諸葛亮，蜘蛛雖被隱藏了起來，但「擺起八卦陣，專捉飛來將」，又隱隱約約地暗示了蜘蛛這個謎底。孩子們若想猜到蜘蛛這一謎底，必須透過聯想法進行思考，這無疑是對一種想像能力的培養。如果孩子們經常猜些謎語，想像力就會大大提升。

· **可以培養孩子的形象思維能力**：絕大多數謎語都是生動形象的，符合孩子對事物認知的規律。因此頗為孩子所喜聞樂見。它們有些運用白描法，而多數謎語則運用了比喻、擬人、擬物法，透過比喻勾畫出鮮明生動的形象。「小時沒有腳，大時沒有尾，陸上去跳高，湖裡來游水」，這則謎語是以白描法敘述了青蛙由蝌蚪而演變的過程。「紅公雞，綠尾巴，一頭鑽到地底下」，運用比喻法，以紅公雞喻紅蘿蔔，刻劃了紅蘿蔔的形象。「一個小姑娘，生在水中央，身穿粉紅襖，坐在綠船上」，運用擬人法，以小姑娘比荷花，描繪了一幅出水芙蓉的圖畫。「一個山上跑，一個水裡跳，水裡跳的披金甲，山上跑的穿皮袍，它倆在一起，人們都說好」，運用擬物法，把字謎「鮮」這個字比喻成一隻羊和一條魚。總之，這些謎語都能抓住事物的特點，以各種手法具體形象地創作謎題。因此，這些謎語無疑能夠促使孩子們在猜謎的過程中，逐步學會如何具體形象地描繪事物，隨之也就逐步學會了形象思維。

· **可以培養孩子的理解能力和記憶能力**：有位中學語文老師曾經出過這樣一則字謎 ──「劉邦聞之喜，劉備聞之泣」這位老師還向學生提示說：「項羽死了，劉邦就『聞之喜』，關羽死了，劉備就『聞之泣』。」學生一時猜不出，老師就告訴學生謎底是「翠」字。這不僅能使學生了解相關歷史，而且還使學生理解並記住了「卒」字的古意可作「死亡」解。這個饒富趣味的謎語，培養了學生的理解能力和記憶能力。有助於培養理解

能力和記憶能力的謎語還有很多，如字謎：「帶士兵的少一筆，帶學生的多一筆 —— 答二字。」學生經過反覆揣摩，懂得了「帥」和「師」的區別，不僅記憶了字形，而且還理解了詞義。再如「你一半，我一半，同心幹，把樹砍」和「十個兄弟力量大，什麼困難都不怕」，把「伐樹」的「伐」和「克服」的「克」的意思也表達了出來。

- **可以培養孩子的邏輯思維能力**：據說，有位國小老師引導學生閱讀了《十萬個為什麼》第十冊，因為這冊介紹了各種動物的知識，其中關於貓和貓頭鷹的知識，於是出了兩則謎語。一則是：「八字鬍子兩邊翹，喵嗚喵嗚唱小調，黑夜巡邏不用燈，廚房糧庫牠放哨。」另一則是：「臉盤長得像個貓，身穿一件豹花襖，白天睡覺夜時叫，田鼠見它嚇得逃。」孩子們很快便猜中了，這是因為這兩則謎語勾畫了貓與貓頭鷹為民除害的共同點，而且更重要的是描述出了一個捉家鼠，一個捉田鼠的不同點，就把這兩者的概念區別了開來。

可見，謎語有利於幫助孩子們在認識事物過程中掌握概念。兒童謎語是兒童文學的一朵鮮花，它是孩子所喜聞樂見的文學形式。它能夠使孩子德智體美全面的發展，尤其是對孩子右腦的開發很有益處。

謎語訓練

字謎

（1）左邊三，右邊三，十一立在正中間。

（2）左邊管聽，右邊管說，左右相逢，吵鬧不停。

（3）一字真怪，寫是九點，看是三筆，形似圓珠。

（4）十個哥哥，體重真輕，重一千倍，才一公斤。

（5）一陰一陽，一短一長，一晝一夜，合為一雙。

（6）左邊是綠，右邊是紅，右邊怕水，左邊怕蟲。

（7）寫時口要合，念它口張開，平時不露面，你笑它必來。

(8) 南字反方向，口字在中央，上下廿四點，大家猜猜看。

(9) 外面會說話，裡面飄雪花，裡外合起來，大家愛看它。

(10) 左看兩點水，右看水兩點，細看不是水，敲敲硬邦邦。

自然物

(1) 晨出東海夜歸山，千年萬年來回轉，朝起暮落永不變，勤勤懇懇不偷懶，一日一夜轉一遍。

(2) 彎彎梳，明又亮，高高掛在天邊上，一月要變幾個樣，十五變成圓臉龐。

(3) 一匹七彩綢緞，彎彎高掛天邊，雨前雨後出現，稍過片刻不見。

(4) 身大容下六十億，無腳日行八萬里。

(5) 說個寶，道個寶，萬物生存離不開，看不見，摸不著，越往高處它越少。

(6) 忽然不見忽然有，來龍去脈難摸透，太陽出來它不怕，大風一吹它就走。

(7) 胸懷真寬大，江河容得下，潮漲暮就落，風起掀浪花。

(8) 聚寶盆，踩腳下，吃的用的，要什麼有什麼。

(9) 你若聲大它聲大，你若聲小它就啞，與你腔調一個樣，找遍四周不見影。

(10) 像花花園不種它，花兒剛開就落下，春夏秋季它不長，寒冬臘月開白花。

(11) 好吃沒滋味，髒了不能洗，掉在地面上，再也拿不起。

動物

(1) 南陽諸葛亮，穩坐中軍帳，擺起八卦陣，專捉飛來將。

(2) 頭戴紅帽，身穿白袍，陸上能走，水上能飄。

(3) 一個小小工匠，不用磚泥造房，房子不留門窗，房料可做衣裳。

(4) 一位小姑娘，身穿花衣裳，百花是親友，春天探親忙。

(5) 說牠是頭牛，不會拉犁頭，說牠力氣小，背著屋子走。

(6) 腿長胳膊短，眉毛蓋住眼，有人不吱聲，無人大聲喊。

(7) 似鼠不是鼠，沒羽能飛舞，眼睛看不見，睡覺倒掛屋。

(8) 一物生來真奇怪，肚下長個布口袋，孩子袋裡吃和睡，跑得不快跳得快。

(9) 一隻鳥兒真叫怪，不會飛來跑得快，遇事總把腦袋藏，光把屁股露在外。

(10) 粽子頭，梅花腳，屁股掛把指揮刀，坐著反比立著高。

(11)　一個白鬍老頭，帶了一袋黑豆，一面走，一面漏。

(12)　頭有板栗大，尾巴像鋼叉，睡覺在泥裡，離地一丈八。

(13)　身上雪雪白，肚裡墨黑黑，從不偷東西，硬說它是賊。

(14)　尾巴一根釘，眼睛兩粒豆，有翅沒有毛，有腳不會走。

(15)　為我打你，為你打我，打破你肚子，流出是我血。

植物

(1)　圓圓密密四間樓，四個仙人睡裡頭，不怕風吹和雨打，只怕娃娃一石頭。

(2)　扁扁圓圓紅樓房，幾個兄弟裡面藏，秋天一過擺市上，小孩見了喜洋洋。

(3)　手上全有針千顆，四季穿著綠衣裳，我雖長在深山裡，修房造屋做棟梁。

(4)　紅梗子，綠葉子，開白花，結黑子。

(5)　一個童子真俊俏，衣服穿了七八套，懷中藏有珍珠寶，頭上載著紅纓帽。

(6)　空心樹，葉兒長，挺直腰杆一兩丈，到老頭髮白蒼蒼，光長穗稈不打糧。

(7)　黃布袋，包珍珠，秋天一到滿田鋪。

(8)　上搭棚，下搭棚，開黃花，結青龍。

(9)　葉子圓圓個兒小，全身長滿小鐮刀，刀子裡面結果果，果兒可做美佳餚。

人體

(1)　家住深山靠陡崖，二人合穿一雙鞋，小的跟著大的走，大的抱著小的睡。

(2)　有嘴沒有牙，有腳不會爬，有喉不講話，有手不會拿。

(3)　一個山頭七眼井，七眼井兒暗相連，五個有水兩個干，所有井口不朝天。

(4)　站著它在上，趴著它在前，發號施令忙，智慧藏裡邊。

(5)　兩座房子兩頭尖，它能裝人萬萬千，要問房子有多大，一粒沙子容不下。

(6)　左一片，右一片，長到老，不見面。

(7)　紅門樓，白門檻；鎖不住，關不嚴。

(8)　無底洞裡一座橋，一頭著地一頭搖，百樣東西橋上過，一過橋頭撈不著。

(9)　十個小夥伴，分成兩個班，互相團結緊，倒海又移山。

(10)　十個頑皮小孩，不坐車愛坐船，白天乘船旅遊，夜晚下船休息。

(11)　高高山頭種韭菜，不稀不密剛兩排。

謎底：

字謎

(1) 非；(2) 聒；(3) 丸；(4) 克；(5) 明；(6) 秋：(7) 哈 (8) 燕；(9) 圖；(10) 冰。

自然物

(1) 太陽；(2) 月亮；(3) 彩虹；(4) 地球；(5) 空氣；(6) 雲；(7) 海；(8) 田地；(9) 回聲；(10) 雪；(11) 水。

動物

(1) 蜘蛛；(2) 鵝；(3) 蠶；(4) 蝴蝶；(5) 蝸牛；(6) 螽斯；(7) 蝙蝠；(8) 袋鼠；(9) 鴕鳥；(10) 狗；(11) 羊；(12) 燕子；(13) 烏賊；(14) 蜻蜓；(15) 蚊子。

植物

(1) 核桃；(2) 橘子；(3) 松樹；(4) 蕎麥；(5) 玉米；(6) 蘆葦；(7) 水稻；(8) 絲瓜；(9) 大豆。

人體

(1) 孕婦與胎兒；(2) 嬰兒；(3) 頭；(4) 腦袋；(5) 眼睛；(6) 耳朵；(7) 嘴；(8) 舌；(9) 手；(10) 腳；(11) 眉毛。

圖形符號辨識有助開發右腦

　　圖形辨識能力是右腦的重要功能之一，進行圖形辨識的訓練可有效地活化右腦增進智力。為了把「圖形」這個詞的含義同「繪畫」相區別，這裡規定為「輪廓的、線條的」，或者說是「將線條抽象化的類型」。

　　用圖形代替語言表達自己的思想，是行之有效的右腦活化方法。在人類

的進化過程中，曾有過用圖形記事的時期，但經過「左腦革命」，即語言文字的發展，使人們逐漸習慣了靠語言文字表達的邏輯思維模式。實際上，圖形和語言文字在事物的記錄和表達上各有所長。近年來，「右腦革命」使人們對圖形表達的作用有了新的認知。當用語言表達「甲物包含乙物，所以甲大於乙」這個概念時，在代表甲的圓圈中畫上代表乙的圓圈，這就把概念圖形化了。把這一原理用於日常生活，養成用圖形記事的習慣，就能刺激右腦，使其逐步活化，同時也有助於對抽象概念的理解和記憶。例如，讓孩子記住一個新事物，無論怎樣描述，都不如拿給他們一個實物或圖片看的印象深。如果你給孩子一個地址，他很難記住，更難以找到。但如果在給地址的同時配合上圖形，就很容易讓他記住並找到這個地址。例如，前門大街 3 號樓，你在給他地址的同時，告訴他是在前門城樓西側一所郵局的旁邊。使他腦子裡形成圖形，那麼，找起來就不難了。也許有人認為邏輯思維只能用語言表達，事實並非如此，邏輯思維也能找到圖形的表達方法。人們在日常生活中，因偏重語言表達，所以，漸漸地忘掉了圖形表達。也就是說，人們過分依賴左腦。我們應該有意識地讓孩子使用圖形表達，若有困難時，可以配合一些文字或語言，逐漸讓右腦也參加到日常生活中來。運用圖形符號訓練右腦能有很好的效果，因為左腦用得多，右腦用得少。如果經常用圖形符號來刺激右腦，使左腦與右腦協調發展，就能發揮大腦的潛力，更能發揮右腦的作用。下面就是一些圖形符號開發右腦的練習。

1. 熟練度測試遊戲

　　每一題已給出了圖形，孩子的任務是在所給的 6 個答案中找出哪一個是這 3 個圖形的後續圖形。

　　(1)

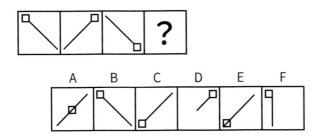

(2)

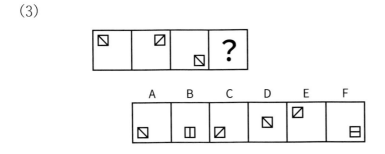

(3)

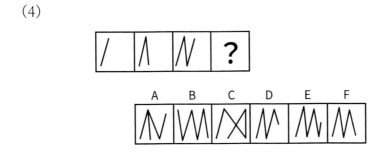

(4)

(5)

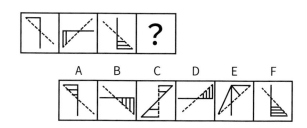

(6)

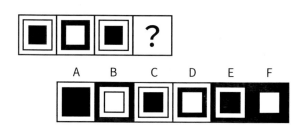

(7)

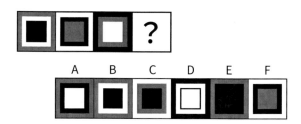

(8)

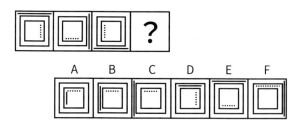

(9)

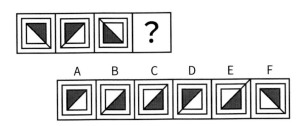

(10)

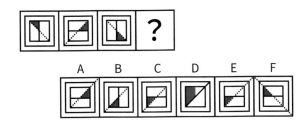

2. 連續性遊戲

例：問號處的圖形應是哪一個？

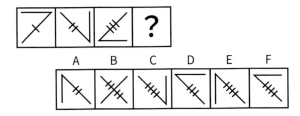

答案：E。圖形按順時針方向旋轉並依次增加一條短線。

(1)

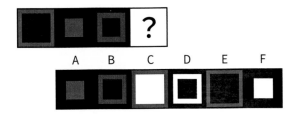

(2)

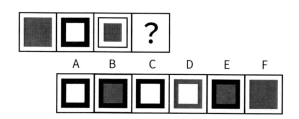

(3)

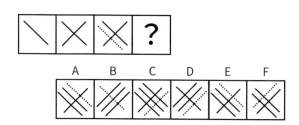

(4)

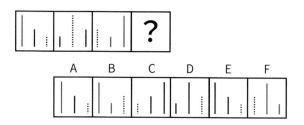

(5)

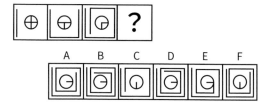

3. 靈敏度遊戲

從給出的 6 幅圖形中，找出有共通性的 2 幅圖。

例 1：

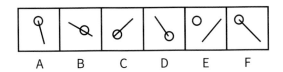

答案：B 和 E，其他 4 個的圓圈和直線都是在端點處相交。

例 2：

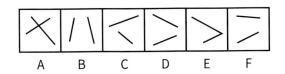

答案：A 和 E，其他圖案中的兩條線都不相交。

例 3：

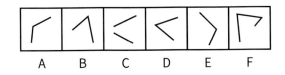

答案：C 和 F，其他 4 個圖案都是兩條相交的直線。

例 4：

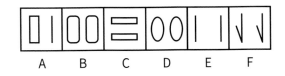

答案：A 和 C，其他圖案都是兩個相同的圖形一個在左，一個在右的方式排列。

（1）

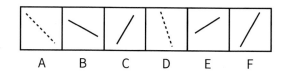

(2)

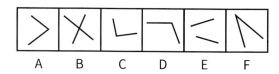

(3)

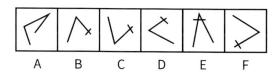

(4)

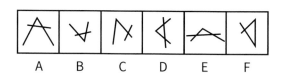

4. 矩陣遊戲

　　每題已給出一些圖形，請在以下 6 個答題中找出哪一個是符合所給圖形的規律。

　　例：

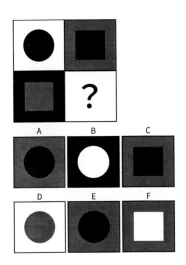

答案：B

對角線上的兩個圖形互為反映。

（1）

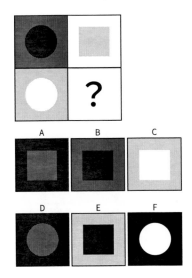

（2）

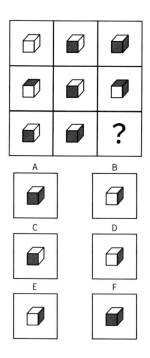

(3)

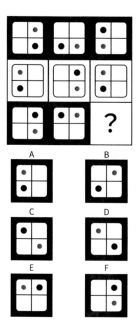

(4)

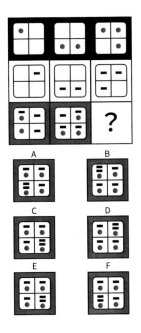

(5)

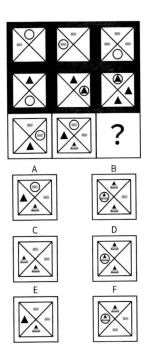

5. 骨牌遊戲

對於每一題，必須選出與其他不同的骨牌。這裡有 3 個例子用來說明遊戲規則。

例 1：

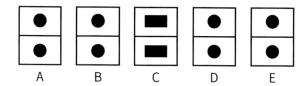

答案：C，其餘 4 個都是圓形。

例 2：

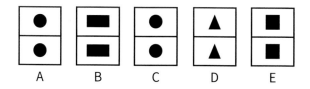

答案：D，第 1 組與第 3 組相同，第 2 組與第 5 組相同。

例 3：

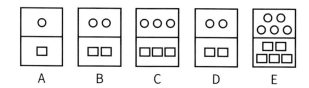

答案：D，因為它打破了 1、2、3、4、5 的規律。

(1)

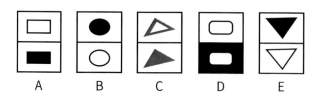

（2）

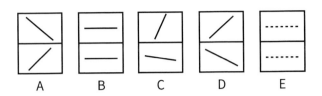

（3）

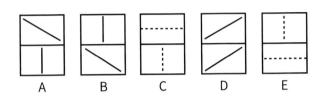

（4）

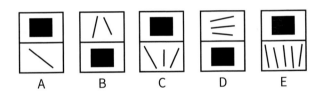

6. 分析力遊戲

　　每題已給出一些圖形，請從以下 5 個答案中選出 2 個，使其可以符合所給圖形的規律。

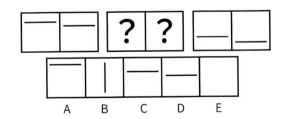

　　答案：C、D，因為從左到右橫線的位置依次下降。

例2：

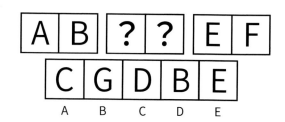

答案：A、C，按字母表上 A、B、C、D、E 的順序。

例3：

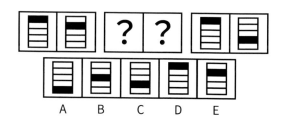

答案：D、B，陰影的位置依次是1、2、1、3、1、4。

例4：

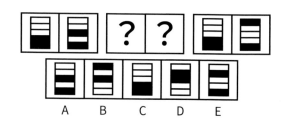

答案：C、E，陰影的位置從下往上數依次是（1、2）、（1、3）、（1、2）、（1、4）、（1、2）、（1、5）。

(1)

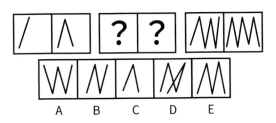

(2)

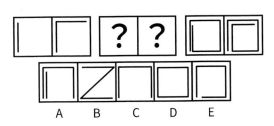

(3)

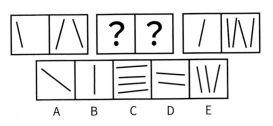

(4)

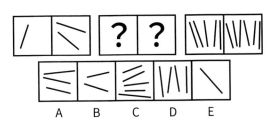

（5）

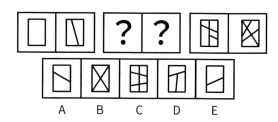

（6）

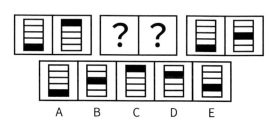

（7）

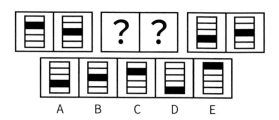

(8)

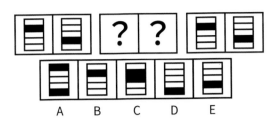

(9)

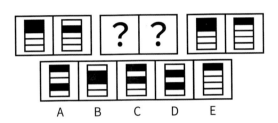

(10)

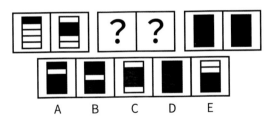

7. 矩陣遊戲

每題已給出一些圖形，請從以下 6 個答案中選出 1 個，使其可以符合所給出圖形的規律。

例：

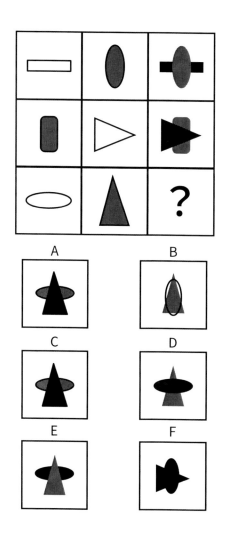

答案：E，第一列圖形＋第二列圖形＝第三列圖形，並且原為白框的圖案變成實心黑圖案。

(1)   (2)

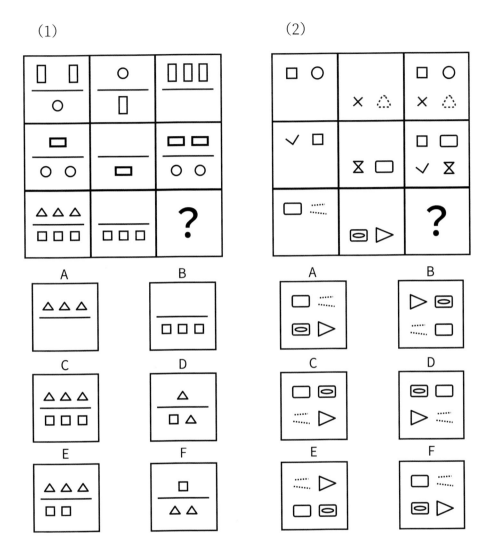

（3）　　　　　　　　　　　　（4）

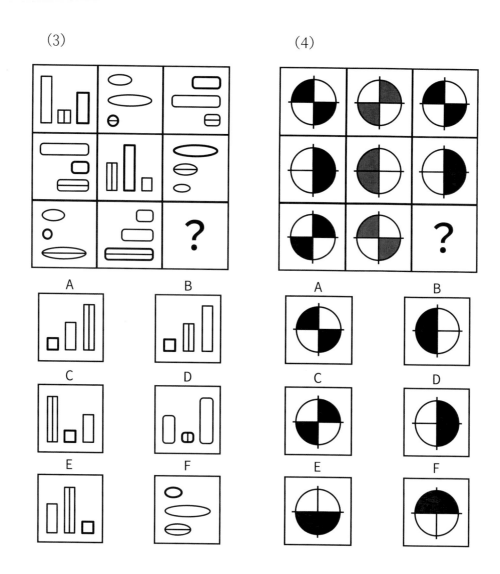

答案：

1.熟練度測試遊戲

（1）C　（2）B　（3）C　（4）F　（5）D

（6）D　（7）B　（8）C　（9）C　（10）E

2. 連續性遊戲

(1) E (2) D (3) F (4) E (5) A

3. 靈敏度遊戲

(1) A、D (2) B、E (3) A、E (4) C、F

4. 矩陣遊戲

(1) A (2) C (3) A (4) D (5) B

5. 骨牌遊戲

(1) D (2) C (3) D (4) D

6. 分析力遊戲

(1) B、E (2) C、E (3) B、E (4) A、D (5) D、B

(6) A、D (7) A、D (8) B、E (9) A、E (10) E、B

7. 矩陣遊戲

(1) A (2) B (3) A (4) C

手工遊戲可啟發右腦

每個孩子都喜歡做手工遊戲，對於孩子來說，做手工遊戲的好處非常多。

- **可鍛鍊孩子的動手能力**：做手工是鍛鍊孩子動手能力的一種好方法，在動手的過程中，孩子即便做出的東西不甚美觀，但同樣是有收穫的。
- **手工遊戲可提高孩子的智商**：孩子動手的同時也在動腦，製作手工的過程也是學習知識的過程，使孩子在玩中自然愉快地學習。
- **增強孩子的自信心**：在做手工的過程中，孩子如果做得好，就會受到大人的稱讚。經常受到表揚，孩子會很開心，也會很有成就感和自信心，而這種自信又會對孩子的進步有積極的作用。

以下，編者為孩子提供了幾個有趣的手工遊戲：

黏貼小白兔

準備：

· 白膠、棉花、紅色顏料、示範用紙。
· 觀察兔子的形體特徵。

做法：

· 棉花分塊成形。把棉花團分成大、中、小三份。把大份的棉花團拉成橢圓形做小兔的身體；把中份棉花團拉成圓形做小兔的頭；小份棉花團再分成兩等份，拉成長條形做小兔的耳朵。
· 組合黏貼。把拉成形的棉花團，按小兔子輪廓線的比例調整形狀，塗抹白膠，然後按身體、頭、耳朵的順序黏貼上去，用手掌輕輕按壓。
· 添畫眼睛。用食指沾少許紅色顏料，點畫小兔的眼睛。

提示：

· 按小白兔輪廓線的比例拉棉花團時，注意不要扯得太大或太小。
· 黏貼按壓前，提醒孩子要把手上的白膠擦乾淨，最好用一張紙蓋在上面按壓，以免沾染而帶起棉花。

折紙添畫小貓

準備：示範畫一張，示範用紙一張，三角形紙一張，白膠、手帕等。

做法：

· 如圖 A 所示，將三角形紙的兩個底角沿虛線向下折。
· 如圖 B 所示，將兩角向上折，完成小貓耳朵。

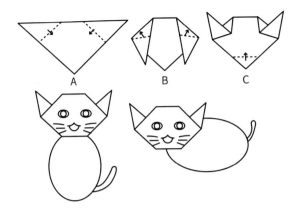

· 如圖 C 所示，將三角形的頂角從反面向上折。

· 在折好的小貓頭上畫上眼睛、嘴巴和鬍鬚，黏貼在作業紙的適當位置上，再引導孩子參考示範畫，並結合自己平時對貓的觀察，畫出小貓橢圓形的身體，最後畫出小貓的尾巴。

提示：

· 提醒孩子先折好小貓的頭，把貓頭貼在合適的位置上，把手擦乾淨後，再畫小貓的身體和尾巴。

· 鼓勵能力強的孩子畫不同姿態的貓或額外畫相關景物。

撕貼畫（勞動姿態）

準備：

· 在日常生活中，引導孩子觀察人們勞動時的姿態。

· 表現勞動姿態的撕貼示範畫一幅。

· 讓孩子收集各種清潔衛生的廢舊畫紙、糖果包裝紙作為撕貼用紙。

做法：

· 透過示範畫分析人體各主要部分的形狀和比例。

· 按人體的基本結構和比例，撕出圓形的頭、梯形的身體、長方形的四肢，然後在作業紙的適當位置拼擺好人物的勞動姿態，最後進行黏貼。

提示：

· 紙的厚度要適當，紙的大小應與示範畫中的人物形象接近，以便於孩子掌握人體各部分的比例。

· 撕紙時，提醒孩子注意巧妙地利用紙上原有色彩，使人物形象更生動逼真。

· 平時可利用活動時間，以遊戲的方式讓孩子練習撕紙。如玩「小小食品廠」的遊戲，讓孩子練習撕出各種不同形狀的「餅乾」，既豐富活動的內容，又練習了撕紙技能，孩子也會很感興趣。

自製玩具馬

準備：

· 要求孩子觀察馬的形體結構和基本特徵。

· 準備 2～3 段沒有骨節的稻稈。

· 一個用稻稈製作的玩具馬。

做法：

· 把材料分成段。先把稻稈的外殼剝掉，將稈芯分成 5 段（長度呈階梯狀），中間最長的兩段做馬的身體，最短的一段做馬的頭，剩下的兩段分別做馬的脖子和尾巴。然後把稻稈皮截成 4 根與馬身體同樣長的小棒做馬的四條腿。

· 組合插接。按頭、脖子、身體、腿、尾巴的順序將馬的各部分插接在一起，最後給馬插上兩個短小的耳朵。

· 裝飾。用水彩筆畫上眼睛、馬蹄等。

提示：

· 引導孩子觀察馬的形體特徵。

· 插接馬的身體時，左手要捏緊身體部位，以免兩節稻稈移動錯位。

· 注意別讓稻稈皮劃破孩子的手指。

· 用稻稈還可以製作出眼鏡、小人、榔頭等玩具。

· 提醒孩子愛護自己和他人的作品。

製作新年賀卡

準備：

· 讓孩子搜集各種帶有花邊圖案的糖果包裝紙和年曆卡片，供孩子欣賞，
引起製作新年賀卡的興趣。

· 新年賀卡範例一份，彩色筆一盒。

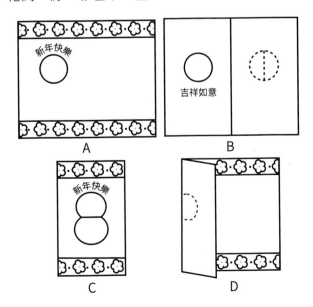

做法：透過欣賞賀卡完成品，向孩子解說繪製的方法。

- 讓孩子用已學過的二方連續圖案裝飾上下兩邊，並在圖下空間畫上與新年相關的內容，如圖 A 所示。
- 在圖 B 左側的圓形內畫上自己喜歡的畫，然後沿圓中右側的虛線（如圖 B 所示）對折，右側用虛線所畫的 3/4 圓剪下。（無虛線的地方不剪，如圖 C）剪好後把折疊的半頁展開，並將剪好的 3/4 圓翻折過來即可。

提示：

- 裝飾新年賀卡時，提醒孩子使用的色彩要鮮豔，如綠、大紅、橘紅等。
- 新年賀卡製作完成以後，可進行評點，讓孩子說說自己的設計理念，相互評點彼此的作品及優點（從構圖設計、色彩的運用等方面進行引導，為下一節欣賞課的基礎）。

最後，以讚美進行總結。可以讓孩子相互贈送賀卡，也可送給老師或其他朋友，從而增進師生、同伴之間的情誼，增添節日的儀式感。

音樂遊戲能讓孩子充滿靈性

音樂，不僅可以調節孩子的情緒，對孩子智力的開發以及想像力、創造力的培養也極有幫助。為了使右腦開發更加靈活有趣，效果更加明顯，在聽「右腦音樂」的基礎上，再增添些音樂遊戲，就可以透過音樂、視覺、運動、想像及形象思維的參與，使活化右腦的效果更加明顯，同時，又能調動孩子的學習興趣，激發好奇心及提高社會交際能力。

下面編者為孩子提供了兩組結合音樂進行的遊戲：

青蛙捉害蟲

我是一隻小青蛙呱咕呱，呱咕呱
地上住住水上劃劃，呱咕呱咕呱咕呱

我不吃穀呱咕呱，我吃害蟲呱咕呱

玩法：

全體 2/3 的孩子把手圍成圓圈作為池塘，1/3 的孩子分散在圈中扮演害蟲，另選 3～4 個孩子為青蛙，背對背站在圓圈中間。

遊戲開始：

「害蟲」、「青蛙」、「池塘」分別根據音樂做不同的動作。

「害蟲」蹲在圈中做吃農作物的動作（可由孩子自由發揮）。

「小青蛙」做下面動作。

第 1 小節：左腳向左一步同時兩手撫胸。

第 2 小節：兩腿屈膝，膝蓋稍向外，兩臂屈舉於體前，手指張開（手指向上，手心向前）作青蛙狀。

第 3～第 4 小節：兩手併攏放於嘴前作青蛙的嘴狀。大拇指與四指伸直，按節拍併攏張開，向左前方做兩次，再向右前方作兩次青蛙叫狀。

第 5 小節：蹲下，兩臂伸直，手指觸地，手心向內。

第 6 小節：兩手在身體兩側向後劃兩下。

第 7～第 8 小節：動作同第 3～第 4 小節，漸漸起立。

第 9 小節：第 1 拍右腳腳後跟抬起，左腿後伸，同時兩臂上伸，第 2 拍並腿屈膝，兩臂屈於胸前。

第 10 小節：動作同第 9 小節，方向相反。

第 11～第 12 小節：動作同第 2 小節，向前跳 4 次。

充當「池塘」的孩子邊唱邊拍手（第 1 拍自己拍手，第 2 拍左手向左側攤開，右手向右側拍旁邊的孩子的左手），反覆做上面動作唱到第 12 小節時重拍 3 下手，然後手把手作池塘。「青蛙」必須聽到拍 3 下手的信號才能到圈內捉「害蟲」，「害蟲」只能在圈內逃，不能出圈。被「青蛙」捉住的「害蟲」就站在圈上作池塘，待所有的「青蛙」都捉住了「害蟲」，遊戲即結束。

提示：

如果孩子人數多，可以多幾隻「青蛙」的角色，或規定捉完幾隻「害蟲」就結束遊戲。

小花貓和小老鼠

灰老鼠，吱吱吱，灰老鼠，吱吱吱，小小眼睛骨碌骨碌轉得快，一到晚上跑出來，偷吃糧食最最壞，最最壞。嗨！

小花貓，喵喵喵，看見了，喵喵喵，氣得鬍子根根往上翹，追上去呀追上去，抓住老鼠用力咬，用力咬。嗨！

玩法：

全體孩子先拉成大圓圈，然後每 3 個孩子圍成一個小圓圈，兩手相互搭肩當米缸。請 1 個孩子當小花貓站在圈外。4 ～ 5 個孩子當老鼠站在圈內。

第一遍音樂：

當米缸的孩子站著（或蹲下）唱歌，當唱到「嗨」時，可放手拉成大圓圈。

當灰老鼠的孩子做下面動作：

唱「灰老鼠」時，兩手握空拳，伸出食指、中指放嘴前（指尖併攏向前）上體稍前傾，用碎步向前跑，模仿老鼠的形象。唱「吱吱吱」時，在原位 1 拍先向左轉，1 拍向右轉。唱「灰老鼠，吱吱吱」時，動作同「灰老鼠，吱吱吱」。唱「小小眼睛骨碌骨碌轉得快」時，用碎步從左向右轉一圈。唱「一到晚上跑出來」時，用碎步向前跑。唱「偷吃糧食最最壞」時，動作同「灰老鼠」，跑近米缸，兩手輪流向前作抓糧食狀。彈前奏 32321 時，一跳，兩手搭在米缸上，或者進入米缸站在中間。

第二遍音樂：

當米缸的孩子唱歌，當老鼠的孩子作偷吃糧食狀，當小花貓的孩子按下

面的動作做：

　　唱「小花貓，喵喵喵」時，小花貓按節拍走進圓圈，同時兩臂屈舉於胸前（手心向前，手指微屈），兩手輪流向前屈伸，模仿花貓走路。唱「看見了」時，站著不動，瞪著眼睛看老鼠。唱「喵喵喵」時，上身稍前傾，兩手放嘴邊（手心向裡），向兩側拉開，作摸鬍子狀 2 次。唱「氣得鬍子根根」時，兩手叉腰，同時挺胸，瞪眼睛。唱「往上翹」時，兩手大拇指放在嘴角上，手指由下向上翹起手心向前。唱「追上去呀追上去」時，模仿花貓走路。唱「抓住老鼠使用力」時，右腳向右前方呈弓箭步，同時兩手輪流前伸 4 次，作抓老鼠狀。唱「咬」時，腳不動兩手用力握緊，作抓住狀。唱「用力咬」時，右腳收回退於左腳後，同時兩手放在嘴邊作撕咬狀。唱「嗨」時，當米缸的孩子放手拉成大圓圈。當老鼠的孩子立即逃跑，「小花貓」就去抓「灰老鼠」。小老鼠在追逐時不能跑出圈外，當抓到一隻或兩隻灰老鼠時，停止遊戲，另行分配角色，遊戲重新開始。

綜合遊戲可開發右腦

　　遊戲是一種綜合性的活動，這裡所說的綜合遊戲是針對前面介紹的圖形遊戲、體育遊戲及音樂遊戲而言的。綜合性遊戲是需要多感官、多系統、多種心理功能參與的，常以表演為特點的集體性遊戲。綜合性遊戲增智效果明顯，但需要具備的條件較多：要求集體參與，有時還需要一些必要的道具。綜合性遊戲主要有以下幾點作用：

1. **有利於想像力的發揮**：想像是孩子參加遊戲時最主要的心理成分。在假想的情境下，孩子可充分發揮想像力，扮演著各種角色，對事物進行假想，對遊戲的情節和行動方式進行設想。

2. **激發孩子對學習和生活的興趣，增加愉快的情緒**：孩子對遊戲的興趣屬

於直接興趣，即為了遊戲而遊戲，往往被遊戲的過程所吸引。如玩「烹飪」遊戲，興趣僅在於做飯的過程，而不是做出真正可吃的飯菜。而對學習知識的興趣是一種間接興趣，往往對其結果感興趣，對抽象的學習過程常有厭煩情緒。因此，可以把知識轉化成遊戲，使孩子在遊戲中增加、鞏固所學的知識。遊戲沒有心理壓力，孩子總是能以愉快的心情去體驗。

3. **增強動作和語言參與的社會適應能力**：綜合性遊戲多為集體遊戲，透過角色的扮演，語言和動作的參與，不但提高了智力，而且增強了社會適應能力。

綜合遊戲舉例：

擺棋子

準備：象棋 1 副，棋盤 1 張（圍棋子和棋盤亦可）。

方法：用象棋或圍棋進行上面這種遊戲。發起者擺什麼樣的棋子，讓孩子也模仿擺出。

- 有規律地按順序擺出「紅黑紅黑」、「紅紅黑黑」、「紅紅紅黑」的棋子，讓孩子模仿。
- 擺出幾何圖形，例如三角形、正方形等，讓孩子學著模仿。
- 隔一格放一子，隔兩格放一子，擺法逐漸複雜。
- 讓孩子數數看擺好的棋子，紅的、黑的各有多少？哪個多？多多少？
- 要讓孩子學會自己有規律地擺棋子，亦可讓孩子提要求，家長擺。
- **注意**：此項遊戲，透過讓孩子模仿擺棋子，來增強他們對空間位置的感覺能力，培養他們的組合能力，訓練他們的動手能力。進行遊戲時要循序漸進，不可一下子要求太高。

誰的影子

準備：大象、小兔、小豬、羊、馬、鹿等動物圖各 1 幅，動物黑色剪影圖 1 幅（上面可貼 4 ～ 5 個動物的剪影）。

方法：

· 讓孩子先觀察動物的頭像圖，然後再出示動物黑色剪影圖。

· 讓孩子觀察、比較，並將兩幅圖中一樣的動物找出來（最好讓孩子用手指出）。

· 將畫面遮起一部分，讓孩子猜遮住的是什麼動物？

· 讓孩子比較兩幅圖，看一看動物有幾隻？影子有幾個？影子比動物少幾個？哪幾隻動物沒有留下影子？

我的家

主題的產生

布置「家」的場景，進行以「家」為題的談話，引出「我的家」建築遊戲主題。在場地一角布置「家」的場景（可用積木建築），其中有傢俱、家用電器和其他一些生活物品。問孩子：這是什麼地方？（家裡）有些什麼東西？孩子往往無法將它們在大腦中歸類後說出來，而只是無規律地一件件講出它們的名稱。

這時，家長要教孩子對這些物品進行歸類，主要是傢俱類和家用電器類。傢俱類有床、桌椅、沙發、櫥櫃等；家用電器是指電視機、電風扇、洗衣機和電冰箱等。然後問孩子：我們家有沒有這些東西呢？要求孩子在回答中一一分類。然後問他們，用積木來「搭」個「家」好嗎？遊戲的主題便產生了。

從角色遊戲「娃娃家」中產生建築主題。與孩子玩「娃娃家」角色遊戲，讓他們扮演爸爸、媽媽。在遊戲開始時，就要將「家」的環境布置出來。布置離不開傢俱之類的物品，在遊戲發展過程中，他們不滿足現有的「家」。隨著

情節和內容發展的需要，常常又要採用建築的方式，在家中添置「電冰箱」、「電視機」之類的家用電器，再繼續進行角色遊戲。因此，建築遊戲常常緊緊地結合在角色遊戲之中，建築遊戲又使角色遊戲的內容不斷發展並更加豐富。所以「我的家」的建築主題經常出現在「娃娃家」角色遊戲之中，它們互相促進，不斷發展著。

遊戲的發展

當孩子學會歸類後，要求他們開始分類搭建。先搭建傢俱，如大衣櫃、五斗櫃、書櫃、床、床頭櫃、桌子、椅子、沙發等，但不一定要求孩子面面俱到，一件不漏。可以選擇幾件來搭建，具體要根據他們的興趣而定。

在搭建中，我們要讓孩子注意觀察每件傢俱不同的造型特點:有大有小，各自的幾何圖形。掌握這些是比較容易的，如大衣櫃比較高大，一般可分割成 3 個長方形，中間是鏡子，稍寬些；五斗櫃有 5 個抽屜；床頭櫃較小；碗櫥要放餐具、飯菜，所以有幾層。傢俱搭建好後，再教他們搭建「家用電器」（冰箱、電視機、洗衣機、答錄機等），它們的造型也比較簡單，只要掌握好大小比例即可。在完成以上兩類搭建以後，還可以看看還有哪些經常用的東西，如縫紉機、鐘等。分類搭建完成以後，為「家」的總體建築打下了基礎。

在分類搭建的基礎上進行「家」的總體布局和建築。在孩子學會對傢俱、家用電器等搭建後，再讓他們進行以「家」為題的總體建築。孩子之間應一起決定具體要搭建哪些內容和怎樣布局，並讓他們回憶自己家的布局。如床頭櫃上放著答錄機，五斗櫥上放著電視機，書桌上放著檯燈，電冰箱放桌子旁邊……然後再進行分工，各自負責房間一角的搭建。

「家」的布局沒有一定的模式，只要相對合理就可以了。如將電視機放在床上就不合理了。孩子要以現實生活中的「家」為依據，經過自己的思考，加工構思出自己的「家」來。

讓孩子進行以「家」為主題的角色遊戲，繼續豐富建築內容。「家」建

成了，孩子自然當起「家」的主人，他們饒有興趣地扮演著爸爸、媽媽、奶奶、妹妹。這時我們可以提供一些餐具和娃娃之類的道具，以供他們扮演角色。另一方面還要進一步從建築角度提出要求，以豐富遊戲的內容。如家裡有了娃娃，是不是還得有個搖籃呀？可以這樣說：「小娃娃總是哭鬧，她大概吵著要睡覺了，要是有個搖籃，搖著她睡，她就不會哭了。」這樣提示，他們就會繼續玩起來了。又可以說：「家裡最好再有個沙發，客人來了就可以請他坐在沙發上，對不對？」、「好！那我們再來搭個三人沙發（用積木搭建）。」

如此一來，孩子又懂了很多。這樣，又逐漸豐富了建築內容，使孩子始終沉浸在歡樂的聯想之中。

將建築與其他造型活動結合起來，豐富「家」的內容。孩子們都有自己的家，其陳設、布局、物品、裝飾都不一樣，每家都有其特點，如有的喜歡養魚；有的喜歡種花；有的愛鳥。

遊戲中，我們可啟發孩子將建築與造型活動結合起來，從而把「家」裝飾得更美麗。如用積木搭建個花盆；用皺紙和有色玻璃紙折剪出花和葉插在花盆裡；用積木搭建個鳥籠，裡面放個紙折的小鳥；還可搭建個盆景，作為「家」中的裝飾。這樣「家」的內容不斷豐富並且越來越美。

遊戲的評價

評價孩子對某一物能否從多種造型進行建築，對建築主題是否有多種布局和構思的能力。傢俱和家用電器的結構造型雖然比較簡單，但它們在生活中的造型卻有很多變化。如桌子就有方桌、長桌和圓桌。方桌就有四腳的、花瓶式的；圓桌有一根立柱分出三腳的，也有花瓶式的；五斗櫃有雙門的、單門的。造型梳妝臺也很多，組合傢俱更是式樣繁多。在遊戲過程中，要讓孩子學會觀察、比較、區別、歸類。啟發他們對某物進行多種造型的建築，以活躍他們的思維。

對於「家」的建築主題，還要引導孩子進行多種布局的構思，因為現實生活中「家」的布局也是不同的。要充分調動他們觀察、想像、創造的積極性，對整體布局進行多種構思，使每次建築都有不同內容的組合、不同方式的布局。只要構思新穎、有特點，就應得到鼓勵或獎勵。

從美學的角度評價孩子的「建築成果」。孩子在建築「家」的遊戲中，透過造型活動、布局構思，去創造一個整潔、和諧、美麗的「家」，可逐步提高他們的審美能力。在這一過程中，孩子首先是感受到生活中的「美」，然後透過遊戲去設計美、表現美，在遊戲中，他們會逐漸累積更多直觀而形象的審美印象、審美經驗，從而受到美的啟發、美的薰陶、美的教育。所以在遊戲的評價中，還要從另一個角度分析他們的建築成果，即從美學的角度去評價他們的建築水準。

公車

主題的產生

出現遊戲材料，產生遊戲主題。公車是孩子們常見的一種交通工具，孩子也常常乘坐公車外出，他們對司機和售票員的工作很感興趣，平時有一把椅子，他們就會兩腿一跨，把椅子背當做方向盤開起「車」來。因此「公車」這個遊戲的主題很容易產生。如果我們在桌子上放一個類似方向盤及票夾的物品，他們就會很容易受到啟發，並用這些材料當起「小司機」和「小售票員」來，公車的遊戲便可開始進行。

向他們解說司機和售票員如何為大家服務的故事，啟發孩子玩「公車」的遊戲。由爸爸媽媽有目的地帶孩子乘坐一次公車，讓他們注意觀察司機如何全神貫注地開車、剎車、轉彎及如何遵守交通規則，如「紅燈停、綠燈行」；售票員如何報站、賣票；乘客如何上、下車。這樣便可產生遊戲的主題。

角色的分配

公車遊戲中的角色有司機、售票員和乘客。分配角色時，孩子們必然爭

著當司機或售票員，因為這兩個角色在做遊戲時可以使用方向盤、票夾等道具，又是遊戲的主角，能使他們得到滿足。這樣我們就應啟發他們協商分配或輪流扮演角色，以使更多孩子可以玩得盡興。同時可以給每位「乘客」都分配一個角色並有不同的道具。如「醫生」下班了，背著小藥箱；「媽媽」帶孩子（玩具娃娃）乘車去公園；「奶奶」提著籃子買菜；「學生」背著書包上學等。

遊戲的內容、情節和發展

- **司機、售票員及乘客要互相協調配合**：在公車遊戲中，司機與售票員、乘客之間的活動都是相互連繫的。司機要等售票員關車門後再開車；乘客要待售票員開門後才上、下車；售票員、司機要等乘客上、下車後才能關門、開車。因此，孩子們的遊戲動作要相互配合 —— 開車、賣票、停車、開車門、上下車、關車門、再開車，每個動作都要配合好。

- **增加與公車相關的遊戲內容和角色**：隨著遊戲的展開，孩子們會漸漸不滿足於開車、賣票、上下車了。他們憑著已獲得的生活經驗和相關知識，希望表現更多的內容。如希望有指揮交通的「員警」叔叔，這一角色的出現，會使遊戲更有趣味，更符合現實生活。

  對於年齡較小的孩子，我們可向他們提供相關的遊戲素材，如紅綠燈、員警叔叔的帽子、指揮棒等，還可問他們「紅綠燈有什麼作用」、「員警叔叔應該在哪裡指揮交通（崗亭裡或馬路上）？」對於年齡稍大的孩子，可對他們講解一些交通常識，如司機不能亂開車，要聽從「紅綠燈」的指揮。同時也可提一些「員警叔叔穿的服裝有什麼醒目的標誌？」、「紅綠燈用什麼來代替？」等問題，以啟發他們搭崗亭、製作紅綠燈、設計員警的醒目標誌等想法。

  總之，要讓他們多動腦，多動手，自己解決遊戲的道具。遊戲是一種特殊形式的認知活動。在遊戲過程中，啟發、調動孩子了解、掌握交通知

識，初步學習員警、司機、售票員等不同職業的特點。

- **創設情境，豐富遊戲內容**：公車是社會的一角，也是公共場所。為了培養孩子們良好的社會適應能力及積極的社交能力，我們可與他們交談汽車上的所見所聞，用兒歌及肯定的話語推崇「讓座」、「見義勇為」的品德，加深他們對良好行為的印象，並讓他們透過遊戲得到體驗。

  為此，我們可以設計情境，增加遊戲的內容，如扮演一位搖搖晃晃走上公車的老奶奶；一個在車上突然生病的病人；媽媽抱著娃娃上車等角色，讓「乘客」、「司機」、「售票員」去處理、解決這些問題，使每個孩子在遊戲中充分發揮他們處理問題、解決問題的能力。

遊戲的評價

針對司機、乘客、售票員和員警的職責以及遊戲中反映的角色關係進行評價。司機的職責是開車，他應聽從員警的指揮，遵守交通規則。售票員負責出售車票及相關的協調工作。員警應指揮車輛和行人，不得隨意離開崗位。乘客要仔細聽售票員報站，並主動買票。要使遊戲順利進行，各角色必須各司其職。透過遊戲，孩子們學到了待人接物的方法，能正確處理人與人之間的關係，在車上能互相謙讓，遵守秩序。有些孩子平時克制能力較差，對他人態度粗暴，在遊戲中，可透過角色扮演，受到教育和薰陶，學會約束自己。在評價中，對於孩子在遊戲中表現出來的良好行為要及時加以肯定並獎勵。

評價孩子在遊戲中製作遊戲材料或替代玩具的情況，培養他們的形象思考和豐富的想像力。玩具是遊戲的表現實體，但不一定要非常逼真、完美。可啟發孩子們使用一些代用品，以增加想像力。如司機的方向盤可用圓形的塑膠盤，也可在圓形的紙殼上畫十字；汽車的車頭可將桌子翻倒來代替；售票用的票夾可自己動手製作。

下雨的時候

主題的選擇和意義

讓孩子們進行小白兔、小雞和小貓在雨中相互幫助的遊戲，使孩子懂得同伴間要互相關心、互相幫助。表演可在草地上進行，情節對話均較簡單，對年齡較小的孩子較合適。故事中有模仿小動物的叫聲、動作及對話，對刺激孩子的右腦有很好的作用。

遊戲的準備

- **遊戲的角色**：小白兔、小雞和小貓。
- **道具和布景**：草地，草地上有些小花和蘑菇。遮雨的大葉子，可用現成的植物或用綠紙製作。
- **角色的裝束**：小白兔、貓、雞的頭飾或服飾。

  頭飾或服飾可自己製作也可用成品。父母可利用布景、道具，以及角色的頭飾、服飾來吸引孩子，引導他們進入角色。

遊戲的指導

- **反覆聆聽故事，掌握故事內容**：先讓孩子聽父母說故事，了解故事的名稱和角色，學會重複語句：「××，××，快到葉子底下來吧！」、「謝謝您。」接著讓他們看圖片聽故事，熟悉故事的情節（小白兔在草地上玩，下雨了，小白兔找了片大葉子遮雨，碰到了小雞就和小雞一起遮雨，後來又碰到了小貓，它們三個一起遮雨。雨停了，小動物們高興地遊戲起來）。然後再聽一遍故事，熟悉角色出場的先後次序和道具的運用，為故事的展開做準備。
- **知道動物的叫聲，模仿動物走路**：除了讓孩子知道故事中的角色、動物的叫聲外，還要模仿牠們的形態。如小兔子蹦著跳，兩手要放在頭頂兩側作耳朵。小雞碎步走，兩手食指要放於嘴前作尖尖的嘴。小貓兩手作爪子，同手同腳朝前走。孩子們練習模仿動物的形態，對表演故事內容

的興趣會大大提高，同時角色的形象也因此更為鮮明。

- **配上音效，引導孩子邊想像邊表演**：故事發生在雨天，我們可配上「颶風」、「下雨」的音效，觸發孩子想像雨天的景象，使他們能進入情境，邊想像邊表演（右腦能得到充分的鍛鍊）。故事的開始和結尾可配上音樂，讓孩子隨著音樂一起唱歌、遊戲。如故事開始有太陽升起的音樂，他們就知道小白兔來到草地上愉快地採花、摘蘑菇。一會兒聽見颶風下雨的音效，便急忙找了片大葉子遮雨……這樣孩子可隨著音樂的變化，從一個情境進入另一個情境。

- **啟發孩子理解故事內容，體會角色的感情**：例如，小兔子看見下雨了，牠非常著急地想辦法，尋找一片大葉子當雨傘。小雞和小貓淋在大雨中非常著急（可加上兩手遮在頭上走的動作）。小兔子見了連忙驚呼，表現出小兔對同伴的關心和幫助（語調可高些，每個字音可拉長些，呼叫時手放在嘴邊，一隻腳向前跨一步）。父母可示範讓他們在體會角色的情感以後，再模仿小動物的語調和動作。小雞和小貓得到了小兔子的幫助後，要有禮貌地說：「謝謝你。」故事結尾時太陽出來了，小動物們高興極了，一起唱歌玩遊戲。

遊戲的評價

評價孩子在表演遊戲中的語言和動作。遊戲表演得好不好，語言和動作十分重要。這個故事中角色的對話雖然簡單，但卻表達了角色的特點和故事的主題。無論老師還是父母都要讓孩子盡可能理解角色，表達出角色的感情，還要讓他們根據故事內容和情節的發展，用動作來表演其內容。如故事結尾三個好朋友一起高興地遊戲，就要求他們「動起來」，要表現得十分高興。

第九章　在活動中開發孩子的右腦

生活是孩子右腦訓練的最佳活動場，身為家長，若想幫助孩子更好地開發右腦、活化右腦潛能，除了對孩子進行有針對性的右腦訓練以外，還可以引導孩子在日常生活的各類活動中鍛鍊自己的右腦。

透過體育鍛鍊開發右腦

讓孩子經常到戶外在新鮮的空氣和陽光中進行體育鍛鍊，不僅活躍了他們體內的代謝過程，增強了體力，並且對智力的開發也會產生積極的影響，這是因為運動促進了血液循環和呼吸，腦細胞可以得到更多的氧氣和營養物質的供應，使代謝加速，腦的活動也就越來越靈敏，再加上鍛鍊時，肢體動作千變萬化，也會促使大腦各個不同部位快速做出相應的機能反應，這猶如大腦神經在做各式各樣的健腦體操。此外，每天有適當的戶外活動時間，還能幫助孩子提高睡眠品質，增強記憶力。

安排孩子參加體育鍛鍊，應根據他們的體質條件及興趣選擇一些合適的項目。在節假日裡家長可以帶孩子到郊外或公園等場所進行健身活動，在夏天還可以帶孩子去游泳，讓他們充分接受空氣、陽光和水的鍛鍊。

透過做左側體操鍛鍊右腦

活動左側肢體，可以對右腦產生良好的刺激。因為無論人體的感知輸入，或是大腦對肢體運動的控制都是左右交叉的，所以，開發右腦要多活動左側肢體。透過活動左側，一方面對右腦的感覺中樞是一個良好的刺激；另一方面對右腦的運動中樞也有到了刺激作用，達到開發右腦的效果。在左腦的高強度工作之後，左側肢體活動可使右腦變得興奮。根據生理學中的同時性負誘導效應，大腦皮質的某一中樞興奮，可使其周圍相應中樞處於抑制狀態，因此，活動左側肢體可以在開發右腦的同時使左腦得到積極性的休息。

對於孩子來說，做左側體操就是他們運動左側肢體的最好方法之一。這種左側體操可以對左側肢體進行有系統的鍛鍊，以促進右腦功能。每天早上帶領孩子做上一兩遍，對開發右腦潛力很有益處。

左側體操動作如下：

舉臂動作一（重複 8 次）

· 聚精會神地站立，左手緊握拳。

· 左手腕用力，彎臂慢慢上舉。

· 緩慢地彎曲上舉的左臂，回復到原來的姿態。

抬腿動作（重複 8 次）

· 仰臥。

· 左腿保持伸直向上抬。

· 將上抬的腿倒向左側，但不可碰到地。

· 按相反的順序，回復到原來的姿態。

舉臂動作二（重複 8 次）

· 使身體保持站立姿態，左臂向左側平舉。

· 將左臂上舉，頭不能動。

· 按相反的順序，回復到原來的姿態。

左側動作（重複 8 次）

· 使身體從直立姿態向左側傾斜。

· 僅用左手和左腳尖支撐。左臂伸直支撐，傾斜，筆直蹲下。

· 曲左膝後起身，回復到原來的姿態。

單撐動作（重複 8 次）

· 俯臥。

· 踮起腳尖，像伏地挺身那樣，用手腕和腳尖支撐身體。

· 曲臂，同時使左腿抬高，右臂放鬆。

透過左視野訓練啟動右腦

在國外有一種「親子教室」的訓練，是開發右腦的良好方法。

首先，讓1歲半的孩子坐在椅子上，注視著正前方，迎面最好是白色的牆壁，以確保孩子注意力集中。

家長或我們的老師站在孩子身後，將事先準備好的、孩子最喜歡玩的玩具娃娃或布質小動物舉到孩子左側，然後對孩子的左耳問：「這是什麼？」

這時，孩子可能會循著話音向左側轉頭，家長一定要力量適度地固定他的頭，不讓其轉動。開始時，玩具的位置應放在左耳後，然後一點點慢慢向前移動。當玩具剛一進入孩子的視野範圍邊緣時，他會連續不停地喊：「是熊」，或者是其他東西，這種效果最佳，證明孩子的右腦受到外界資訊的刺激。

此刻，孩子正最大限度地發揮右腦特有的識別能力，搜索、分辨進入視野內玩具的形狀。如果孩子猜對了，家長、老師一定要及時鼓勵。這一點很重要，千萬不要忽視。為了使訓練兼有娛樂性，要不斷改變方向，忽而將玩具從右側舉出，忽而從左側舉出。這樣就能夠保持孩子興趣不衰，他會極力調動想像力去推測，這次又會從哪邊出來呢？透過這種遊戲開發右腦，可以說是再好不過了。

此外，家長還可以把孩子帶到戶外、馬路上去。讓孩子把頭稍向右偏轉觀察事物，這個訓練隨時隨地都可以進行，如在樓房屋頂或岔路口讓孩子用左視野觀察大街上的車輛。記住它們的顏色、形狀，把它們排列在腦海裡。

手腦速算有益右腦開發

手腦速算，是用雙手運算，雙腦記數的一種高效、快速、簡捷的計算方法。它以雙手手指為基礎，透過實際的手勢訓練，在右腦當中形成「腦像

圖」，同時用左腦的邏輯思維及語言表達說出「60 ＋ 53 等於多少」的簡單，快速，集速算與口算為一體的開發右腦的方法，同時對左右腦的平衡發展也發揮了很大的作用。

它能使 4 ～ 6 歲的兒童快速心算 100 以內任意兩位數的加、減法。手腦速算的學習過程中，手指始終是運動著的。而手指的屈伸就是看得見的形象思維（右腦和雙手），直接用數字進行的是抽象思維（左腦和雙手）。雙手雙腦並用可有效地訓練思考的敏感度、深刻度、靈活度，增強判斷能力、領悟能力和推理能力。手腦速算簡單易學，速算、口算易如反掌。

手腦速算，具有雙向啟智、開發右腦的功能。在進行運算的過程中，將雙手有效地調動起來，使左手變得纖巧靈活，透過左手的充分活動有效開發兒童的右腦。這樣左右腦反覆交替運作，使左右腦平衡發展，有效啟動右腦的腦細胞，使右腦得到明顯的開發。

透過同時學習數種語言開發右腦潛能

美國神經科學家近年發現，兒童學會兩三種語言和學會一種語言一樣容易，因為當孩子只學會一種語言時，僅需動用大腦的左半球，如果培養孩子同時學習幾種語言，就會啟用大腦的右半球。

反之，外語翻譯的最高境界，也是要達到充分利用右腦的「神譯」。

翻譯層次高低有別，有人把它分為三個級別、五個檔次。

初級為「形譯」，只是譯出字、句、段，表達了講話的字面意思，這時只使用到左腦。

中級為「意譯」，分為兩三個層次。在這一級中，低階只是譯出了語句、文本，表達了說話的具體意思，這時仍只用到了左腦；中等的譯出語意，傳達了講述者表達的資訊，這時為左右腦並用；高等的則可譯出講話者的志和情，體會出了講話者內心的狀態，這時基本是運用右腦。

高級又稱為「神譯」，不僅可譯出說話者欲表達的意思，還譯出了說話者的「實相」，這是完全用右腦工作的結果。達到這個境界時，譯者已進入一種忘我的狀態，達到與講話者心靈的溝通，已不需要刻意去解釋去尋找表達方法，譯者與講述者的隔閡已不復存在，他感受到的是講述者心靈深處的核心。

翻譯層次的提高，實際是右腦逐步開啟使用的過程。由絕對左腦，左右腦並用，在左腦的基礎上使用右腦，到絕對右腦的大腦使用的轉化過程，達到翻譯的「神譯」階段，是需要經過長期鍛鍊的。

透過說智力故事給孩子聽開發右腦

透過對孩子說智力故事開發右腦，就是讓孩子從智力故事中得到啟發，讓他們有能力辨別什麼是好、壞，什麼是對、錯，鍛鍊孩子的觀察能力、記憶能力、想像能力、思維能力和分辨是非的能力。它將使孩子了解世界，走向社會。

智能故事

文彥博取球

宋朝時，有個叫文彥博的孩子。

有一天，他和幾個小朋友在踢球，玩得十分開心。

有個小朋友放開腳，將球用力一踢，那球飛出很遠，朝河邊滾去。孩子們就跟在球後面，叫著跑著追趕球。說也奇怪，那球滾到河邊的一棵大柳樹下就不見了。

大家找來找去，在大柳樹根底下發現一個洞，猜想球可能掉在洞裡面去了。

有個小朋友急性子，捲起袖子就把手臂伸到洞裡去撈。洞很深，撈了半

天也撈不到。

有些小朋友要回去取鐵鍬，想把洞挖開，可是那要費很大的力氣，大柳樹的根很粗，糾結在一起，根本挖不動。

大家一時想不出好方法，都感到很鬱悶。這時，文彥博想出來一個辦法，他說：「球能漂在水上，我們往樹洞裡灌水，水灌滿了，球不就能浮出來了嗎？」

小朋友都拍手贊成。有個小孩跑回去找了個小水桶，拎了幾桶水，樹洞灌滿了水，球就漂起來了。

文彥博能想出這個好方法，一方面是因為他遇事會動腦筋；另一方面也是因為他平常能注意觀察周圍的事物。透過觀察他知道了球能漂在水上，才想出這個好辦法。所以，多注意觀察周圍的事物，才能增長知識。

小女孩巧抓搶劫犯

在澳洲有一位女醫生，她工作了一天後，比丈夫早了一步到家。她帶著女兒剛進門，一個男子突然衝進來，隨手將門關上，拔出手槍喊道：「不許動，把手放到牆上去！」女醫生大吃一驚，馬上意識到碰上了劫匪，她用雙目注視著女兒。

5歲的小女兒聰明乖巧，見到母親向她一望，便知這是母親需要她幫助了。她便對媽媽說：「媽媽快把手放到牆上去，我也放上去！」在放的時候，她想了一個辦法，居然使員警很快地找到了搶劫犯。請問，小女孩想出的是什麼辦法呢？

用智慧戰勝強盜

美國費城盜賊猖獗，人們外出時常常要帶上幾美元，以便被搶劫時乖乖地奉上，以保全自己的性命。有一次，一名心理學家外出回家時天色已晚，小樹林旁的街道很安靜，連一個人影都沒有。他摸了摸大衣裡的 2,000 美元，心裡擔憂起來。

心理學家警惕地快步走著，忽然發現身後有個戴鴨舌帽的男子緊緊跟隨著。他慢跑起來，但怎麼也甩不掉這名男子。

這名心理學家急中生智，想出了一個辦法，不僅他的錢沒有被搶去，反而那個男子給了他錢。

請問，這是什麼原因呢？

巧擒肇事者

一天傍晚，交警王明在馬路上執勤。突然，遠處傳來「唉喲」一聲，隨之又安靜下來。王明趕緊跑過去一看，一位老太太倒在路旁，身邊有一攤血。血跡上，有自行車輪碾過的痕跡。很明顯，肇事者已逃走了。王明知道這附近沒有岔路，就用對講機和前面的交警小張通話，讓他截住騎車路過的所有人，然後又讓一輛過路汽車送老太太去醫院。

剛好下過一場雨，雖然雨早已停了，但中間有一段泥濘路。王明趕到小張那時，已有十幾輛車子停在那裡了。他向大家簡單地講述了剛才發生的事，又說，我已知道肇事者是誰了，請他站出來自首吧！等了一陣子都不見動靜。王明就指著其中一個高個子說：「你就是肇事者。」周圍的人都很驚訝，而後來高個子果然承認了。請問，王明是怎麼知道的呢？

巧說謊話

在內蒙古的錫林郭勒草原上，有一個富有且個性刁鑽古怪的王爺，他有一個漂亮而善良的女兒。公主成年後，求婚的人非常多。可是，王爺招選女婿的條件卻非常特別，而且非常荒唐：凡是來求婚者，必須說一個謊話。如果王爺認為是謊話，那麼就把公主嫁給他；如果王爺認為不是謊話，那麼求婚者就得受到鞭打100下的懲罰。

開始，許多聰明的小孩子都以為憑自己的智慧和口才，一定能說出漂亮的謊話，娶回美麗的公主。誰知，接連去了許多人，結果都只是弄得個遍體鞭傷。難道這麼多人說的都不是謊話嗎？原來，古怪的王爺患有虐待狂的病

症，不管別人怎麼撒謊，他一概認為是真話。結果，小孩子們無論如何也不能娶到美麗的公主。

這事被草原上最機智的人物巴拉根倉知道了，他決心娶到公主，給王爺一個教訓。

這天，他讓人把草原上的牧民都叫到王爺府前，而且請王爺的大臣們也來旁聽，然後當著眾人的面對王爺撒了個彌天大謊。王爺開始還想像前幾次一樣，堅持巴拉根倉說的是真話，可是當巴拉根倉剛剛說完，王爺就迫不及待地嚷道：「是謊話！是謊話！」結果當然是王爺乖乖地把公主嫁給了巴拉根倉。

請問，你知道巴拉根倉撒的是什麼謊嗎？

智破走私密信

在一個月色朦朧的晚上，港口邊出現了一個形跡可疑的人。

他鬼鬼祟祟來到一座古廟前，仔細看了一陣子後，把一張紙條塞進了右面院牆的門裡。

這一舉動被跟蹤他的警察趙強看得一清二楚。為了摸清情況，趙強沒有驚動他。等那人離開後，趙強過去取出了那張紙條，躲進樹叢，打開手電筒，只見上面寫著：「長耳士兵無兩足，手走獨木不慌忙，十人只有一寸長，有人駕雲上面走，一個當有一個口。」

根據趙強分析，這裡每句話分別暗藏著一個字。他將紙條上的文字破譯出來後，然後將紙條按原樣放好，馬上向相關部門報告，這果然是一個走私集團聯絡的暗號，後來被全部捕獲。請問，你知道趙強提供了什麼線索嗎？

智勇雙勝

有一年春天，徐文長的伯父想試試孩子們的智慧，他拿了兩個裝滿水的小木桶，把十幾個年齡差不多的小孩子，帶到一座又矮又小的竹橋旁邊，說：「孩子們，你們能把這兩桶水提過去嗎？要是誰能雙腳不沾水把水桶提

過橋去，我就送給他一份禮物！」

「好！」孩子們一陣笑鬧，但再看看這座竹橋，卻誰也不敢了。

原來，這座橋橋身很軟，又貼近水面，一個孩子只可拿兩三公斤ㄕ的東西，才能勉強過橋，否則橋身就會發軟，彎下去碰到水面。大家正在思考時，不料有個膽子大的孩子走了出來，他提著兩桶水，想走過橋去，可是才走了幾步，鞋底早已沾著水面了。其他的孩子看見了，個個都愣住了。

徐文長見大家一聲不響，便走出來說：「既然大家都拿不過去，就讓我來試試吧！」

他先拿一桶水放在水裡，見木桶沒有沉下去，於是又找來兩根繩子，把兩桶水綁好漂浮在水中，邊牽邊走，便輕巧地走到了河對岸，鞋自然也沒有濕。

「好哇！」孩子們見徐文長過了橋，個個拍手叫好。他的伯父一邊點頭稱讚，一邊就把事先準備好的禮物拿了出來。孩子們一看，這包禮物不是拿在手裡，而是吊在一根長長的竹竿上面。伯父拿著竿子，對徐文長說：「現在禮物就吊在上面，你要拿，必須答應我兩件事：一不能把竹竿放下來；二不能墊著凳子拿。你如果能取下來，這禮物就屬於你。」

這時，孩子們便嘰嘰喳喳地議論開了。有的說，跳起來抓；有的說這禮物根本拿不到手……但站在一旁的徐文長，想了想，很容易地就取得了禮物。

請問，徐文長是如何取到竹竿上的禮物的呢？

智辨罪犯

一天夜裡，一個歹徒攔路搶劫，被警察陳小舟發現了。歹徒一見，轉身就跑，小陳緊追不捨。追了很長一段路，歹徒溜進了火車站候車室。

陳小舟根據歹徒在夜間的體形特徵，將疑點集中到八個人身上。

第一個高個子青年，他正同別人吵架，吵得很兇；第二個人裹著大衣正

在睡覺；第三個人為了禦寒，正在做伏地挺身，做得氣喘吁吁；第四個人生了病，正在瑟瑟發抖；第五個正等待即將駛來的班車；第六個人、第七個人、第八個人正在玩撲克牌，毫不在乎的樣子。

小陳無法證實是誰，想將他們帶到警衛室詢問。這時，正巧站務員來了，他向小陳問了緣由，又觀察了現場，就指著其中一個說：「他是就是搶劫犯。」後來經過審問，那個人確實是搶劫犯。

請問，究竟誰是搶劫犯？站務員是如何看出破綻的呢？

被盜也該罰

一輛公車快到站了，一個青年人焦急地擠在門邊等著下車，忽然他發現衣袋裡伸進來了一隻手，他迅速抓住小偷的手大叫起來，錢包掉在車門踏板上。

這時，一個戴眼鏡的中年人見了，立即走上前拾起地上的錢包指著小偷，問被盜的青年人：「他偷了你什麼東西？」

誰知青年人頓時神色慌張起來，只說小偷偷了他的錢包，至於裡面裝了多少錢，他卻支支吾吾說不清楚。

中年人又問小偷：「這錢包是你扒竊的，你不否認吧？」說罷打開錢包，仔細清點了一下裡面的錢數，然後神情嚴肅地說：「對不起，你們兩個都得跟我到派出所去。」

汽車徑直開到了派出所，小偷受到了應有的懲罰，可是出人意料的是，那個被盜的青年人也受到了警察的懲罰。你知道這是為什麼嗎？

慧眼識石川

早上 10 點，某公寓 209 號房間傳出「砰砰」的槍聲，接著一個持槍的蒙面男子衝下樓乘車逃跑了。警察接到報告後趕到現場，只見一個男人倒在地上，面部中了兩發子彈。顯然被害者是在開門前，被隔著門的手槍擊中的。經公寓管理員辨認，死者不是該房的房客石川，因為石川是個最羽量級的職

業拳擊家，身高只有 160 公分，而死者身高足足有 180 公分。

由於死者臉部中了槍，已難於分辨，經過化驗取到的指紋，沒想到死者竟是幾天前從銀行裡捲走 5,000 萬日元而逃的通緝犯凱撒。

警長來到拳擊場找石川。石川一聽凱撒被殺，面色陡變。他說凱撒是他的中學同學，昨夜突來他家借宿，不料卻成了替死鬼。警長聽說「替死鬼」三字，連聲問道：「怎麼了，有人想殺你？」

石川答道：「上週拳擊比賽，有人威脅我，要我故意輸給對方，然後給我 50 萬日元，不然就要我付出代價，我拒絕了，他們肯定是把凱撒當成了我⋯⋯」沒等石川說完，警察說：「不要再演戲了，你是幫兇！是你導演了這樁兇殺案，目的是奪取凱撒從銀行盜來的鉅款！」

你能猜出警察是如何識破石川話中的破綻嗎？

智能故事答案：

文彥博取球

故事內容已有答案。

小女孩巧抓搶劫犯

她裝作不小心將父親桌上的一瓶墨水打翻在地，並說：「不好了，我把爸爸的墨水瓶打翻了。」她趁劫匪忙著捆綁媽媽時，拾起墨水瓶，悄悄將剩下的墨水偷偷潑在劫匪背上，劫匪搶得了一些錢幣和珠寶，便匆匆逃走了。

小女孩等匪徒剛一出門，便急忙拿起電話撥通了警察局（這是媽媽平時教她的）。她在電話裡說：「警察叔叔，我家遇到歹徒了，他搶了東西剛逃走，是福比街 149 號。匪徒背上有一大塊藍墨水，是我剛剛潑上去的，他是搶東西的強盜！請你們快抓住他！謝謝！」

等到女兒走出房間，叫來大人將母親鬆綁後，員警已經趕來了。他們告訴小女孩的媽媽：「因為報警迅速，歹徒已被抓住了，他的背上是一大塊藍

墨水。」員警還說：「你們的小女兒很機智，很勇敢，她幫助我們破了案。」

智勝強盜

心理學家向後轉，朝那個男子迎面走去，用淒慘的聲音對男子說：「先生，發發慈悲，給我幾角錢吧！我快餓暈過去了。」

男子打量著他的舊大衣，見他一身寒酸，嘟囔著說：「倒楣！我還認為你口袋裡會有幾百美元呢！」他從口袋裡摸出一點零錢拋給心理學幾，然後把衣領豎起來，半遮著臉，很快閃進黑暗角落去了。

巧擒肇事者

因為從出事現場到目的地必須經過那段泥濘路，別人的車輪胎都沾滿了泥巴。唯有肇事者的車輪胎乾乾淨淨，一定是肇事者發現車輪胎上有血，於是就擦掉了，這樣反而露出了馬腳。

巴拉根倉撒的謊

「王爺的王位本來是我的，是王爺從我手裡強行奪去的！」巴拉根倉使王爺面臨這樣一個困境：如果承認巴拉根倉說的是謊話，那就要把女兒嫁給他；如果承認巴拉根倉說的是真話，那就應該把王位還給他。這兩種結果都是王爺所不願意的。但王爺更害怕失掉王位，只好嫁出公主，保住王位。

智破密信

紙上暗藏的五個字是：「邱生村會合」。根據這個線索，警察部門一舉破獲了這個走私集團。

智勇雙勝

徐文長從伯父手裡接過竹竿，拿到一口井的旁邊，然後將竹杆慢慢地從井口豎下去，當竹竿放到和他的身高一樣高時，他便笑嘻嘻地把禮物從竹竿頭上取下來。

智辨罪犯

第三個，站務員聽小陳說「追了好長一段路」，便斷定此人一定喘息不止。而第三個大口喘氣，妄想以鍛鍊來掩飾，就被識破了。

被盜也該罰

那青年人也是小偷。他偷了別人的錢包，又被小偷扒竊。

慧眼識別

被殺的通緝犯凱撒是個身高 180 公分的大個子，而石川只有 160 公分的身高。顯然，兇手是在知道凱撒的身高之後才能開槍擊中他臉部的。

透過聽音樂開發右腦

奧地利著名的物理學家薛丁格曾經說過：「音樂啟迪我的智慧。」事實也是如此，每當研究和實驗中遇到難題時，薛丁格總是讓家人彈奏幾支好聽的曲子，原來困惑不解的難題，往往在優美的旋律中豁然開朗。薛丁格的話是有一定依據的。

我們都知道，大腦的左半球負責完成語言、閱讀、書寫、計算等工作，被稱為「語言腦」。大腦的右半球負責完成音樂、情感等工作，被稱為「音樂腦」。由於人類生活離不開語言，因而「語言腦」的使用率就特別高，「音樂腦」的使用率則特別低，從而造成左右腦的功能失調。由於「音樂腦」能使人產生創造力、聯想力、觀察力、想像力及靈感，所以若能夠設法開發利用「音樂腦」，那將會提高人類的智商。

保加利亞心理學家洛贊諾夫（Georgi Lozanov）曾做過這樣一個實驗：在上課時播放悅耳動聽的音樂，使學生的大腦皮質和體內其他器官都能得到放鬆，實驗顯示，在音樂的配合下進行教學，學生的記憶力比沒有音樂配合時高 2.5 ～ 2.77 倍，而學生的思考能力也能有明顯的進度。美國加州大學葛

登‧肖博士（Gordom L. Shaw）將 78 名 3～4 歲智力相同的幼兒分成三組，一組學習莫札特和貝多芬的音樂樂曲，一組學習電腦，一組不接受訓練。結果九個月後，他用拼圖遊戲對這三組孩子進行智力測試時發現，學習音樂的那組孩子的得分平均提高 25%，而另二組孩子則幾乎沒有提高。

此外，音樂還能調節大腦皮質的興奮和抑制功能，使大腦的功能富於「彈性」。當一個人處於緊張的大腦運作時，由於持續而緊張的思考活動，有時大腦皮質似乎出現了「飽和」狀態，就像思維的「軸」被卡住了似的，需要加點「潤滑油」來鬆動一下。這時，這個人如果欣賞一下悠揚悅耳的音樂，大腦皮質的活動就會隨著和諧的旋律而放鬆，這樣，他的頭腦就會豁然開竅，重新開始高效率的創造性思考。其結果就如一名作家所說的：「只要聽到優美的音樂，我就能更正確、更高度地集中思想，從事我的寫作。」

總之，音樂對孩子的成長和右腦的開發具有不可低估的作用。

音樂能培養孩子的注意力

有一名學生原本有個問題，只要拿起課本學習一陣子就有睡意，總是無法打起精神。後來他採用邊聽音樂邊學習的方法，效果非常好，既不感到困倦，又能集中精力學習。持續一段時間以後，他逐漸養成了愛學習的好習慣。即使堅持學習幾個小時，也不會像原來那樣感到倦怠和乏力了。隨著年齡的增長，知識基礎的堅實，學習興趣的濃厚，他後來就是不聽音樂，也能堅持長時間的思想集中，自學功課了。

注意力是智力活動的警衛，也是智力活動的發起者和維護者，它能夠捕捉資訊，並能「聚精會神」，使思考焦點集中。人在欣賞或演奏樂曲過程中，必定要使注意力集中起來才行，因此經過長期的音樂實踐，其注意力也必定能更增強。

音樂能增強孩子的記憶力

許多孩子都有這樣的體會：有時候，背誦一篇課文或一首詩，總是記不住，但唱一首歌，沒唱幾遍就把歌詞記住了，這說明音樂能幫助你記憶。所以，有些作曲家很願意為詩詞譜曲成為「吟誦曲」，這些詩詞有了音樂相伴，就很容易進入人們的腦海。

音樂能啟發孩子的想像力

愛因斯坦也曾說過：「想像力比知識更重要，因為知識是有限的，而想像力概括著世界上的一切，推動著進步，並且是知識進化的泉源。」而音樂正是啟發孩子想像力的有效方法。正如喬治·桑（Georges Sand）這位受過全面音樂教育的著名女作家所寫的那樣，「音樂是開拓想像力的最遼闊、最自由的元素」。

音樂能使孩子的思考敏捷

學習音樂不僅能提高聽覺的差別感受性，也能促進思考反應的敏捷度。例如，有一個國小三年級的學生能立刻聽辨和反應音樂中各種節奏的組合；四年級的學生更能聽辨音高、節奏、音色等細微的變化，這是他們在素養訓練中加強聽覺鍛鍊的結果，透過聽覺促使大腦對身體各部分的控制，並取得相互間協調和敏捷的反應。記憶力、創造力和思考的敏捷都是大腦積極活動的必然結果，這些智力因素不僅有利於音樂的學習，更有益於其他學科的學習。

音樂能培養孩子的創造力

音樂藝術實踐的本身就是一種創造性的活動。例如，在聽音樂、表現音樂的過程中，都必須透過欣賞者、演唱者或演奏者本身的再創造。由於音樂形象不存在唯一的標準答案，主要依據各人自己的知識和生活體驗的重新組

合來理解和創造音樂，因此學習音樂有利於發掘孩子的創造力。

聽音樂能提高學習效率

現在有人把音樂應用於學生的學習上，認為音樂能開發學生的智力，能開發學生右腦的潛在能力，豐富學生的想像力，提高學習效果。

美國俄亥俄州大學的教授透過對 156 名學生進行調查發現，學生中有學習時聽音樂習慣的男生，比沒有這個習慣的男生成績更好。平時習慣於聽 70 分貝音樂的男生，學習成績優於聽 40 分貝音樂的男生，但在女同學的調查中卻沒發現這種差異。他認為，男同學比女同學更容易對音樂產生興奮。他還認為，音樂能提高學習效率，是因為每一支樂曲都是由一定的速度、音色、強度、節奏等因素所組成，並處在不斷變化之中，表達傳遞著某種意境，調節人的心理活動，因而學生大腦處於較佳的活動狀態，從而提高了大腦的使用率。

著名心理學家勞倫斯‧柯爾柏格（Lawrence Kohlberg）強調：「只有當大腦右半球，即『音樂腦』充分得到利用時，這個人才最有創造力。」幼兒期是「音樂腦」的推理能力和空間想像能力開始形成的時期。這一時期「音樂腦」的思維模式不僅容易形成，而且能永久保持。所以，幼兒期若能讓孩子經常學音樂、聽音樂，就可以大大地開發「音樂腦」，提高孩子的智力。這對孩子的一生將產生重大的影響。那麼，家長應如何給孩子選擇適合他們的音樂呢？專家建議家長應注意以下一些問題：

國小低年級的學生可選擇活潑、歡快、輕鬆的音樂作品，旋律、音響、配樂都不要太複雜，如《Jingle Bells》等歌曲、樂曲，孩子們都會很喜歡。而惟妙惟肖地類比自然界聲音的音樂，如小鳥鳴叫、泉水叮咚、火車轟隆等聲音的樂曲，也是啟迪孩子心靈的佳品。

國小中年級的學生，要培養他們的音樂抽象能力，並開發他們的邏輯思維。這就要學習一些音樂語言要素的知識，如旋律、調式、調性、和聲等

等，要讓孩子體會音樂作品的「內容美」，就不能僅局限於「好聽」之類的教育。

國小高年級的學生，可以有選擇地聽下列樂曲：

東西方的古典音樂皆可，如貝多芬《第3號交響曲》、海涅《佛羅倫斯之夜》。

學生用音樂益智，可以選聽古典樂曲，宮廷音樂、清新的民族音樂或典雅的交響樂曲。要根據青少年的身心特點，以輕音樂、抒情樂曲以及流行歌曲等高尚、激勵人心的音樂為主，這樣才有助於增益智力。以下是一些適合孩子欣賞的音樂曲目：

春之歌（孟德爾頌）

小提琴協奏曲（孟德爾頌）

巴洛克音樂集錦

皮爾金組曲 ── 清晨（葛利格）

月光曲（德布西）

夢幻曲（舒曼）

G弦上的詠嘆調（巴哈）

藍色多瑙河（約翰·史特勞斯）

透過欣賞繪畫開發右腦

繪畫是美術中很重要的一種藝術形式。它是用筆、美工刀等工具，墨、顏料等，透過線條、色彩、明暗及透視、構圖等手法，在紙、紡織品、木板、牆壁等平面上，創造出可以直接看到並具有一定的形式、體積、質感和空間感覺的藝術形象。這種藝術形象，既是現實生活的反映，也包含著作者對現實生活的感受，反映了畫家的思想感情和世界觀，同時還具有一定的美感，使人得到美的享受並從中受到教育。

　　繪畫對於開發孩子的右腦有非常明顯的作用。實驗證明，透過欣賞繪畫來開發孩子的右腦是一種行之有效的方法。帶孩子參觀畫展、雕塑展等展覽，直觀整體地欣賞作品，這有利於活化右腦，對右腦的刺激作用會更明顯。當孩子目不轉睛地注視著展覽會上的繪畫作品，盡情欣賞並陶醉其中時，其實他的右腦正在飛速地工作。

　　引導孩子欣賞繪畫時，應讓孩子直觀地整體欣賞，而不要過分注意某個細節。要把作品置於視線的左側，使它先進入左視野。另外，不必一幅一幅地仔細看，而是要找自己喜歡的一幅多看上一會兒，當參考繪畫和攝影展覽有利於右腦的活化。

　　那麼，家長應如何讓孩子學會欣賞繪畫呢？以下是幾個引導孩子欣賞繪畫作品的案例：

欣賞齊白石的《墨蝦》、《群蝦圖》

目標：

· 欣賞齊白石用粗、細、濃、淡的墨色和線條畫出的栩栩如生的《墨蝦》。
· 使孩子知道墨色分濃淡，線條有粗細的道理，並學習濃、淡墨的不同用法。
· 培養孩子的觀察能力和表現力。

準備：

·《墨蝦》、《群蝦圖》。
· 一盆在水裡游動的小河蝦。

過程：

· 讓孩子觀察蝦在水盆裡游動的情景，著重在觀察一隻游動的蝦。
　提問：蝦在游動時是什麼樣的？注意蝦的頭、身體、腿和尾的活動。你覺得蝦什麼部位最好看？

- 欣賞作品《墨蝦》、《群蝦圖》。
- 提問：

  ✧ 齊白石畫的蝦好看嗎？你喜歡嗎？你覺得蝦什麼地方你最喜歡？為什麼？（注意觀察用濃墨點的蝦頭，透明的軀幹，長鬚的彎曲、開闊的變化。）

  ✧ 齊白石畫的蝦都是相同的嗎？哪些地方不同？（注意觀察游動著的蝦和靜止的蝦，其腿部和鉗子的樣子是否不同）

  ✧ 蝦聚在一起好看嗎？齊白石是用什麼墨色來表現蝦？（注意墨色的濃、淡、乾、溼的變化）

- 家長可以邊講解、邊示範，用濃、淡墨畫出蝦的頭部和身體，用粗細線條畫出蝦的腿、鉗子和長鬚。

- 小結：齊白石畫蝦時很認真，他仔細觀察蝦的動態變化，巧妙地用濃、淡不同的墨色，畫出蝦的透明身體，黑亮的眼睛，蝦的頭和胸部感覺很硬，腹部一節一節的，好像能夠蠕動。蝦的長臂鉗分成三節，最前一節較粗，顯得很有力。蝦的長鬚有直、彎的變化。齊爺爺畫的蝦很自然，很生動，就像活的一樣，非常可愛。

- 等欣賞完畢，家長可讓孩子自由作畫。

欣賞齊白石的《桃》、《桃實圖》

目標：

- 讓孩子感受畫家作品中濃郁的生活氣息，感受由鮮、暖色彩而引發的喜悅。
- 學習和運用溼畫法，並用這種方法畫瓜果。

準備：

齊白石作品《桃》、《桃實圖》。

過程：

- 出示作品《桃》、《桃實圖》。

· 提問：

　◇ 這是什麼？是什麼樣的桃？你吃過桃嗎？你喜歡吃什麼樣的桃？

　◇ 看了齊白石畫的桃，你有什麼感覺？你想到了什麼？又紅又大的桃讓人看了又喜歡又高興，齊白石畫的就是讓人看了又高興又喜歡的桃。

　◇ 你為什麼喜歡齊白石畫的桃呢？它是用什麼樣的色彩畫的？（觀察桃子的色彩，大紅、藤黃、胭脂紅與濃墨相配而產生的強烈效果）

　◇ 齊白石畫的桃是相同的嗎？你覺得齊白石這樣畫好看嗎？為什麼？（觀察桃子有的向上生長，有的向下生長）

　◇ 猜一猜這幅畫齊白石是用什麼樣的筆法畫出來的呢？（讓孩子知道，添色時，加上許多水在兩種顏色相連接的地方就可產生相融的感覺，這種方法就是溼畫法的一種）

· 示範如何用溼畫法畫出一顆蘋果。

· 小結：《桃》、《桃實圖》是齊白石年紀很大的時候畫的。他用大紅色、藤黃色和濃濃的墨把鮮豔的桃子畫出來，畫得很生動、很自然。仔細看畫的色彩有濃、有淡，在轉折處，還留一些空白。齊白石所畫的畫都是從生活中來的，所以大家都很喜歡他的畫。

· 孩子自己作畫，啟發孩子用溼畫法畫出最喜歡的水果。

效果分析：

孩子一看到這幅畫，立即就顯示出高興、興奮的情緒，口裡發出「啊、呀、好呀」等感嘆，說明強烈的色彩使孩子產生強烈的感覺。

問：看了這幅畫你有什麼感覺？

答：「因為這個桃子又紅又大，我想這個桃子的汁肯定很多。」

問：畫裡的桃子有什麼不同嗎？

答：「有的朝上，有的朝下！」

「有一個桃子被葉子擋住了。」

問：這樣畫你覺得好嗎？

答：「這樣就好像被擋在後面的感覺，很生動。」

問：齊白石畫出又紅又大又甜的桃子，看了這幅畫你有什麼樣的心情？

答：「很高興、很甜蜜、很幸福、很豐收。」這就是孩子對這幅畫純真的理解，對畫家的理解，也是對美的理解。

欣賞徐悲鴻的《奔馬》

目標：

‧欣賞作品中奔馬的動態、形體以及牠們激昂的情緒，感受奔馬的氣勢和力度。

‧激發孩子用體態、動作表現美的欲望，培養他們良好的審美情趣。

準備：

‧音樂《賽馬》、《牧民新歌》。

‧錄影片《群馬奔騰》。

‧徐悲鴻的作品《奔馬》。

過程：

‧聽音樂《賽馬》。提問：

　◇　從音樂裡你能感覺到一種什麼動物？你覺得牠在做什麼？

　◇　你從哪裡看見過馬？牠是什麼樣的？

‧看錄影《群馬奔騰》，配上《賽馬》的音樂。提問：

　◇　你喜歡馬嗎？為什麼？

　◇　以故事的形式簡述徐悲鴻先生愛馬、觀察馬、畫馬的故事。

　◇　讓孩子欣賞作品《奔馬》。

‧提問：

　◇　畫面上的馬在做什麼？

　◇　你從哪裡看出馬在跑？（引導馬跑時的動態描述）

◇ 你覺得這些馬的體魄如何？哪裡可以讓你感受到馬的強壯？（肌肉的分布、結構）

◇ 這些馬和我們看到的給人騎的馬有什麼不同？（引出野馬奔放、自由的性情。）

◇ 牠們狂奔的心情是怎麼樣的？

· 再配上《賽馬》的音樂，整體感受作品的力量。

· 小結：今天我們看到畫家徐悲鴻畫的奔馬，這是一群非常健壯的野馬，我們可以看到牠們自由、歡快、悠閒，有一股強大的力量，特別是在草原上奔馳時，讓人感動、讓人興奮，真是太棒了，你們想不想像小馬一樣在草原上奔馳、歡笑呢？

· 用音樂表現馬的歡騰，同時放錄影，渲染氣氛。

效果分析：

感知部分：一開始的視聽感受效果非常好，一下子就會把孩子引入激昂、奔放、興奮的氛圍中，孩子們的注意力被吸引，興趣十分濃厚。特別在看錄影時，體會到奔馬造成的「風、沙、塵」等。

欣賞部分：孩子觀察得很仔細，下面是回答的記錄。

· 馬蹄在抬起來。

· 尾巴向上（甩）起來了。

· 馬脖子上的「頭髮」也飄起來了。

· 我感到後面也有很多塵土。

在談到馬的形體時，孩子的評論可能會是：

· 馬肥肥的！很壯！

· 指著畫面說：臀部有肌肉。

· 指著畫面說：大腿有肌肉。

· 指著畫面說：脖子底下有肌肉。

在分析馬的動態時，孩子說出了自己的感覺：

· 沒有人看管牠們！
· 牠們很自由。
· 牠們都發狂了。

表現部分：孩子們模仿馬的姿態，伴隨音樂自由跳舞，情緒高漲，氣氛熱烈，課堂效果達到高潮。這次活動，孩子的情緒調動得很好，老師啟發得輕鬆，氣氛非常自然、融洽。

欣賞梵谷的《星夜》

目標：

· 欣賞梵谷的作品，感受畫面中筆觸、色彩、形象所傳達出之的強烈情感。
· 創作《有星星的夜晚》，或描繪自己對梵谷和其作品的感受，嘗試在繪畫中表達自己的情感。

準備：

· 實物投影機，展示梵谷的《自畫像》、《星夜》等作品。
· 顏料、油畫棒、紙、筆等繪畫工具材料。

過程：

· 出示梵谷的《自畫像》，簡單介紹一下畫家的情況，並引導孩子初步討論自畫像的筆觸和色彩。
· 出示作品《星夜》，引導孩子重點欣賞。
　引導孩子觀察、描述畫面。
· 提問：請你仔細看一看，畫面上都畫了些什麼？
· 引導孩子從顏色上欣賞、討論：畫面上有哪些顏色？這些顏色是鮮豔的？還是灰暗的？它們在一起對比強烈嗎？你有什麼感受？

- 小結：畫家用了藍色、紫色和黃色，色彩鮮明，對比非常強烈，讓人有一種躁動不安的感覺。

  引導孩子從形象、筆觸上欣賞、討論：畫家把星星、月亮、樹木畫成什麼樣子？畫家是怎樣用筆的？你有什麼樣的感覺？請孩子說一說，這棵樹是怎麼長成的？再用小手來試一試梵谷那短促而快速的用筆，感受筆觸和線條的運動。

- 小結：畫家用波浪形、螺旋形的線條來畫畫，星星、月亮好像都被漩渦圍住了。大樹像火苗一樣旋轉著上升，讓人感到萬事萬物不停地運轉。

- 討論整幅畫給人的感覺和印象，並給作品起名字。

- 播放鋼琴曲《命運》，讓孩子邊看畫面，邊聽老師簡單講述梵谷的生平。請孩子把自己對梵谷、對《星夜》的感覺用繪畫表現出來。（或引導孩子構想：你看到的星星、月亮是什麼樣的？你的心情怎樣？創作：《有星星的夜晚》）

- 孩子自由創作。

- 作品展示及評點。

分析與評點：

梵谷是一位富有激情而孤獨的畫家，他生前的物質生活極其艱苦，精神上也總是經受著不安和痛苦。畫家的經歷及這幅畫所表現的緊張、躁動、憂鬱難過的情感，孩子的確是很難深刻理解和體會的。

欣賞盧梭的《沉睡的吉卜賽人》

目標：

- 欣賞盧梭的《沉睡的吉卜賽人》，透過從不同角度的分析、欣賞，感受畫面的平靜、悠遠、奇特、神祕。

- 在感受作品的基礎上，嘗試畫一幅人物與動物共存的想像畫。

準備：

・實物投影儀，展示盧梭的《沉睡的吉卜賽人》。

・各種繪畫工具與材料。

過程：

・透過提問激發孩子的興趣：你喜歡什麼動物？你和牠在一起有什麼感覺？

・出示作品《沉睡的吉卜賽人》，引導孩子一起欣賞：今天，我們就來看一幅人與動物的畫。

　請孩子根據畫面的內容展開討論：你在畫上看到了什麼？獅子和人各是怎樣的？他們在做什麼？除此之外，你還看到了什麼？你有什麼樣的感覺？你覺得這是什麼時候發生的事？你是怎麼看出來的？

・引導孩子欣賞畫面的色彩及細節的刻劃。討論：

　✧　你看畫面中最明亮的是什麼？你是如何看出來的？

　　小結：月亮在畫面中雖然只占了很小的一部分，但卻讓整個畫面變得明亮起來，使人產生一種神祕、幽靜的感覺。

　✧　你覺得畫中描繪得最細緻的是什麼？這樣畫有什麼好處？

　　小結：獅子、樂器和人身上的衣服是畫面中描繪得最細緻的地方。這樣畫，有的很細緻，有的很概括，讓人感到既像在現實中，又像在夢幻中，有一種亦真亦幻，非常奇特的感覺。

・進一步引導孩子感受畫面的寧靜、空曠與神祕：現在讓我們一起插上想像的翅膀飛進畫裡，坐在她的身邊，你聽到了什麼聲音？

　小結：一幅畫不僅可以看，還可以聽，這樣，畫就變得有聲有色了。

・簡單介紹畫家和作品的過程，你喜歡這幅畫嗎？如果你是作者你想給它取什麼名字？你知道這幅畫的作者是誰嗎？

・引導孩子討論：你最喜歡什麼動物？牠是什麼樣的？你希望和牠怎樣相處？你能像盧梭一樣畫一幅人和動物在一起的畫嗎？

・孩子自選繪畫工具作畫。鼓勵孩子大膽表現自己想像的畫面，大膽

用色。

・作品評價：請孩子介紹自己的作品。

棋類活動使右腦越玩越靈活

下棋是一種益智性、娛樂性、體育性兼具的活動，它可以陶冶情操，養生益智，為大多數人所喜愛。

棋的種類很多，常見的有圍棋、國際象棋、軍棋、跳棋等等，其中以圍棋、國際象棋最為普及，而這兩種棋對智力的鍛鍊和右腦的開發作用也最強。

因為下棋的趣味性強、競爭性強，小小棋盤的瞬息萬變會迫使孩子運用腦力來取勝，這就是一種主動的刺激，能鍛鍊大腦的功能，使人「智慧自生」，利用起盡可能多的腦細胞，使人思考活躍。因此，下棋是開發少兒智力的有效措施。

以下介紹的是有助於開發孩子右腦的兩類棋：

透過圍棋開發右腦

日本醫科大學對 1,000 多名老年人的腦電波測定顯示，棋手的右腦反應比一般人的強烈得多。業餘圍棋選手中，65 歲以上患老年痴呆的僅占 0.6%，而在普通 65 歲以上的老年人中，患老年痴呆的人達 13%，兩者相差 20 倍。

電腦深藍曾經因戰勝了國際象棋冠軍卡斯帕羅夫而聞名世界，也使一些人認電腦的能力完全可以超越人類。然而若讓電腦下圍棋，它卻趕不上一段半段的小孩。與人下圍棋，電腦總是處於下風。

為什麼會如此呢？原來，圍棋是一種用黑白棋子攻取陣地的棋藝，靠圍地決定勝負，只要一方圍的地超過 181 目即勝出。這種起源於中國的神奇技

藝，據說是遠古堯帝為啟發愚鈍的兒子丹朱發明的，這也顯示了先哲思想的深邃。下圍棋不是你吃我一個子，我吃你一個子，簡單的代數運算，而是占領一個範圍的空間思維。據說，下圍棋時在腦海裡浮現的是一個圖形，一個形狀，一個不斷變換的空間，而這正是右腦思維的領域。

有人曾說過：「棋類活動可以鍛鍊人的頭腦和品德……下棋的人越多，人才就越多。」目前，圍棋在高知識族群中比較流行，許多政治人物、企業家、高級知識分子都熱衷於圍棋。日本眾議員中竟有半數以上的議員獲得過圍棋段位稱號，甚至好幾位首相都是圍棋愛好者。有不少財團在企業考試錄用高級管理人員時，一切考試透過後，最後一關竟然是下棋。足見圍棋與人才的關係。

古往今來，圍棋都是人們喜愛的一項高級智力競賽活動，它對孩子的智力開發、右腦的開發大有益處。

孩子的智力一般來說，是由注意、觀察、想像、記憶、思考等能力所組成的。圍棋對孩子智力的開發有它得天獨厚的優勢：

- **孩子注意力往往不夠持久，會妨礙學習和智力的進步**：實驗證明，利用圍棋極強的趣味性和競爭性的特點，透過適當的引導，能改善他們的注意力和思想不集中的問題。
- **行棋中的布陣吃子，要從不同的角度，明察秋毫地綜觀全局的變化**：這就是對弈，對培養孩子的觀察力大有好處。
- **想像力是孩子智力的翅膀**：孩子們相對而坐，每投一子都要經過仔細的思考。
- **記憶力號稱智力的倉庫**：高超的棋藝，必須善於複盤，熟記棋譜。因此，對弈有益於保持、再現、追憶這些記憶形式的交替出現。
- **類型識別能力**：日本圍棋九段高手升田幸三曾經說過：「當我看到電線杆上停著一群麻雀時，我不能一下就斷定牠們一共有幾隻。但是，我卻能牢

牢地記住牠們的排列方式。所以,當牠們飛走之後,我還是能夠慢慢地想出牠們一共有幾隻。」由於他超常的類型識別能力使他棋藝高超、智力過人。類型識別能力,雖然略有個人差異,但的確是每個人都具備的。只要稍加訓練,這種能力就會顯露出來,從而達到活化右半腦的目的。

國際象棋開發右腦

日前在法國、荷蘭等國家已經在學校的課程中開設國際象棋的新課程,這說明國際象棋已經引起了一些教育家的關注。可是,有些人卻把下棋僅僅看成是遊戲,這是很不全面的看法;有些人甚至認為開展棋藝活動與課業有所衝突,那就更是錯誤的想法了。

實驗證明,開展棋藝活動對學生開發智力,尤其是對少年兒童進行右腦開發有著特殊的意義。

隨著右腦的開發日益受到重視,國際象棋不僅作為一種寓教於樂的遊戲豐富著人們的文化生活,更廣泛地被應用為少年兒童早期啟蒙教育的教具。

國際象棋的棋子造型古樸生動,色彩鮮豔,對富於好奇心的孩子們有天然的吸引力。棋戰中兩支軍隊在進攻和防守中所必須的思考、判斷,能具象地讓孩子們接觸到邏輯思考方面的許多知識。在動腦筋思考中求得勝利,有助於他們逐漸形成堅韌頑強、進取不息的精神。有些孩子把分析棋局的方法用到學習上,解決了學習上的疑難問題,並提高了學習效率。

運用 CMT 技術訓練右腦

CMT 技術訓練是在自律法、坐禪法、瑜伽法的基礎上創立的一種方法。這種方法的生理機制是創造一種條件,利用色彩激發右腦的功能,進而使側重於形象思維、非邏輯思維和空間處理的大腦右半球和負責語言、抽象思維的左半球取得功能上的平衡。其重點是要集中精神,大力激發右腦功能。

　　具體做法是，參與者用畫筆沾上不同顏色的顏料，隨意、毫無目的地在紙上亂塗亂畫。等亂塗亂畫一陣子後，再靜下心來觀看自己的「作品」。這時要用開闊的聯想和漫無邊際的想像去觀看、理解和分析自己的「作品」，有時就能在亂畫或在觀賞中激發新的設計。

　　亂塗亂畫的過程，一方面促進精力集中，另一方面可以使精神放鬆、情緒穩定。這其實是讓左腦處於抑制狀態而右腦處於活躍狀態，激發了右半腦的創意功能。觀賞作品則可進一步激發右腦的想像功能、聯想功能，從而促進創造性的開發。

第十章　影響孩子右腦機能的各種因素

很多家長都知道，透過後天良好的資訊刺激和訓練，能夠開發孩子的右腦機能，發揮孩子的潛力。此外，合理的營養、充足的氧氣、優越的環境等因素，同樣能促使孩子大腦組織的生長，完善孩子的大腦結構。為孩子的右腦發育奠定良好的物質基礎。

健康的飲食習慣很重要

大腦約重 1,400 克，只約占人體體重的 2%，但其運作所需的熱量卻占了總量的 20%。說頭腦是個「大胃王」並不為過，「吃」也成為腦力活化的重要基礎。

但希望大腦「永保青春」，並非靠一種食物就能實現，正確的膳食結構才是最重要的。一項新研究發現，堅持地中海飲食的人，罹患老年痴呆症的概率可以降低 40%。地中海式飲食包含大量蔬菜、水果、穀類，以深海魚等海鮮為主，減少食用肉類、家禽，烹調使用橄欖油，可適量飲用紅酒。

因此，要保持大腦活力，健康的飲食習慣非常關鍵。臺灣的《康健》雜誌撰文分享了幾個技巧。

吃早餐

孩子不吃早餐，或早餐吃不飽，血糖就會低於正常供給，從而使大腦的營養不足，影響知識吸收的能力。

睡眠時大腦仍在消耗熱量，早上起床則是大腦最缺乏能量的時候。因此，好好吃一頓早餐，大腦才能「清醒」過來，開始一天的工作。早餐最好以全麥、糙米等穀類為主食，讓血糖緩慢上升，持續供應腦部能量。

三餐要準時

一日三餐，定時定點，規規矩矩。定點、規矩用餐，幫助人體提高新陳代謝，促進營養吸收。零食也在固定的時間快樂地享用的話，也會成為大腦的好營養。

吃的時候盡量咀嚼，以一口 20 下為目標

使用咀嚼肌時，刺激會傳到腦幹、小腦、大腦皮質，提高腦部的活力；充分咀嚼還有助於分泌膽囊收縮素，這種激素能隨血液流進入大腦，提高記

憶力和學習能力。既能充分品嘗食物的美味，又能鍛鍊大腦的活性，可謂一舉兩得。

多與家人團聚吃飯

經愛因斯坦醫科大學研究發現，和父母一起吃飯的青少年可以攝取到更多的水果、蔬菜和乳製品；而一個人的「孤單餐桌」，大多是食用方便但營養不均衡的微波食品。為了讓孩子的大腦和身體發育良好，維繫親子情感，請盡量自己做菜，全家歡樂共用。

均衡飲食有益大腦

人類的身體是從飲食中攝取營養成長發育的，大腦也是如此。若想使孩子的大腦健康發育，忽視日常飲食是不可能實現的！

特別是在大腦飛速發展的嬰幼兒時期，飲食對孩子大腦的影響作用遠勝過成年人。有研究報告指出，在孩子 0 ～ 6 歲期間，所需要的營養物質，如蛋白質要是得不到充足的攝取，就會給孩子的認知能力帶來不良的影響。大腦與認知能力的發育在於每天的飲食，因此，家長要照顧好孩子的飲食生活。

有益於大腦飲食的關鍵，就在於均衡飲食、不偏食。在日常飲食中，可以幫助大腦。有利於大腦良好發育的食品種類非常豐富。那麼，日常生活中，哪些飲食有助於啟動孩子的右腦機能呢？

鹼性食物

人體的體液呈微鹼性，有利於身體對物質的吸收利用。如果孩子體內缺少鹼性物質，會影響激素的分泌和神經活動，這種兒童智商往往偏低。可以透過改善孩子的飲食結構，多食用一些鹼性食物來促進對營養物質的吸收。

一般來說，綠色蔬菜、堅果、水果、低脂牛奶、各種菌、豆及豆製品、海帶等都屬於鹼性食物。豬、牛、羊、雞、鴨等肉類、魚類、麵粉、大米、花生等經人體代謝後會產生酸性物質，故屬於酸性物質。

一些食品，如核桃、動物的腦、紅棗等可以增進大腦發育。維他命 C 含量高的食品也對提高智商有利。經實驗顯示，以維他命 C 含量較高的橘子汁連續 18 個月供給受試的兒童飲用，他們的智商比起不飲用者平均高出 3.6 倍。

雞蛋是人人皆知的營養食品，據科學的分析，蛋黃中含有大量可以增強記憶的卵磷脂。卵磷脂被消化後可以釋放出膽鹼，膽鹼進入血液，很快就會到達大腦內。

美國、英國、加拿大等國最近研究指出，有規律地供給足夠的營養膽鹼，可以避免 60 歲左右的老人常患的記憶力衰退症，並對各年齡人的記憶力衰退有改善作用，因此，有計畫地吃一些蛋黃可以增強嬰幼兒的記憶力。

對於 6 個月大的寶寶來說，此時處於輔食添加的初級階段，在添加蛋黃時，寶寶常會出現排斥現象，有的寶寶還會出現過敏現象；這時父母可以蔬菜和蛋黃搭配在一起，給寶寶食用，比如選擇工業化生產的不添加人工色素、香精、防腐劑的純天然輔食（如雞肝蛋黃拌飯），將蛋黃、雞肝、玉米、紅蘿蔔、南瓜等多種食材按比例製成，適合寶寶均衡攝取營養，易吸收，配方科學、合理，會比家庭製作更大限度地保存了蛋黃和雞肝的優質營養成分。

蛋白質

充分的蛋白質是大腦功能的必需品。許多國際象棋冠軍在令人精疲力竭的比賽開始前，飲食都以蛋白質為主。蛋白質，尤其是魚類，是重要的健腦食品。但是在吃正餐時，是先吃魚還是先吃碳水化合物呢？蛋白質中的兩種競爭的胺基酸 —— 酪胺酸和色胺酸競先進入大腦發揮作用。最先進入大腦灰

質細胞的影響整體作用。

　　若在飯後想保持專心警醒，要先吃蛋白質食品，後吃碳水化合物，即先吃魚，後吃澱粉、主食；若飯後想放鬆一下或小睡一下，那就先吃主食。先吃什麼是膳食即時影響腦力的關鍵。如果腦力工作者需要整天保持頭腦清醒而敏捷，就要以高蛋白早餐開始，午餐就應是高蛋白質、低碳水化合物，而碳水化合物食物宜後吃。

　　在海鮮品類、豆類、禽類、肉類中含有大量酪胺酸，這是主要的大腦刺激物質；而在穀類、麵包、乳製品、馬鈴薯、麵、香蕉、葵花子等食品中含有豐富的色胺酸，雖然也是人腦所需要的食物，但往往在一定時間內有直接抑制腦力的作用，食後容易引起困倦感。

葡萄糖

　　大腦每天需要攝取 100 ～ 150 克的糖。但神經系統中含糖量很少，必須靠血液隨時供給葡萄糖。當血糖濃度降低時，大腦的耗氧量也會有所下降，輕者會感到頭昏、疲倦，重者則會發生昏迷。因此，一定的血糖濃度對確保人腦複雜機能的運作是十分重要的。同時，由於碳水化合物可以促使大腦產生 5-羥色胺，而讓人們感到心情愉悅、心平氣和，避免產生狂躁情緒和憂鬱情緒。富含碳水化合物的食品有：大米、麵粉、小米、玉米、紅棗、桂圓、蜂蜜等。

維他命

　　維他命 A、B、C 對抽象思考和良好的記憶很有幫助。

　　維他命 C 被稱為腦力泵，是最高水準的腦力活動所必需的物質，可以提高約 5 個智商指數。

　　缺乏維他命 B_1，會導致憂鬱狀態，缺乏維他命 B_2，即使是心理穩定的人也會出現憂鬱、暴躁及恐懼症狀；缺乏維他命 B_6，會降低血清素，而血清素

較少就會導致憂鬱症；缺乏維他命 B_{12}，表現為情緒失控或長期疲乏，易被誤認為是早衰。

維他命 E 是腦功能衛士，保護神經細胞膜和腦組織免受破壞腦力的自由基的侵襲，延長壽命，減緩衰老。含量豐富的食物有堅果油、種子油、豆油、大麥芽、穀物、堅果、雞蛋及深色葉類蔬菜。

維他命 A 也可保護大腦神經細胞免受自由基的侵害。維他命 A 含量豐富的食物有動物肝臟、魚油、紅蘿蔔、菠菜、散葉甘藍、甘薯、南瓜、杏、木瓜等以及所有黃色或橙色的蔬菜。

維他命嚴重缺乏者可服藥補充，但應遵醫囑，不可過量。

礦物質

一定礦物質也是活躍大腦的必要元素。鈉、鋅、鎂、鉀、鐵、鈣、硒、銅可以防止記憶退化和神經系統的衰老，增強系統對自由基的抵抗力。許多水果、蔬菜都含有豐富的礦物質。

缺鐵會降低注意力、延遲理解力和推理能力的發展，不利於學習和記憶，造成學習成績下降；缺鈉會減少大腦資訊的接收量；鋅能增強記憶力和智力，防止老年痴呆；缺鋅可使人昏昏欲睡，萎靡不振，兒童發育停滯；缺鉀會引起厭食、噁心、嘔吐、迷睡；鈣可以活躍神經介質，提高記憶效率，缺鈣會引起神經錯亂、失眠、痙攣；缺鎂，人體卵磷脂的合成會受到抑制，引起疲憊、記憶力減退。

脂類

脂類在大腦和神經組織的構造與功能方面具有重要的意義。人腦所需要的脂類主要是腦磷脂和卵磷脂，它們有補腦作用，能使人精力充沛，使工作和學習的持久力增強，對神經衰弱有較好的療效。卵磷脂更是被譽為維持聰明的「電池」。

富含脂質的健腦食物有很多,如核桃、芝麻、松子、葵花子、西瓜子、南瓜子、花生、杏仁、魚油等;富含腦磷脂的食物有豬腦、羊腦、雞腦等;富含卵磷脂的食物主要有雞蛋黃、鴨蛋黃、鵪鶉蛋黃、大豆及其製品等。

哪些食物有助於增強記憶力

一些健腦食品,其實是常見的物美價廉之物。如蛋黃、大豆、瘦肉、牛奶、魚、動物內臟(心、腦、肝、腎)及紅蘿蔔、穀類等。這些食物不僅含有豐富的卵磷脂,且容易消化,對兒童腦髓的發育也有積極的作用。

1. **牛奶**:牛奶富含蛋白質、鈣及大腦必需的維他命 B_1、胺基酸。牛奶中的鈣最易人體吸收。用腦過度或失眠時,一杯熱牛奶有助入睡。

2. **雞蛋**:雞蛋被營養學家稱為完全蛋白質模式,人體吸收率為 99.7%。正常人每天一個雞蛋即可滿足需要。記憶力衰退的人每天可適當多吃幾個,可有效改善記憶力(不適宜膽固醇高的人)。孩子從小適當食用雞蛋,有益發展記憶力。

3. **魚類**:魚類可以向大腦提供優質的蛋白質和鈣。淡水魚所含的脂肪酸多為不飽和脂肪酸,能保護腦血管,對大腦細胞活動有促進作用。

4. **貝類**:貝類中碳水化合物及脂肪的含量非常低,幾乎是純蛋白質,可以快速供給大腦大量的酪胺酸。因此可以大大激發大腦的能量、提高情緒以及提高大腦功能。以貝類作開胃菜,能最快地提高腦力。但是貝類比魚類更容易積聚海洋裡的毒素和汙染物質。

5. **味精**:味精的主要成分是麩胺酸鈉,是參與大腦代謝的唯一胺基酸,會增加腦內的乙醯膽鹼,能促進智力發育,維持和改善大腦機能,提高記憶力。

6. **花生**:花生等堅果中富含卵磷脂,常期食用能改善血液循環、抑制血小

板凝聚、防止腦血栓的形成，可延緩腦功能衰退、增強記憶、延緩衰老，是名符其實的「長生果」。

7. **小米**：小米中所含的維他命 B_1 和維他命 B_2 高於大米的 $1 \sim 1.5$ 倍。經臨床觀察發現，吃小米有益於大腦的保健，可防止衰老。

8. **玉米**：玉米胚中富含多種不飽和脂肪酸，有保護腦血管和降血脂的作用。玉米中的麩胺酸含量較高，能促進腦細胞代謝，具有健腦的作用。

9. **金針**：金針可以安神解鬱，但不宜生吃或單炒，以免中毒，以乾品和煮熟食用為佳。

10. **辣椒**：辣椒中的維他命 C 含量居蔬菜之首，紅蘿蔔素和維他命含量也很豐富。辣椒所含的辣椒域能刺激味覺、增加食欲、促進大腦血液循環。「辣」味還是刺激人體內的激素，使人精力充沛，思維活躍。生食效果更好。

11. **菠菜**：菠菜中含有豐富的維他命 A、維他命 C、維他命 B_1 和維他命 B_2，是腦細胞代謝的最佳供給者之一。它還含有大量的葉綠素，也具有健腦益智的作用。

12. **柑橘類**：橘子、檸檬、柚子等含有大量的維他命 A、維他命 B_1 和維他命 C，屬典型的鹼性食物，可以消除大量酸性食物對神經系統造成的危害。考試期間適量吃些橘子，能使人精力充沛。

13. **鳳梨**：鳳梨中含有豐富維他命 C 和微量元素錳，而且熱量少，常吃有生津提神、提高記憶力的作用。

14. **紅蘿蔔**：食用紅蘿蔔可以刺激大腦的物質交換，減輕背痛的壓力。

15. **酪梨**：酪梨中含大量的油酸，是短期記憶的能量來源。正常人每天食用半個酪梨即可。

16. **藻**：藻類中含有豐富的葉綠素、維他命、礦物質、蛋白質，可以改善記憶力和注意力。

合理的睡眠有利於右腦的保健

要培育聰慧的大腦，除了日常飲食之外，還有十分重要的一個方面，就是日常生活節奏。想要讓大腦活躍，就必須讓大腦得到充分的休息，也就是足夠的睡眠。

經科學家們研究發現，人的腦垂體所分泌的生長激素主要在夜間睡眠時分泌，人體所需的各種營養素的合成，也只有在睡眠和休息的時候才能完成。所以，孩子只有睡眠充足才能長高長壯，如果睡眠不足，抵抗力就會下降，影響身體及智力的發展。

而據調查發現，4.9%的中小學生沒有達到規定的 9 小時的睡眠標準。

毫無疑問，充足的睡眠是每一個兒童的權利，因為沒有充足睡眠，就沒有健康的身體。那麼，我們怎麼能剝奪孩子們健康成長的權利呢？

或許會有人以升學與前途為理由來辯解。可是，一個既影響身體成長也影響智力發育的怪圈，值得我們往裡鑽嗎？有愛心的父母和老師，又怎麼會為一個升學機會而犧牲孩子的健康呢？

睡眠作為生理需要而伴隨人的一生。每個人都要用 1/3 左右的生命來睡眠，以維持人體的一切活動，科學實驗表示，失去睡眠將無法延續生命。

睡眠，從生理上講，是人的大腦皮質細胞積極的抑制過程。大腦的某些神經中樞預告大腦皮質發生衰竭時，人體開始感覺困倦，隨著衰竭程度的加重，人的困倦感會越來越強，待大腦皮質細胞的這種擴散達到一定程度時，人就會「安然入夢」。這時大腦皮質下層的另一部分細胞，仍然會發揮功能，以確保心臟跳動、呼吸、代謝等生理活動。

睡眠又呈現慢波睡眠和快波睡眠兩種狀態，而且這兩種狀態的睡眠總是在週期性的交替中進行。

慢波睡眠是以腦電波的低頻波表示的，這是一種能為大腦的記憶活動提供物質基礎的睡眠，因為慢波睡眠可以使大腦皮質活動降低、眼球靜止、肌

肉鬆弛、呼吸深慢、心率減小、血壓降低。慢波睡眠過程中，人體生長激素大量分泌，不僅促進肌體生長，還可以調節體內蛋白質、脂肪和糖類的新陳代謝，促進核酸蛋白的合成。

快波睡眠與慢波睡眠不同，其表現是眼球不停地無規則跳動、肌肉幾乎完全鬆弛、呼吸淺快、睡相也很不安穩。這時，如果把睡眠者喚醒，他通常能立即說出他剛才正在做的夢。

慢波睡眠與快波睡眠相互交替構成了人的整個睡眠過程。睡眠時，人們將較快地進入慢波睡眠狀態，40～90分鐘後，快波睡眠就會出現，持續10～30分鐘後，人會進入慢波睡眠，以後每隔40分鐘就會重複出現，在一夜之間要反覆交替多次。快波睡眠在整個時間中，占20%～30%，幼兒可達50%。

人一生中睡眠的長短規律是兒童的睡眠時間長（嬰兒的睡眠每天要長達15個小時以上）；老年人睡眠時間短（一般4～6小時）；成年人7～9小時。睡眠時間隨著人的年齡的增長而逐漸縮短。

保持足夠的睡眠，不能單純地理解為睡眠時間的長短，更重要的是睡眠品質的好壞。有規律的、充足而良好的睡眠能防止注意力渙散、情緒消沉及神志不清等心理失常現象的發生，也就能有效地防止記憶力的衰退。

為了確保睡眠的品質，我們除了按照人類逐漸形成的「日出而作，日落而息」的習慣規律，晝醒夜睡外，還要注意自己的睡眠環境是否有利於休息。如室內光線、溫度、空氣流動情況、室內衛生情況以及床鋪情況（床是否舒適、被褥是否乾淨、枕頭的高度是否合適）等進行改進或調整。

睡眠是人體生物節律的需要，也是消除一天疲勞的必要保證。人腦在工作時，需要某種氮化物，而這種物質只限於特定的時間內才能製造。腦生理學家發現，只有在黑夜睡眠的時候、人腦才能大量製造含氮化合物，為醒來作準備。從這個意義上說，睡眠對於人腦不僅僅是一種休息，也是人體的生理需要。

科學家們的研究和實驗證明，在學習後立即入睡，能促進記憶。這是因為，在睡眠期間，能夠使進入大腦的外界刺激和干擾明顯減少，使原來的記憶和知識能很快地保存下來。因此，在晚上臨睡前，可以將白天所學的知識做個概括地回憶，對較難記憶或重點的知識反覆回憶幾次，然後盡快入睡，第二天早晨起床後再回憶一次，以便加深自己的記憶。但是，睡前不能回憶那些容易使人激動的事情或資料，以防止因神經興奮而導致失眠。

人體在疲勞時，大腦細胞的活動能力會大大降低，記憶力也會隨之下降，學習效率會受到嚴重影響。了解這一點後，對那些在臨考前拚命「開夜車」的青少年來說，尤為重要。事實證明，許多考試前熬夜苦讀的同學，考試成績往往並不好。與其弄得疲倦不堪，還不如早點上床休息，有充足的睡眠，第二天早晨起來之後，會覺得精神煥發，頭腦靈活，記憶效率反而會提高。

環境影響孩子的右腦機能

大腦是全身耗氧量最大的器官，嬰幼兒大腦在生長發育中，需氧量約占全身需氧量的 1/2。從生理角度上考慮，充足的氧氣供應能提高大腦的工作效率，使大腦處於最佳的狀態。因此，想要孩子的學習有效率，家長必須給孩子供給充足的氧氣，讓孩子在寬敞明亮的空氣新鮮的環境中成長。同時，還應注意別讓孩子養成蓋著頭睡覺的不良習慣。

一般說來，孩子房間的布局要注意以下幾點：

忌嘈雜

孩子的健康成長，需要一個安靜而舒適的環境。嘈雜的環境和雜音對孩子正常的生長發育極為有害，按國際標準規定，一般居處白天的雜音不能超過 45 分貝，夜間不能超過 35 分貝。因為 50 分貝的雜音會縮短健康者的熟

睡時間，80 分貝以上會損傷人的聽力，120 分貝會使人精神錯亂。

噪音對孩子影響則更大，因為孩子的中樞神經系統發育尚未健全，長期受到雜訊的刺激，會使腦細胞受到損害，促使大腦發育不良，使孩子的智力、語言、辨識、判斷和反應能力的發育受到阻礙而導致智能障礙；此外，雜訊還會影響到孩子的睡眠，減少生長激素和其他有助於生長期的內分泌激素的分泌，影響到孩子的正常發育，個子長不高；雜訊還會使寶寶食欲下降，消化功能減弱，造成營養不良；雜訊會刺激交感神經，使之緊張並損害聽力，形成「噪聲性耳聾」。

因此，育兒環境最好遠離馬路，家人也不要在室內高聲喧嘩吵鬧，不要在家裡跳舞、打牌，收音機和電視機的音量不宜太大，門窗開關動作要輕，不要買高音量的電動玩具和品質低劣、未經正規校音的樂器給孩子玩。

採光良好

對於孩子來說，一個採光良好、空氣新鮮的屋子能給他們帶來一天的好心情，在採光良好的房間裡學習或者休息有較好的效果。

布置一個孩子喜歡的環境

家長可以發揮孩子的主動性和想像力，和孩子一起布置他的小房間或者小床，家長要盡可能地滿足孩子的願望。這樣，孩子會感到他長大了，有了自己的一片小天地，自己可以說了算。這從心理上滿足了孩子獨立的需要，有利於孩子大腦的發育。

孩子的房間宜繽紛多彩

孩子既不能在嘈雜的環境中生活，也不能在完全無聲無響的環境中成長，否則同樣不利於孩子的生長發育。適量的環境刺激有利於提高新生兒的視覺、觸覺和聽覺的靈敏性，有利於鞏固發展生理反射，促進孩子的智力發育，從而使孩子的大腦更為發達。孩子的房間裡可以張貼一些色彩絢麗的圖

畫，懸掛各種顏色鮮豔的氣球彩帶，伴以柔和、輕快的抒情音樂（音量不宜太大）和一些有聲響的玩具，積極為孩子創造豐富多彩的視覺、聽覺、觸覺環境，使孩子能夠健康成長。

鍛鍊腿部力量可促進大腦發育

除了良好的環境、均衡的飲食等各方面的因素會影響孩子的右腦發育以外，腿部的鍛鍊亦能促進孩子右腦的發育。

據說，隨著生活水準的提高，孩子的腿部也會出現很多異常狀況。以前的孩子生活在大自然的環境中，赤足踏在大地上。如今的孩子卻穿著各式各樣的鞋子，生活在鋼筋水泥的「叢林」中，腿部的發育可能出現各種問題。現在的孩子變得容易摔倒、受傷，很多孩子無法在閉上眼睛後保持長時間的站立姿勢。

腿部力量的不足，會造成全身運動的協調性差，動作遲緩，還會破壞肌肉與神經的平衡。此外，腿部力量的不足還會使心肺功能、血管、內臟功能低下，造成貧血、暈眩、腹瀉等症狀。腿部力量的不足，足以導致全身機能的下降。

為了防止以上症狀的發生，要讓孩子從小鍛鍊腿部力量。鍛鍊腿部的有效方法之一是 ── 足底健康保健法，對大人、兒童同樣簡單易行。具體做法是，運動時採取光腳的方式，踏腳、跳繩或原地跳起，以刺激腳底來增強腿部力量。

有人曾經用足部按摩來改善障礙兒童的智力。大腦和身體不協調的原因之一，在於腿部蓄積了過多的「汙物」。透過對腿、腳的按摩，可以使這些汙物透過排便排出體外。人的足底聚集了所有器官相應的穴位，因此透過按摩可以使全身的機能得到恢復。

家長應善用讚美和批評來開發孩子的右腦

每個孩子都是不一樣的。有些孩子個頭大，有些孩子個頭小；有些孩子走路早，有些孩子走路晚；性格方面也是，既有喜歡獨自玩耍的孩子，也有特別會帶領同伴玩耍的領導型孩子，每個孩子之間有著千奇百怪的差異。

除了上述的不同之外，每一個孩子同時還有著自己的個性。因此，沒有必要為孩子某一方面發育得早或晚而時喜時憂。只有方方面面都學會得早、活潑的孩子才是腦力智力出眾的孩子，這種觀點其實是錯誤的，父母及周圍的人要善於發現孩子身上好的方面，幫助孩子去發展優勢。

想要幫助孩子去發展他身上優秀的方面，最基本的教育方法就是給予充分的讚美。得到稱讚的孩子，能夠自我認同，同時感受到自己存在的價值，也就擁有了自信心與自尊心，也才能更進一步發揮自己的意願與能力。

在生活中，很多家長似乎總是傾向於發現自己孩子不好的一面，例如，經常說些「連這樣的事情都做不到」，或者「某某家的孩子都比你好……」之類的話。他們不是從消極否定的一面去看事情，就是把自己的孩子和其他孩子互相比較。很顯然，這種做法是不明智的，正確的做法應該是，即使是瑣碎的小事情，家長也應該用動聽的話語給予孩子充分的肯定，這樣，孩子的心情才會喜悅。就算只是在吃飯時隨便說兩句，孩子也是會放在心上的，在家人面前受到表揚，對孩子來說是十分愉快的體驗。

當然，在對孩子的教育過程中，也一定會出現不得不指點孩子的情況。在出現這種情況時，不要純粹地去指責孩子，而是要盡量讓孩子明白受到批評的原因，而且也不要只是批評孩子。還要對孩子說些諸如「你可以的」之類的鼓勵話語。請家長們要一定牢記這點。

讚美孩子的訣竅

1. **把目光投向孩子好的方面**：把有意識地發現孩子優點這一念頭永遠牢記

在心上，即使是小事情也應該盡可能地去稱讚孩子。

2. **多從孩子的角度去考慮**：有些事情，從大人的角度看來似乎是無所謂的事情，但在孩子看來，這是非常重要的，是值得一起高興、一起分享的。這個時候，大人若能從孩子的角度考慮問題，自然而來就能說出讚美孩子的話來了！

3. **適時地在眾人面前稱讚孩子**：在家人、朋友面前，或是公開場合適時地給予孩子鼓勵，有助於增強孩子的自信心，這對激發孩子的主觀能動性也是大有裨益的。

4. **肢體語言也是很好的表揚方式**：每個孩子都渴望與父母有肢體上的親近，對於孩子來說，摸一摸頭、抱一抱都能讓他們感受到鼓勵與父母的關愛。

5. **看到、想到就要稱讚**：看到孩子行為舉止很得體的時候，家長應該以愉快的心情直接用語言或者態度表達出來，這對孩子來說意義重大。

批評孩子的技巧

1. **嚴格區分溫和的態度與批評的態度**：在批評孩子時，所使用的表情與聲調一定要同溫和的態度嚴格地區分別來。如果和平時一貫的態度有所不同，那麼，就能讓孩子意識到自己這次肯定是做了不對的事情。在孩子了解到自己的錯誤以後，家長的態度要盡快緩和過來！

2. **及時給予嚴厲的批評**：持續不停的批評是不會產生效果的。當孩子在做了錯事或是不該做的事時，家長應及時給予嚴厲的批評，等孩子明白了之後可轉化態度。批評過後不要忘了給孩子一些溫情的鼓勵！

3. **讚美、批評、鼓勵的「三明治」法**：想要批評孩子時，可以先給予表揚。這樣的方式能夠先抓住孩子的耳朵（也就是讓孩子關注家長說的話）。然後再說諸如，「但是，這樣做也有不對的地方」之類的批評的話語，最後再以鼓勵的話語作為補充。這樣一來，對於批評的話語，孩子也會樂於接受。

4. **有些話不能說，如「你不行」或者「做出這種事你就不是我的孩子」**：類似上述的這種否定孩子人格的話語會給孩子心理帶來很大的傷害。也會讓孩子失去自信，主觀能動性也會就此摧殘。所以，家長一定要注意，即便是批評，也要心中懷有愛。充滿愛與理解的話語才不會對孩子造成傷害。

菸酒是開發右腦的最大敵人

有一個特別的現象是，菸酒是開發右腦的大敵。

美國奧克拉荷馬大學的科學家做過如下形態認知的實驗：將物體放在與右腦相連的左視野中，受試者喝酒後比不喝酒者多花 37% 的時間才能認知該物體。若將物體放在與左腦相連的右視野中，即使喝了酒，也只比不喝酒者多花 6% 的時間。此項實驗證明，右腦比左腦對酒精的承受能力差。

因此，對一個問題要深入討論，意在引發參與者產生新構想、新創意時，要少用菸酒。個人要保持一個充滿活力、思維敏捷的大腦，也應盡量遠離菸酒。

最後，缺乏交流與家庭教育偏差等因素也會影響到孩子的右腦開發。

「腦」師，右腦開發中：

想像訓練 × 宇宙潛意識 × 直覺思考，擺脫僵化的左腦思維，啟發孩子的優勢半腦

編　　著：胡郊仁，陳雪梅

發 行 人：黃振庭

出 版 者：崧燁文化事業有限公司

發 行 者：崧燁文化事業有限公司

E-mail：sonbookservice@gmail.com

粉 絲 頁：https://www.facebook.com/
　　　　　sonbookss/

網　　址：https://sonbook.net/

地　　址：台北市中正區重慶南路一段六十一號八
　　　　　樓 815 室

Rm. 815, 8F., No.61, Sec. 1, Chongqing S. Rd.,
Zhongzheng Dist., Taipei City 100, Taiwan

電　　話：(02)2370-3310

傳　　真：(02)2388-1990

印　　刷：京峯彩色印刷有限公司（京峰數位）

律師顧問：廣華律師事務所 張珮琦律師

定　　價：375 元

發行日期：2022 年 11 月第一版

◎本書以 POD 印製

國家圖書館出版品預行編目資料

「腦」師，右腦開發中：想像訓練
× 宇宙潛意識 × 直覺思考，擺脫
僵化的左腦思維，啟發孩子的優勢
半腦 / 胡郊仁，陳雪梅 編著 . -- 第
一版 . -- 臺北市：崧燁文化事業有
限公司 , 2022.11
　　面；　公分
POD 版
ISBN 978-626-332-866-2(平裝)
1.CST: 育 兒 2.CST: 幼 兒 遊 戲
3.CST: 健腦法
528.2　　111016922

電子書購買

臉書

獨家贈品

親愛的讀者歡迎您選購到您喜愛的書，為了感謝您，我們提供了一份禮品，爽讀 app 的電子書無償使用三個月，近萬本書免費提供您享受閱讀的樂趣。

ios 系統　　　　　安卓系統　　　　　讀者贈品

請先依照自己的手機型號掃描安裝 APP 註冊，再掃描「讀者贈品」，複製優惠碼至 APP 內兌換

優惠碼（兌換期限2025/12/30）
READERKUTRA86NWK

爽讀 APP

📖 多元書種、萬卷書籍，電子書飽讀服務引領閱讀新浪潮！

🎧 AI 語音助您閱讀，萬本好書任您挑選

🔍 領取限時優惠碼，三個月沉浸在書海中

🔔 固定月費無限暢讀，輕鬆打造專屬閱讀時光

不用留下個人資料，只需行動電話認證，不會有任何騷擾或詐騙電話。